高职高专"十二五"规划教材

农业政策与法规

扈艳萍　马小友　主编

化学工业出版社
·北京·

内 容 提 要

本书结合我国农业和农村发展新时期的新特点、新问题和新要求,总结了近年来我国农业政策与法规的调整和规定,反映了与"三农"密切相关的最新政策与法规。意在使广大读者通过学习,增强政策法制观念,掌握新农村建设的相关政策法规知识,提高农民素质、提升农村生产力、改善农村环境、促进农业发展方式转变,更好地为社会主义市场农业建设服务。

本书语言通俗、贴近我国当前农业和农村工作的实际。为便于读者学习和运用,本书设置了复习思考题和案例及分析内容,是不可多得的一本自学参考书。

本书可作为乡村管理人员、大学生村官的培训用书,以及高职高专涉农专业师生及自学考试学生的教材,也适用于从事农业政策研究的人员、农村工作一线人员及农民个人查阅使用。

配套图书:《农村常见政策法规解答》,扈艳萍,化学工业出版社。

图书在版编目(CIP)数据

农业政策与法规/扈艳萍,马小友主编.—北京:化学工业出版社,2012.9(2023.8重印)
高职高专"十二五"规划教材
ISBN 978-7-122-15047-9

Ⅰ.农… Ⅱ.①扈…②马… Ⅲ.①农业政策-中国-教材②农业法-中国-教材 Ⅳ.①F320②D922.4

中国版本图书馆CIP数据核字(2012)第184025号

责任编辑:梁静丽　　　　　　　　　　　文字编辑:崔俊芳
责任校对:吴　静　　　　　　　　　　　装帧设计:史利平

出版发行:化学工业出版社
　　　　（北京市东城区青年湖南街13号　邮政编码100011）
印　　装:北京建宏印刷有限公司
850mm×1168mm　1/32　印张10¼　字数283千字
2023年8月北京第1版第12次印刷

购书咨询:010-64518888　　　　　　　售后服务:010-64518899
网　　址:http://www.cip.com.cn
凡购买本书,如有缺损质量问题,本社销售中心负责调换。

定　　价:**22.00元**　　　　　　　　　　　版权所有　违者必究

《农业政策与法规》编写人员名单

主　　编　扈艳萍　马小友
副主编　孙浩广　佟　斌　焦　颖
编　　者　(按姓氏笔画为序)
　　　　　马小友　刘宇珠　孙浩广　佟　斌
　　　　　邸　月　扈艳萍　焦　颖

前言

我国是一个农业大国,农民人口占中国人口的大部分。随着改革开放和法制建设的不断深入,相关惠农政策法规相继出台。尤其是近年来,国家支持"三农"的政策法规不断创新,力度不断加大,范围不断拓宽,农民受益程度越来越大。但是,当前我国农业和农村发展还处在艰难的爬坡阶段,农村公共服务不足、农村法律建设薄弱、农民法律知识贫乏,这极不利于我国农村经济社会的发展。因此,提高农民法律意识,深入开展农村普法教育,是推进社会主义新农村建设,培养新型农民的迫切需要,也是维护和促进农村和谐稳定的客观需要。

为了广泛宣传贯彻党和国家各项支农惠农政策,深入开展农业法制宣传教育,加强农业普法工作,全面推进依法行政,依法维护农民的权益,依法维护农村社会和谐稳定的进程,我们在认真参考吸收同类教材、书籍的基础上,编写了本书及配套的**《农村常见政策法规解答》**(扈艳萍,化学工业出版社)。本书总结了近年来我国农业政策与法规的调整与规定,及时吸纳了与"三农"密切相关的最新政策与法规,反映了我国农业和农村发展新时期的新特点、新问题和新要求,指明了我国农业政策与法规今后的发展方向,以求为农民及其他相关人员知法、守法和维权提供较好的参照和依据。

本书以内容全、政策法规新、实用性强、使用范围广为特色,将农民日常生活中用到的比较复杂的法律理论以清晰、简洁的方式进行总结,做到通俗易懂,以适合各类职业院校农业类及相关专业学生学习使用,同时适用各种类型的农民培训,也方便从事农业政策研究的人员、从事农村实际工作人员及农民个人查阅使用。

本书共分十一章,各章的撰稿人员分别是:第一章,马小友

(济宁市高级职业学校),邸月(辽宁职业学院);第二章,马小友;第三章和第五章,佟斌(辽宁职业学院);第四章,刘宇珠(辽宁职业学院),扈艳萍(辽宁职业学院);第六章,焦颖(辽宁职业学院);第七章和第八章,扈艳萍;第九章、第十章和第十一章,孙浩广(辽宁职业学院);附表,扈艳萍和孙浩广。全书由扈艳萍统稿。

本书涉及的法规较多,为行文规范并简洁,这些法规在首次出现时均用全称,之后一般用简称,不再一一注明。

本书编写中,参考吸收了政策与法规研究领域的新观念和新成果,以及相关书籍及网站的政策与法规文件,编者在此向有关作者表示衷心的感谢!在编写过程中,我们还得到了辽宁省调兵山市委党校高级讲师扈艳秋、辽宁省铁岭市昌图县后窑乡农业技术推广站高级农艺师杨春利的悉心指导和帮助,在此向两位老师表示诚挚的谢意!

由于编者水平有限,加上时间仓促,书中疏漏之处在所难免,敬请广大读者批评指正,以便以后进一步完善。

编 者
2012 年 7 月

目录

第一章 农业政策与法规概述 —————————— 1
- 一、农业政策 ································ 1
- 二、农业法规 ································ 2
- 三、农业政策与农业法规的关系 ·············· 5
- 【复习思考题】 ······························ 6

第二章 农业土地 —————————————— 7

第一节 农业用地所有权和使用权 ············ 7
- 一、农业用地所有权 ·························· 7
- 二、农业用地使用权 ·························· 10
- 【复习思考题】 ······························ 11
- 【典型案例】 ································ 11

第二节 农村土地承包制度 ·················· 12
- 一、土地家庭承包的原则 ···················· 13
- 二、土地家庭承包的程序 ···················· 14
- 三、土地家庭承包经营权的期限 ·············· 14
- 四、承包期内不得收回承包地的规定 ·········· 14
- 五、承包期内不得调整承包地的规定 ·········· 15
- 六、家庭承包经营权的继承 ·················· 15
- 七、土地家庭承包经营权的流转 ·············· 16
- 八、其他方式的承包 ························ 18
- 【复习思考题】 ······························ 19
- 【典型案例】 ································ 20

第三节　农村土地承包合同 ························ 21
　　一、农村土地承包合同的主体 ······················ 21
　　二、农村土地承包合同的主要条款 ·················· 22
　　三、农村土地承包合同当事人的权利义务 ············ 22
　　四、农村土地承包合同纠纷的解决 ·················· 23
【复习思考题】 ···································· 24
【典型案例】 ······································ 24
第四节　农业用地的保护制度 ························ 25
　　一、土地利用总体规划 ···························· 25
　　二、土地用途管制制度 ···························· 25
　　三、耕地保护制度 ································ 28
　　四、土地整理和复垦制度 ·························· 29
【复习思考题】 ···································· 30
【典型案例】 ······································ 30
第五节　农村宅基地政策与法规 ······················ 31
　　一、宅基地使用权 ································ 31
　　二、宅基地的申请 ································ 32
　　三、宅基地及宅基地使用权的流转 ·················· 33
　　四、宅基地的继承和收回 ·························· 34
　　五、宅基地纠纷的解决 ···························· 34
　　六、宅基地以外的其他集体建设用地 ················ 35
【复习思考题】 ···································· 36
【典型案例】 ······································ 36

第三章　农业生产资料的生产与经营　　　　38

第一节　种子的生产与经营 ·························· 38
　　一、种子生产 ···································· 40
　　二、种子经营 ···································· 42
　　三、种子使用 ···································· 45
　　四、种子管理 ···································· 45
　　五、种子质量 ···································· 47

【复习思考题】……………………………………………………… 49
【典型案例】………………………………………………………… 50
第二节　化学肥料的生产与经营 ………………………………… 50
　　一、化学肥料登记 ……………………………………………… 50
　　二、化学肥料生产 ……………………………………………… 51
　　三、化学肥料经营 ……………………………………………… 52
　　四、假劣化学肥料的规定 ……………………………………… 53
【复习思考题】……………………………………………………… 53
【典型案例】………………………………………………………… 53
第三节　农药的生产与经营 ……………………………………… 54
　　一、新农药登记 ………………………………………………… 54
　　二、农药生产 …………………………………………………… 55
　　三、农药经营 …………………………………………………… 56
　　四、农药使用 …………………………………………………… 56
【复习思考题】……………………………………………………… 58
【典型案例】………………………………………………………… 58
第四节　兽药的生产与经营 ……………………………………… 58
　　一、兽药生产 …………………………………………………… 59
　　二、兽药经营 …………………………………………………… 60
　　三、进出口兽药 ………………………………………………… 61
　　四、假劣兽药的规定 …………………………………………… 62
　　五、我国禁止使用的兽药 ……………………………………… 63
【复习思考题】……………………………………………………… 64
【典型案例】………………………………………………………… 65
第五节　饲料和饲料添加剂的生产与经营 ……………………… 65
　　一、饲料、饲料添加剂生产 …………………………………… 66
　　二、饲料和饲料添加剂经营 …………………………………… 68
　　三、饲料和饲料添加剂使用 …………………………………… 70
　　四、假劣饲料、饲料添加剂的规定 …………………………… 71
【复习思考题】……………………………………………………… 73
【典型案例】………………………………………………………… 73

第六节 农业机械生产、经营与购置 ·················· 74
　一、农业机械涵义 ································· 74
　二、农业机械生产与经营 ··························· 75
　三、农业机械购置补贴 ····························· 77
【复习思考题】 ······································· 79
【典型案例】 ··· 79

第四章　农村基层组织 ————————————— 81
　一、村党组织 ····································· 81
　二、村民委员会 ··································· 83
　三、村团支部 ····································· 88
　四、农村妇女代表会（简称农村妇代会） ············· 90
　五、村民兵组织 ··································· 91
　六、"两新"组织 ································· 92
【复习思考题】 ······································· 93
【典型案例】 ··· 93

第五章　农业生产经营体制 ————————————— 96
　一、新型农业社会化服务体系 ······················· 97
　二、农业产业化经营 ······························· 98
【复习思考题】 ······································· 105
【典型案例】 ··· 105

第六章　农业资源利用和环境保护 ——————————— 107
第一节　耕地资源利用保护 ························· 107
　一、我国耕地资源概述 ····························· 107
　二、耕地资源保护政策法规 ························· 108
【复习思考题】 ······································· 111
【典型案例】 ··· 112
第二节　水资源利用保护 ··························· 113
　一、我国农业水资源概述 ··························· 113

二、农业水资源保护政策法规 …………………………………… 113
【复习思考题】 ……………………………………………………… 118
【典型案例】 ………………………………………………………… 118
第三节　森林资源利用保护 ………………………………………… 119
　　一、我国森林资源概述 …………………………………………… 119
　　二、森林资源保护政策法规 ……………………………………… 119
【复习思考题】 ……………………………………………………… 126
【典型案例】 ………………………………………………………… 127
第四节　草原资源利用保护 ………………………………………… 128
　　一、我国草原资源概述 …………………………………………… 128
　　二、草原资源保护政策法规 ……………………………………… 128
【复习思考题】 ……………………………………………………… 132
【典型案例】 ………………………………………………………… 132
第五节　渔业资源利用保护 ………………………………………… 134
　　一、我国渔业资源概述 …………………………………………… 134
　　二、渔业资源保护政策法规 ……………………………………… 134
【复习思考题】 ……………………………………………………… 139
【典型案例】 ………………………………………………………… 139
第六节　农业环境保护 ……………………………………………… 139
　　一、我国农业环境概述 …………………………………………… 139
　　二、农业环境保护政策法规 ……………………………………… 140
【复习思考题】 ……………………………………………………… 149
【典型案例】 ………………………………………………………… 150

第七章　农业科学技术教育 ————————————— 151

第一节　农业科学技术 ……………………………………………… 151
　　一、农业科学技术概述 …………………………………………… 151
　　二、新时期农业科技发展的方针、目标与任务 ………………… 152
　　三、农业科技发展的政策与法规 ………………………………… 155
【复习思考题】 ……………………………………………………… 171
【典型案例】 ………………………………………………………… 172

第二节　农业教育·· 174
　　一、农村学前教育·· 175
　　二、农村义务教育·· 175
　　三、农业职业教育·· 182
　　四、农业继续教育·· 186
　　五、农业科技教育培训···································· 187
【复习思考题】·· 195
【典型案例】·· 196

第八章　农业金融、税收与保险 ——— 200

第一节　农业金融·· 200
　　一、我国农村金融体系···································· 200
　　二、我国农业金融政策···································· 207
　　三、我国农业贷款政策···································· 209
　　四、新型农村金融贷款业务································ 211
【复习思考题】·· 217
【典型案例】·· 217
第二节　农业税收·· 218
　　一、涉农城镇土地使用税优惠政策·························· 218
　　二、耕地占用税优惠政策·································· 219
　　三、涉农项目增值税税收优惠政策·························· 222
　　四、涉农车船税优惠政策·································· 233
　　五、涉农印花税优惠政策·································· 234
　　六、涉农营业税税收优惠政策······························ 234
　　七、涉农企业所得税优惠政策······························ 235
　　八、涉农个人所得税优惠政策······························ 237
　　九、涉农消费税优惠政策·································· 238
【复习思考题】·· 239
【典型案例】·· 239
第三节　农业保险·· 242
　　一、农业保险的涵义······································ 243

二、农业保险的种类 ································· 243
　　三、政策性农业保险 ································· 244
　　四、种植业保险优惠政策 ····························· 244
　　五、养殖业保险优惠政策 ····························· 246
【复习思考题】··· 249
【典型案例】··· 249

第九章　农村社会保障 ─────────────── 251

　　一、农村最低生活保障 ······························· 251
　　二、农村社会养老保险 ······························· 252
　　三、新型农村合作医疗 ······························· 255
　　四、农村五保供养 ··································· 257
　　五、自然灾害生活救助 ······························· 258
　　六、被征地农民就业培训和社会保障工作 ··············· 258
　　七、优抚保障 ······································· 259
【复习思考题】··· 261
【典型案例】··· 261

第十章　农民权益保护法律制度 ─────────── 263

第一节　农民基本权益的法律保护 ····················· 263
　　一、公民权利 ······································· 263
　　二、农民的民主权益 ································· 264
　　三、农民的社会保障权 ······························· 265
　　四、农民的财产权和继承权 ··························· 265
　　五、农民享有公共产品的权益 ························· 266
　　六、农民纳税权益 ··································· 267
　　七、农民维护自身利益的权利 ························· 267
【复习思考题】··· 267
【典型案例】··· 267

第二节　农民工权益的法律保护 ······················· 268
　　一、劳动合同 ······································· 268

二、农民工工资 …………………………………………… 273
三、农民工工伤保险 ………………………………………… 275
四、农民女工权益 …………………………………………… 280
【复习思考题】 …………………………………………………… 283
【典型案例】 ……………………………………………………… 283

第十一章 农业行政执法 —————————————— 286

一、农业行政处罚 …………………………………………… 286
二、行政诉讼、行政复议与行政赔偿 ……………………… 291
【复习思考题】 …………………………………………………… 296
【典型案例】 ……………………………………………………… 296

附 与农业相关的法律法规列表 ————————————— 299

参考文献 ——————————————————————— 306

第一章 农业政策与法规概述

一、农业政策

1. 农业政策的涵义

政策是国家、政党为实现一定历史时期的路线和任务而规定的行动准则。农业政策是根据党的路线、方针和原则，为了发展农业生产和农村经济，国家职能部门制定的激励或约束农村各种经济活动的行动准则。

2. 农业政策的特点

（1）内容上的纲领性　农业政策一般从整个国家或地区农业发展的要求出发，纲领性地规定农村经济活动应遵循的共同原则，向人们指出党和国家提倡什么或反对什么，并不规定具体目标和政策实施的具体措施。

（2）工作范围的广泛性　农业政策的调整范围一般是整个国家或者地区的农业生产经济活动和经济关系，因而具有普遍的指导意义。

（3）具体应用上的灵活性　由于政策一般规定得比较原则，对政策的理解和具体应用就带来了一定的灵活性。政策的灵活性有利于政策在实施过程中结合各地、各部门的具体情况，采取相应的措施和对策。

（4）政策效力的有限性　所谓政策效力，是指保障政策有效实施的约束力。政策效力通常是通过政策纪律来体现的。所谓政策纪律，是指人们在实施政策中必须严格遵守的若干准则。由于政策规定比较原则，又有一定的灵活性，所以政策实施时在多数情况下难以做出违反政策时适度的纪律处分的规定。相对农业法的效力而言，农业政策的效力是很有限的。

二、农业法规

法的特征与形式

（1）**法的内涵及特征** 法是由国家制定或认可，体现统治阶级意志，以国家强制力保证实施的行为规则的总称。它是调整人们的行为或者社会关系的规范，具有规范性；它是由国家制定或者认可的，体现了国家对人们行为的评价，具有国家意志性；它是以国家强制力来保证实施的，具有国家强制性；它在国家权力管辖范围内普遍有效，具有普遍性；它有严格的程序规定的规范，具有程序性；它强调程序、规定程序和实行程序的规范。

（2）**法的形式** 我国法的具体形式有以下几种。

① **宪法** 宪法是国家的根本大法，规定国家和社会的根本制度。宪法是各种法律的立法基础和依据，一切法律必须根据宪法的基本原则来制定，宪法具有最高的法律效力。

② **法律** 法律有广义和侠义之分。广义的法律，泛指国家颁布的一切规范性文件。狭义的法律是指立法机关，即全国人民代表大会及其常务委员会制定和颁布的规范性文件。

③ **法规** 法规一般是法律、法令、条例、规则、章程等法律文件的总称。法规的具体形式有几下几种。

a. **行政法规** 行政法规是国务院为领导和管理国家各项行政工作，根据宪法和法律制定的政治、经济、教育、科技、文化等各项法规的总称。国务院发布的规范性文件，除行政法规外还有命令和决定，例如国发［2012］第XX号文件《……》，X年X月X日国务院第XX号令《……》等，这也是法的形式。国务院颁布的行政法规和发布的命令、决定，在全国范围内都有法律约束力，其法律地位低于宪法和法律，而高于国家制定的其他规范性文件。

b. 地方性法规 地方性法规是指省、自治区、直辖市和经国务院批准的较大的市的人民代表大会，依照法定职权制定和颁布的、在本辖区内实施、具有法律效力的规范性文件。

c. 自治条例和单行条例 自治区条例和单行条例是由民族自治地方的人民代表大会依照当地民族的政治、经济和文化的特点而制定的，报全国人民代表大会常务委员会批准后生效。自治州、自治县的自治条例和单行条例，报省、自治区、直辖市的人民代表大会常务委员会批准后生效。

d. 规章 规章是国务院各部门以及省、自治区、直辖市和经国务院批准的较大的市的人民政府，依据法律、法规制定发布的、实施于本部门或本地区的规范性文件。规章的效力限于发布单位的职权范围之内。

e. 国际条约 国际条约是指国家之间关于政治、经济、贸易、文化、军事等方面规定相互之间权利义务关系的协议。我国缔结和参加的国际条约，具有法律约束力。

f. 与法律有关的解释 国家对法律的解释也是法的形式之一。

农业法规是指由国家权力机关、国家行政机关以及地方机关制定和颁布的，适用于农业生产经营活动领域的法律、行政法规、地方法规以及政府规章等规范性文件的总称。

目前，我国的农业法规体系已经基本形成，可以分为以下几个方面。

1. 农业基本法规

主要指《中华人民共和国农业法》（以下简称《农业法》）。

1993年7月2日第八届全国人大常委会第二次会议通过了《农业法》，以法律的形式，把十一届三中全会以来关于农业发展的一系列行之有效的大政方针进一步规范化、法律化。这是中国农业发展史上第一部农业大法。2002年12月28日九届全国人大常委会第31次会议对《农业法》重新进行修订，并于2003年3月1日起施行。农业法修改制定，体现了"确保基础地位，增加农民收入"的总体精神，对保障农业在国民经济中的基础地位，发展农村社会主义市场经济,维护农业生产经营组织和农业劳动者的合法权益,促进农业的持续、稳定、协调发展,实现农业现代化,起到了重要的作用。

2. 农业资源和环境保护法

包括《中华人民共和国土地管理法》《中华人民共和国森林法》《中华人民共和国草原法》《中华人民共和国渔业法》《中华人民共和国水法》《中华人民共和国水土保持法》《中华人民共和国水污染防治法》《中华人民共和国野生动物保护法》《中华人民共和国防沙治沙法》等法律,以及《基本农田保护条例》《草原防火条例》《中华人民共和国水产资源繁殖保护条例》《中华人民共和国野生植物保护条例》《森林采伐更新管理办法》《野生药材资源保护管理条例》《森林防火条例》《森林病虫害防治条例》《中华人民共和国陆生野生动物保护实施条例》等行政法规。

3. 促使农业科研成果和实用技术转化的法律

包括《中华人民共和国农业技术推广法》《中华人民共和国植物新品种保护条例》《中华人民共和国促进科技成果转化法》等法律及行政法规。

4. 保障农业生产安全方面的法律

包括《中华人民共和国防洪法》《中华人民共和国气象法》《中华人民共和国动物防疫法》《中华人民共和国进出境动植物检疫法》等法律,以及《农业转基因生物安全管理条例》《水库大坝安全管理条例》《中华人民共和国防汛条例》《蓄滞洪区运用补偿暂行办法》等行政法规。

5. 保护和合理利用种质资源方面的法律

包括《中华人民共和国种子法》《种畜禽管理条例》《农药管理条例》《兽药管理条例》《饲料和饲料添加剂管理条例》等。

6. 规范农业生产经营方面的法律

包括《中华人民共和国农村土地承包法》《中华人民共和国乡镇企业法》《中华人民共和国乡村集体所有制企业条例》《中华人民共和国农民专业合作社法》等。

7. 规范农产品流通和市场交易方面的法律

包括《粮食收购条例》《棉花质量监督管理条例》《粮食购销违

法行为处罚办法》等行政法规。

8. 保护农民合法权益的法律

为保护农民合法权益制定了《中华人民共和国村民委员会组织法》《中华人民共和国耕地占用税暂行条例》。

三、农业政策与农业法规的关系

1. 农业政策与农业法规的联系

(1) 两者在本质上是一致的　政策与法规有共同的价值取向，它们都服务于社会主义的经济基础，都必须由社会的物质生活条件所决定；它们都是社会主流意志和要求；它们所追求的社会目的相同，基本内容一致。

(2) 政策是法规的核心内容，法规是政策的体现　法规使政策的原则性规定具体化、条文化、定型化，为政策提供法律机制的支持，保证政策的国家意志性质。

(3) 法规对政策的实施有积极的促进和保障作用　法规的特性决定了它具有其他规范难以比拟的制约、导向、预见、调节和保障功能。因此充分利用法规的这些功能，把经过实践检验的有益的农业政策上升为法规，使它们的实施能得到党的纪律和国家强制力的双层保障，从而得到更好的贯彻。

2. 农业政策与农业法规的区别

(1) 制定的组织与程序不同　农业法规只能由具有立法权的国家机关依据法定程序来制定，而农业政策是由党的领导机关和国家相关机构根据民主集中制原则制定的。

(2) 实施的方式不同　法规是由国家强制力来保证实施的，不遵守、不执行或执行不当就是违法，就要负法律责任，受到法律制裁。而政策主要靠党或者政府行政的纪律、模范人物的带头作用和人民群众的信赖来实现。政策约束力不如法规，政策执行与否、执行好坏，通常难以有进行判断的量化指标和追究责任的标准。从某种意义上讲，政策是"软件"，法规是"硬件"，政策的权威性不如法规。

(3) 表现方式不同　政策主要表现为党或国家的决议、决定、通知、规定等党内文件。法规以宪法、法律、行政法规等形式表现出来。政策往往规定得比较原则，带有号召性和指导性，较少有具体、明确的权利和义务规定。法规主要由规则构成，具有高度的明确性、具体性，有严格的逻辑结构。法规必须是公开的，而政策不完全是公开的。

（4）农业政策具有灵活性，农业法规具有相对稳定性　政策往往是为完成一定任务提出的，它要随形势的变化而做出调整，在制定和实施中都具有更大的灵活性、更快的变动性。而法规具有较高的稳定性，法规的立、废、改必须遵循严格的程序，使法规变动不可能像政策那样频繁，这是法规有较高权威性的程序性保证。

3. 农业政策与农业法规的辩证统一

（1）正确认识两者的关系　两者都是国家调控和管理农业的主要手段，相辅相成。农业政策与农业法规的特点不同、作用不同，不能互相替代。政策与法规是在功能上互补的两种社会调整方式，依靠政策指导法律、法规的正确制定和实施，依靠法律、法规保证政策的稳定和有效实施。

（2）正确处理两者的关系　政党行为的法律化是依法治国的必然要求，政党应在宪法和法律范围内进行执政，这意味着制定政策不能违背宪法和法律。因此在实践中，有法律规定的，应依法办事；无法律规定的，但有政策规定，应依政策办事；政策与法律有冲突的，应依法办事。如果法律法规不适合实际形势发展的，应当及时修改、补充、完善。一般情况下，先由中央出台纲领性政策文件，再以该政策文件来决定原法律法规的废除或修改完善，来指导新法律法规的正确制定和实施。

【复习思考题】

1. 什么叫农业政策？
2. 什么叫农业法规？
3. 农业政策与农业法规是一回事吗？
4. 在工作实践中，政策与法规有冲突时，该怎么办？

第二章 农业土地

第一节 农业用地所有权和使用权

一、农业用地所有权

> **知识窗**
>
> 土地所有权是土地所有者在法律规定范围内，对其拥有土地的占有、使用、收益和处分的权利。我国实行土地的社会主义公有制，即全民所有制（即社会主义国有）和劳动群众集体所有制。
>
> 国有土地所有权，即国有土地属全民所有，国家是国有土地唯一的、统一的所有者，国有土地可以确定给任何单位和个人使用，但其所有权不会发生变化。集体土地所有权，其主体是农民集体。农民集体必须具备以下条件：一是具有一定的组织形式，如农村经济组织；二是应当具有法人资格，即被法律认可的能够依法享受权利、承担义务；三是集体成员应为农业户口的农村居民。

（一）农业用地所有权的涵义

农业用地是指直接或间接用于农业生产的土地。按照其用途，农业用地可以分为：耕地、园地、林地、草地、池塘、沟渠、田间道路和其他生产性建筑用地。其中耕地、园地、林地、草地是农业用地中最主要的土地类型。

农业用地所有权是指农业用地的土地所有者为实现农业生产的目的，对土地所享有的占有、使用、收益和处分的权利。

(二) 农业用地所有权的分类

我国的农业用地也存在着全民所有制土地(即社会主义国有土地)和劳动群众集体所有制土地两种形式。

1. 农业用地国家所有权

农业用地国家所有权是农业用地国家所有制在法律上的表现,其主体是具有法人资格的国家。

根据《中华人民共和国宪法》规定,我国农村国有土地主要包括:

(1) 除法律规定由集体所有的森林、山岭、草原、荒地、滩涂之外的全部矿藏、水流、森林、山岭、草原、荒地、滩涂等土地资源;

(2) 名胜古迹、自然保护区等特殊用地(不包括区内属集体所有的土地);

(3) 国营农、林、牧、渔等农业企业、事业单位使用的土地;

(4) 国家拨给国家机关、部队、国防设施、国营公共交通(铁路、公路、码头、机场)、学校等非农企业、事业单位使用的土地;

(5) 国家拨给农村集体和个人使用的国有土地;

(6) 法律规定属于集体所有以外的一切土地。

2. 农业用地集体所有权

农业用地集体所有权的客体是集体土地,依据相关规定,我国农村和城市郊区的土地,除法律规定属于国家所有之外,属于农民集体所有;宅基地和自留地、自留山,属于农民集体所有。

由于我国农村中客观存在着多种形式的集体组织,集体土地所有权主体有以下几种类型:

(1) 村农民集体 由村农民集体经济组织或村民委员会经营、管理。这是现阶段农村集体土地所有权主体的主要类型。

(2) 乡(镇)农民集体 如果土地已经属于乡(镇)农民集体所有的,可以由乡(镇)农民集体所有,由乡(镇)农民集体经济组织经营、管理。由于我国农村客观存在着少数原来已经公社化的土地,同时农林渔场的土地以及某些工业企业使用的土地大多属于乡（镇）所有，因此由乡（镇）行使所有权较为现实、妥当。

（3）村内多个农民集体　如果村内有两个以上农村集体经济组织，如多个村民小组等，而土地已经属于这些集体所有，集体土地可以归该组织农民所有，并由该组织经营、管理。这主要是考虑到当前有些地区村民小组仍然是农业经济集体和土地发包单位，由其继续经营、管理，有利于稳定目前农村的集体土地所有制。

知识窗

1995年3月31日，国家土地管理局颁布《确定土地所有权和使用权的若干规定》，对农业土地"集体所有"作了具体而明确的规定。

① 土地改革时分给农民并颁发了土地所有证的土地，属于集体所有；实施《农业六十条》（1961年3月15日至23日，中共中央在广州举行会议。毛泽东主持、讨论和制订了《农村人民公社工作条例（草案）》，全文共60条，简称《农业六十条》）时确定为集体所有的土地，属于农民集体所有。

② 村农民集体所有的土地，按目前该村农民集体实际使用的本集体土地所有权界限确定所有权。

③ 农民集体连续使用其他农民集体所有的土地已满二十年的，应视为现使用者所有；连续使用不满二十年的，或者虽然满二十年但在二十年期满之前所有者曾向现使用者或有关部门提出归还的，由县级以上人民政府根据具体情况确定土地所有权。

④ 乡（镇）或村在集体所有的土地上修建并管理的道路、水利设施用地，分别属于乡（镇）或村农民集体所有。

⑤ 乡（镇）或村办企事业单位使用集体土地，《农业六十条》公布以前使用的，分别属于该乡（镇）或村农民集体所有。《农业六十条》公布时起，至1982年国务院《村镇建房用地管理条例》发布时止，有下列情况之一的，分别属于乡（镇）或村农民集体所有：a. 签订过用地协议的（不含租赁）；b. 经县、乡（公社）、村（大队）批准或同意，并进行了适当的土地调整或者经过一定补偿的；

c. 通过购买房屋取得的；d. 原集体企事业单位体制经批准变更的。1982年国务院《村镇建房用地管理条例》发布时至1987年《土地管理法》开始施行止，乡（镇）或村办企事业单位继续使用的，可确定为乡（镇）或村农民所有。乡（镇）或村办企事业单位采用上述以外占用的集体土地，或虽采用上述方式，但目前土地利用不合理的，应将其全部或部分退回原集体，或按有关规定处理。1987年《土地管理法》施行后非法占用的土地，须依法处理后再确定所有权。

⑥乡（镇）企业使用本乡（镇）或村集体所有的土地，依照有关规定进行补偿和安置的，土地所有权转为乡（镇）农民集体所有。经依法批准的乡（镇）、村公共设施、公益事业使用的农民集体土地，分别属于乡（镇）、村农民集体所有。

⑦农民集体经依法批准以土地使用权作为联营条件与其他单位或个人举办的联营企业的，或者农民集体经依法批准以集体所有的土地的使用权作价入股，举办外商投资企业或乡镇企业的，集体土地所有权不变。

⑧部分与某些国有土地相邻的边界地也认定为农民集体所有。如：a. 土地改革时已分配给农民所有的原铁路用地和新建铁路两侧未经征用的农民集体所有土地；b. 公路两侧保护用地和公路其他用地未经征用的农民集体所有土地；c. 国有电力杆塔占用农民所有的土地，未经办理征用手续的；d. 河道堤防内的土地和堤防外护堤地，无堤防河道历史最高洪水位或者设计洪水位以下的土地，土改时已将所有权分配给农民而国家又未征用，且迄今仍归农民集体使用的；e. 国家建设进行移民安置后，原集体仍继续使用的集体所有土地，国家未进行征用的，其所有权不变。

二、农业用地使用权

土地使用权是单位或个人经国家依法确认的使用土地的权利，它分为国有土地使用权、集体土地建设用地使用权、农业生产用地的承包经营权。

农业生产用地的承包经营权是指集体或者个人通过承包、转包等形式依法取得的使用农民集体或国家所有土地从事广义农业生产的权利。它是一种使用土地的特定形式，它以合同的方式使用土地，是不经政府确定的一种使用权。

我国《农村土地承包法》具体规定了农业用地承包经营权流转制度和乡镇企业有偿使用制度。凡占用集体所有土地的乡镇办企业、村办企业、联营企业和个体企业均按规定交纳土地使用费。土地使用费由土地管理部门负责逐年收取。

【复习思考题】
1. 农村集体所有的土地包括哪些？
2. 什么是农业用地？哪些地属于农业用地？
3. 乡镇企业占用我们村的土地应该交费吗？

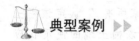
典型案例

争议土地

自 1951 年土地改革后就属于 A 市甲村的黄某等几十户村民，以其持有的某县于 1951 年 11 月签发的"土地房产所有证"为凭。该幅土地一直属于 A 市甲村集体所有并耕种。1962 年 7 月 23 日，A 市甲村因地多人少，把该幅土地赠与了 A 市乙村进行长期自由耕作，合约中单列一条所有权归属问题："甲方赠送土地所有权给乙方永远所有，甲方是无条件赠送"。而事实上，作为受赠方的 A 市乙村并没有"长期自由耕种"，因不熟悉水稻生产，不到一年，乙村人便全部撤回老家。1963 年，县政府为解决"土劳"矛盾，把该幅土地从"拥军"的角度转让给了当时某军分区驻甲村部队，并经营 13 年之久。1976 年该部队撤离时，由当地县革命委员会牵头，又把该幅土地移交给 A 市一国营农场经营。1990 年 9 月 19 日，经 A 市农经委牵头，此国营农场与甲村又签订协议，把该幅土地转包给甲村经营管理。2002 年 3 月 31 日，A 市甲村向 A 市人民政府提出申请，要求确认对该幅土地享有集体土地所有权的事实。

A市人民政府委托A市国土资源局经过多方调查取证，做出如下处理：根据某县于1951年11月签发的"土地房产证"，该幅土地所有权原来确实是属于甲村，但由于甲村和乙村已于1962年7月23日签订了赠送土地合约，致使甲村丧失了该土地上所有的权利义务。后乙村不适应耕作，自动放弃了对该土地的使用，至此乙村也丧失了该土地的经营管理权。1963年，甲村驻军合法取得该宗土地的使用权，并经营管理13年之久，后甲村驻军把此地已交给A市一国营农场，1990年9月19日，经A市农经委牵头A市此国营农场与甲村签订协议，某国营农场把该幅土地经营使用权转包给了甲村。至此，进一步说明了甲村也承认了该幅土地所有权不归本村的事实。根据原国家土地管理局1995年发布的《确定土地所有权和使用权的若干规定》第十八条规定："土地所有权争议，不能依法证明属于农民集体所有的，属于国家所有。"认定该幅土地所有权属于国家。A市此国营农场享有对该幅土地的使用权应属无误，故应维持现状，驳回甲村的申请要求。

第二节 农村土地承包制度

> **知识窗**
>
> 从20世纪80年代初开始，家庭联产承包责任制在农村盛行。1999年通过的《中华人民共和国宪法修正案》中规定，"农村集体经济组织实行家庭承包经营为基础、统分结合的双层经营体制"。至此，这一基本经济制度以法律的形式规定了下来。此后，《中华人民共和国农业法》也作了相类似的规定。2002年8月29日通过、2003年3月1日起实施的《中华人民共和国农村土地承包法》从根本上保护了农民的土地承包经营权，保证农村土地承包关系的长期稳定。

一、土地家庭承包的原则

1. 按户承包、按人分地原则

承包地主要是耕地、林地、草地。在集体经济组织发包土地时除非本集体经济组织成员自愿放弃承包，任何组织和个人都不能以任何方式，剥夺或者变相剥夺集体经济组织成员承包土地的权利，也不能以任何方式阻挠、干扰、限制集体经济组织成员承包土地权利的实现。

承包方是本集体经济组织的农户，其他集体经济组织的农户、集体经济组织以外的单位和个人都不能作为承包方，只能通过依法流转取得土地经营权。农村土地承包不是以农民个人为单位进行承包的，实行"按户承包、按人分地"。

2. 公开、公平、公正的原则

农村土地承包应当坚持公开、公平、公正的总原则。公开是指土地承包过程中，必须保护集体经济组织成员的知情权，防止暗箱操作。公平是指凡本集体经济组织成员，不分年龄、性别、民族、信仰等条件的差异，在农村土地统一组织承包时，都依法平等地享有并可以行使承包土地的权利，任何组织和个人都不能剥夺和限制这个权利。公正是指必须严格依法定的承包程序组织承包土地，不能随意简化发包程序；在承包过程中，平等对待每一个本集体经济组织的成员，任何组织和个人都不能有法外特权，也不允许任何人以不正当手段获取非法利益。

3. 男女平等的原则

农村土地承包，妇女与男子享有平等的权利。承包中应当保护妇女的合法权益，任何组织和个人不得剥夺、侵害妇女应当享有的土地承包经营权。为保护出嫁、离婚、丧偶妇女的土地承包经营权，《农村土地承包法》第三十条规定，承包期内，妇女结婚，在新居住地未取得承包地的，发包方不得收回其原承包地；妇女离婚或者丧偶，仍在原居住地生活或者不在原居住地生活但在新居住地未取得承包地的，发包方不得收回原承包地。

二、土地家庭承包的程序

土地承包程序包括五步：一是本集体经济组织成员的村民会议选举产生承包工作小组；二是承包工作小组依照法律、法规的规定拟定并公布承包方案；三是依法召开本集体经济组织成员的村民会议，讨论通过承包方案；四是公开组织实施承包方案；五是签订承包合同。

三、土地家庭承包经营权的期限

2002年颁布的《农村土地承包法》第四条和第二十条规定，国家依法保护农村土地承包关系的长期稳定，耕地的承包期限为三十年；草地的承包期限为三十至五十年；林地的承包期限为三十至七十年；特殊林木的林地承包期，经国务院林业行政主管部门批准可以延长。

第二轮土地承包过程中，有的地方签订的承包合同约定的承包期达不到法律规定期限的，应当按照法律规定修改承包期。有的地方按照当地人民政府的有关规定签订的承包合同，约定的承包期比该法规定的期限更长的，其承包期限继续有效，不必修改，也不得重新承包。

四、承包期内不得收回承包地的规定

1. 承包期内不得收回承包地

承包期内发包方不得收回承包地。但是，承包期内，承包方全家迁入设区的市，转为非农业户口的，应当将承包的耕地和草地交回发包方。承包方不交回的，发包方可以收回承包的耕地和草地。需要指出的是，由于林地生产周期长，为保护植树造林的积极性，《农村土地承包法》规定不得收回承包的林地，承包林地的农民全家迁入设区的城市后，可以进行土地承包经营权流转，也可以继续承包经营。

2. 农民全家迁入小城镇后承包土地的处理

目前我国小城镇的社会保障制度尚不健全，农民在小城镇一旦遇到工作困难，还是要回到农村从事农业生产，以此作为基本的社会保障。因此，《农村土地承包法》规定，承包期内，承包方全家迁入小城镇落户的，应当按照承包方的意愿，保留其土地承包经营权或者允许其依法进行土地承包经营权流转。

五、承包期内不得调整承包地的规定

1. 承包期内不得调整承包地

为了稳定农村土地承包关系，《农村土地承包法》规定，承包期内，发包方不得调整承包地。在《农村土地承包法》实施以后，出现人地矛盾，主要采取三种途径解决：一是利用承包时依法预留的机动地（机动地面积不超过本集体经济组织耕地总面积的5%）、承包期内依法开垦增加的土地、承包方依法自愿交回的土地等，发包给新增人口；二是依法进行土地承包经营权流转，通过转包、出租、转让等方式，在稳定家庭承包经营的基础上，将土地承包经营权流转到需要的人的手里；三是通过发展乡镇企业和第二、三产业，转移农村剩余劳动力，从根本上减轻人口对土地的压力。

2. 允许进行个别调整的情形及程序

承包期内，因自然灾害严重毁损承包地等特殊情况对个别农户之间承包的耕地和草地需要适当调整的，必须经本集体经济组织成员的村民会议三分之二以上成员或者三分之二以上村民代表的同意，并报乡（镇）人民政府和县级人民政府等农业行政主管部门批准。承包合同中约定不得调整的，按照其约定执行。

六、家庭承包经营权的继承

《农村土地承包法》第三十一条区分三种不同情况，对继承问题做出了规定。

一是家庭承包的土地承包经营权不发生继承问题。通过家庭承包形式取得的土地承包经营权，家庭的某个或者部分成员死亡的，土地承包经营权不发生继承问题。家庭成员全部死亡的，土地承包经营权灭失，由发包方收回承包地。

二是承包人应得的收益可以依法继承。在承包期内，承包人死亡的，其依法应当获得的承包收益，按照《中华人民共和国继承法》的规定可以继承。这里的承包人应当理解为承包户的家庭成员。

三是林地的承包经营权的继承。林地承包的承包人死亡，其继承人可以在承包期内继续承包。这里主要是指，家庭承包的林地，在家庭成员全部死亡的，最后一个死亡的家庭成员的继承人（可以是本集体经济组织成员，也可以是集体经济组织以外的继承人），在承包期内均可以继续承包，直到承包期满。

七、土地家庭承包经营权的流转

我国《农村土地承包法》规定，农户的土地承包经营权可以依法流转。在稳定农户的土地承包关系的基础上，允许土地承包经营权合理流转，是农业发展的客观要求。而确保家庭承包经营制度长期稳定，赋予农户长期而有保障的土地使用权，是土地承包经营权流转的基本前提。

1. 土地承包经营权流转的原则

（1）平等协商、自愿、有偿原则　根据我国《农村土地承包法》第三十三条规定，土地承包经营权的流转应当遵循该原则。尊重农户在土地使用权流转中的意愿，平等协商，严格按照法定程序操作，充分体现有偿使用原则，不搞强迫命令等违反农民意愿的硬性流转。流转的期限不得超过承包期的剩余期限，受让方须有农业经营能力，在同等条件下本集体经济组织成员享有优先权。

（2）不得改变土地集体所有性质、不得改变土地用途、不得损害农民土地承包权益（"三个不得"）　党的十七届三中全会审议通过的《中共中央关于推进农村改革发展若干重大问题的决定》中规定，上述"三个不得"是农村土地流转必须遵循的重大原则。农村土地归集体所有，土地流转的只是承包经营权，不能在流转中变更土地所有权属性，侵犯农村集体利益。实行土地用途管制是我国土地管理的一项重要制度，农地只能农用。在土地承包经营权流转中，农民的流转自主权、收益权要得到切实保障，转包方和农村基层组织不能以任何借口强迫流转或者压低租金价格，侵犯农民的权益。

2. 土地承包经营权流转的方式

依据我国《农村土地承包法》第三十七条规定，土地承包经营权的流转主要是以下几种方式：转包、出租、互换、转让、入股。

(1) 转包 主要是指承包方把自己承包期内承包的土地，在一定期限内全部或部分转包给本集体经济组织内部的其他农户耕种。

(2) 出租 主要是指承包方作为出租方，将自己承包期内承包的土地，在一定期限内全部或部分租赁给本集体经济组织以外单位或个人，并收取租金的行为。

(3) 互换 主要是指土地承包经营权人将自己的土地承包经营权交换给他人行使，自己行使从他人处换来的土地承包经营权。

(4) 转让 主要是指土地承包经营权人将其所拥有的未到期的土地承包经营权以一定的方式和条件转移给他人的行为。

转让不同于转包、出租和互换。在转包和出租的情况下，发包方和出租方即原承包方与原发包方的承包关系没有发生变化，新发包方和出租方并不失去土地承包经营权。在互换土地承包经营权中，承包方承包的土地虽发生了变化，但并不因此而丧失土地承包经营权。而在土地承包经营权的转让中，原承包方与发包方的土地承包关系即行终止，转让方（原承包方）不再享有土地承包经营权。

(5) 入股 是指承包方之间为了发展农业经济，自愿联合起来，将土地承包经营权入股，从事农业合作生产。这种方式的土地承包经营权入股，主要从事合作性农业生产，以入股的股份作为分红的依据，但各承包户的承包关系不变。

3. 土地承包经营权流转履行的手续

(1) 土地承包经营权流转实行合同管理制度 《农村土地承包经营权流转管理办法》规定，土地承包经营权采取转包、出租、互换、转让或者其他方式流转，当事人双方应签订书面流转合同。

农村土地承包经营权流转合同一式四份，流转双方各执一份，发包方和乡（镇）人民政府农村土地承包管理部门各备案一份。承包方将土地交由他人代耕不超过一年的，可以不签订书面合同。承包方委托发包方或者中介服务组织流转其承包土地的,流转合同应当由承包方或其书面委托的代理人签订。农村土地承包经营权流转当事人可以向乡(镇)人民政府农村土地承包管理部门申请合同鉴证。

乡(镇)人民政府农村土地承包管理部门不得强迫土地承包经营权流转当事人接受鉴证。

(2) 农村土地承包经营权流转合同内容 农村土地承包经营权流转合同文本格式由省级人民政府农业行政主管部门确定。其主要内容有:

① 双方当事人的姓名、住所;
② 流转土地的四至、坐落、面积、质量等级;
③ 流转的期限和起止日期;
④ 流转方式;
⑤ 流转土地的用途;
⑥ 双方当事人的权利和义务;
⑦ 流转价款及支付方式;
⑧ 流转合同到期后地上附着物及相关设施的处理;
⑨ 违约责任。

(3) 农村土地经营权流转合同的登记 进行土地承包经营权流转时,应当依法向相关部门办理登记,并领取土地承包经营权证书和林业证书,同时报乡(镇)政府备案。农村土地经营权流转合同未经登记的,采取转让方式流转土地承包经营权中的受让人不得对抗第三人。

八、其他方式的承包

不宜采取家庭承包方式的荒山、荒沟、荒丘、荒滩(通常并称"四荒")等农村土地,通过招标、拍卖、公开协商等方式承包的,属于其他方式承包。

1. 其他方式承包的特点

(1) 承包方多元性 承包方可以是本集体经济组织成员,也可以是本集体经济组织以外的单位或个人。在同等条件下,本集体经济组织成员享有优先承包权。如果发包方将农村土地发包给本集体经济组织以外的单位或个人承包，应当事先经本集体经济组织成员的村民会议三分之二以上成员或者三分之二以上村民代表的同意，并报乡（镇）人民政府批准。

（2）承包方法的公开性　承包方法是实行招标、拍卖或者公开协商，发包方按照"效率优先、兼顾公平"的原则确定承包人。

2. 其他方式承包的合同

荒山、荒沟、荒丘、荒滩等可以通过招标、拍卖、公开协商等方式实行承包经营，也可以将土地承包经营权折股给本集体经济组织成员后，再实行承包经营或者股份合作经营。承包荒山、荒沟、荒丘、荒滩的，应当遵守有关法律、行政法规的规定，防治水土流失，保护生态环境。发包方和承包方应当签订承包合同，当事人的权利和义务、承包期限等，由双方协商确定。以招标、拍卖方式承包的，承包费通过公开竞标、竞价确定；以公开协商等方式承包的，承包费由双方议定。

3. 其他方式承包的土地承包经营权流转

通过招标、拍卖、公开协商等方式承包农村土地，经依法登记取得土地承包经营权证或者林权证等证书的，其土地承包经营权可以依法转让、出租、入股、抵押或者其他方式流转。与家庭承包取得的土地承包经营权相比较，少了一个转包，多了一个抵押。

土地承包经营权抵押，是指承包方为了确保自己或者他人债务的履行，将土地不转移占有而提供相应担保。当债务人不履行债务时，债权人就土地承包经营权作价变卖或者折价抵偿，从而实现土地承包经营权的流转。应注意我国现行法律只允许"四荒"土地承包经营权抵押，而大量的家庭承包方式下的土地承包经营权是不允许抵押的。

【复习思考题】

1. 家庭承包土地能抵押吗？
2. 土地承包的期限是多少？
3. 农村土地承包后，土地所有权性质改变了吗？承包地可以买卖吗？

4. 承包期内对妇女结婚、离婚或丧偶，承包的土地有何规定？

5. 承包期内因特殊情形对个别农户之间承包的耕地需要适当调整的有何规定？

6. 承包方的土地经营自主权体现在哪些方面？

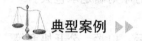

典型案例

之一：违法强收土地承包经营权

1997年3月1日，王某与本村签订二轮土地承包合同。2003年村小组召开村民代表会议，将王某所享有土地经营权的土地收回，一部分分配给其他村民，一部分土地卖给铁矿企业。王某不服，上诉法院。

本案中，村民小组召开村民大会，把王某依法享有的土地承包经营权收回，这违反了《农村土地承包法》第二十七条，即承包期间发包方不得调整承包土地。虽然收回土地的行为，经本集体经济组织成员或者村民代表三分之二以上的同意，但该事实行为，并未得到乡（镇）人民政府和县级人民政府农业行政主管部门批准，应当认定收回土地的行为是不合法的，是无效的。

之二：父亡女嫁，承包土地应收回

某市法院审结了一起土地承包合同纠纷案。原告李某系该市某村村民，被告系该村村民委员会。

1998年9月20日，李某与本村村委会签订了耕地承包合同书，承包期为三十年。合同规定，发包方在承包期内，有权收回举家外迁户、自然消亡户、鳏寡孤独人员去世，农转非人员以及长期撂荒户的耕地，重新发包，合理解决承包期内人地变化的矛盾。同时也规定，承包方应服从解决人地变化矛盾的政策。

李某的父亲于2003年元月去世，同年4月，其女儿出嫁后，将其户口迁至婆家所在村，并于同年7月在该村分得了耕地。2004

年3月该村村委会对承包给李某的部分耕地进行了调整,将李某承包的部分耕地转包给了他人。李某认为该村村委会将合同内承包的耕地转包给他人是违约行为,遂将该村村委会告上法庭,请求依法维护其三十年的土地承包经营权。

法院审理认为:李某与该村村委会签订的土地承包合同系双方当事人真实的意思表示,且不违反法律规定,为有效合同,双方均应按合同约定履行。根据我国有关法律规定,根据实际需要,可对个别人土地矛盾突出的农户进行"小调整"。村委会符合法律及合同规定,本院认为应当予以支持,驳回原告李某的诉讼请求。

之三:吃了低保,还应再承包集体土地

张某属农村户口,承包了集体土地,并发有土地承包经营权证,期限是2002年1月1日至2031年12月31日。但村里宣布要收回张某的承包地,理由是:吃了低保,不应再承包集体土地。张某将该村告上法院。

法庭认为:《农村土地承包法》第三十五条规定:"承包期内,发包方不得单方面解除承包合同,不得假借少数服从多数强迫承包方放弃或者变更土地承包经营权,不得以划分'口粮田'和'责任田'等为由收回承包地搞招标承包,不得将承包地收回抵顶欠款。"因此,村委会的行为属违法行为。

第三节 农村土地承包合同

一、农村土地承包合同的主体

合同的主体包括合同的发包方和承包方。根据《农村土地承包法》第十二条规定,合同的发包方是农村集体经济组织、村委会或村民小组。合同的承包方是本集体经济组织的农户,签订合同的发包方是集体经济组织。发包方的代表通常是集体经济组织负责人。承包方的代表是承包土地的农户户主。

二、农村土地承包合同的主要条款

1. 农村土地承包合同条款

农村土地承包合同一般包括以下条款：①发包方、承包方的名称，发包方负责人和承包方代表的姓名、住所；②承包土地的名称、坐落、面积、质量等级；③承包期限和起止日期；④承包土地的用途；⑤发包方和承包方的权利和义务；⑥违约责任。

2. 承包合同存档、登记

承包的合同一般要求一式三份，发包方、承包方各一份，农村承包合同管理部门存档一份。同时，县级以上地方人民政府应当向承包方颁发土地承包经营权证或者林权证等证书，并登记造册，确认土地承包经营权。颁发土地承包经营权证或者林权证等证书，除按规定收取证书工本费外，不得收取其他费用。

三、农村土地承包合同当事人的权利义务

农村土地承包合同的当事人是发包方和承包方。

1. 发包方的权利和义务

（1）发包方的权利

① 发包本集体所有的或者国家所有由本集体使用的农村土地；
② 监督承包方依照承包合同约定的用途合理利用和保护土地；
③ 制止承包方损害承包地和农业资源的行为；
④ 法律、行政法规规定的其他权利。

（2）发包方的义务

① 维护承包方的土地承包经营权，不得非法变更、解除承包合同。承包合同生效后，发包方不得因承办人或者负责人的变动而变更或者解除，也不得因集体经济组织的分立或者合并而变更或者解除。承包期内，发包方不得单方面解除承包合同，不得假借少数服从多数强迫承包方放弃或者变更土地承包经营权，不得以划分"口粮田"和"责任田"等为由收回承包地搞招标承包，不得将承包地收回抵顶欠款。

② 尊重承包方的生产经营自主权，不得干涉承包方依法进行

正常的生产经营活动。

③ 依照承包合同约定为承包方提供生产、技术、信息等服务。

④ 执行县、乡（镇）土地利用总体规划，组织本集体经济组织内的农业基础设施建设。

⑤ 法律、行政法规规定的其他义务。

2. 承包方的权利和义务

（1）承包方的权利

① 依法享有承包地使用、收益和流转的权利，有权自主组织生产经营和处置产品；

② 承包地被依法征用、占用的，有权依法取得相应的补偿；

③ 法律、行政法规规定的其他权利。

（2）承包方的义务

① 维持土地的农业用途，不得用于非农业建设；

② 依法保护和合理利用土地，不得给土地造成永久性损害；

③ 制止承包方损害承包地和农业资源的行为；

④ 法律、行政法规规定的其他义务。

四、农村土地承包合同纠纷的解决

在土地承包过程中，发包方和承包方难免发生一些纠纷，这些纠纷的解决途径有以下几种。

1. 协商

发包方与承包方发生纠纷后，能够协商解决争议，是纠纷解决的最好办法。这样既节省时间，又节省人力和物力，但是并不是所有的纠纷都可以通过协商的方式解决。

2. 调解

纠纷发生后，可以请求村民委员会、乡（镇）人民政府调解，也可以请求政府的农业、林业等行政主管部门以及政府设立的负责农业承包管理工作的农村集体经济管理部门进行调解；调解不成的，可以寻求仲裁或者诉讼途径解决纠纷。

3. 仲裁或诉讼

当事人不愿协商、调解或者协商、调解不成的，可以向农村土地承包仲裁机构申请仲裁。对仲裁不服的,可以向人民法院起诉。当然,当事人也可以不经过仲裁,直接向人民法院起诉。

【复习思考题】

1. 土地承包合同需要几份?需要公证吗?公证费用如何?
2. 农村土地承包合同的主体是谁?
3. 农民承包土地后有哪些权利?
4. 农民承包土地后有哪些义务?

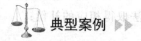 典型案例

强砍梨树犯法

1992年,杨某在自己的承包地上栽植梨树。1993年3月,杨某与所在的A县B镇C村续签承包合同,约定杨某承包该村委会2亩地种植梨园,期限是30年。2003年8月,国土资源部在该镇开展土地整理项目,杨某承包的土地在整理范围内。2003年11月,当地村委会经居民代表大会讨论,确定了整理区内的果树补偿标准为每棵6元。杨某认为补偿标准太低,未在规定期限内对承包的土地自行清障。12月底,村委会组织人员强行砍伐了杨某的梨树。2004年1月,杨某诉至法院,要求判定镇政府、村委会砍伐果树行为违法并令其补偿损失。

根据相关法律规定,农村土地整理行为的法律属性应是行政指导下的农村集体土地所有权人的处分土地并变更或终止承包合同行为。基于这一法律属性,对土地是否进行整理,应由农村集体土地所有权主体决定。此案中,补偿费未协商一致,农村集体经济组织可依照《农村土地承包法》第五十一条的规定,请求政府有关机关调解,调解不成的,可以土地所有权人的身份向人民法院提起诉讼,请求人民法院支持其进行土地整理。在补偿费不能达成协议时,农村所有权人不能强行变更或解除合同,更不能强行毁损地上农作物,否则应予赔偿。

补充：待土地整理完成后，原承包合同标的物发生变化，原承包人履行变更后的承包合同；土地性质发生变化导致原承包合同终止的，集体经济组织必须与承包人签订新的承包合同，以确保其应享有的承包权得到实现。

第四节　农业用地的保护制度

一、土地利用总体规划

土地利用总体规划是对各级行政辖区全部土地的开发、利用和保护进行统筹安排，在部门之间科学配置土地资源，综合平衡土地供求和资源需求的长远规划。依法编制和报批的各级土地利用总体规划具有法律效力，必须严格执行。各级土地利用总体规划和土地利用现状是实行用途管制、控制农用地转为建设用地的基础。

土地利用总体规划对土地使用在定性、定量、定位和定序四个方面提供了用途管制的标准。其中定量和定位尤为重要，可操作性强。定性是指某一地域空间规划时确定的土地利用性质，对低层次规划来说，就是确定土地的具体用途。定量是指在定性基础上确定的土地利用结构和调控指标，包括各类用地面积构成，其中耕地总量、建设用地规模、建设用地增减数量以及人均占有建设用地面积等，都是用途管制的直接依据。定位是在土地利用总体规划方案中，按照土地用途管制的要求，准确地划定各类用途土地的区域，标定区界，成为确定土地用途管制空间范围的重要依据。因为土地利用总体规划目标需要逐年实现，定序就是确定土地利用调控次序，近期土地利用调控指标和用途分区更能直接为用途管制提供依据。因此实行土地用途管制，要充分发挥土地利用总体规划的基础作用。

二、土地用途管制制度

土地用途管制是指国家为实行土地资源的合理利用，通过编制土地利用总体规划，划定土地用途区域，确定土地使用限制条件，要求土地的所有者、使用者严格按照确定的用途利用土地的制度。土地用途管制权既可以由国务院行使，也可由国务院发布土地用途管制授权法令，授权地方政府行使。它对农用地转为建设用地有严格的限制。

1. 征收土地的法律程序

土地用途管制的主要内容按土地用途分为农用地、建设用地和未利用地三大类。《土地管理法》规定，因建设需要征收属于集体所有的土地的，必须按以下标准权限，由省级以上人民政府批准：征收基本农田的，基本农田以外的耕地超过三十五公顷的，其他土地超过七十公顷的，由国务院批准；征收前三种之外的土地，由省、自治区、直辖市人民政府批准，并报国务院备案。征收农用地的，应当现行办理农用地转用的审批手续，其中经国务院批准农用地转用的，同时办理征地审批手续，不再另外办理征地审批。经省、自治区、直辖市人民政府在征地批准权限内办理征地审批的，同时办理征地审批手续，不再另行办理征地审批。但如果农用地转用审批所涉及的土地面积超过其征地批准权限的，即属于国务院征地批准权限的，应当另行办理征地审批。征地必须依法进行，按照同地同价原则及时足额给农村集体组织和农民合理补偿，解决好被征地农民就业、住房、社会保障。否则，就会受到法律的严惩。

2. 违反土地管理法规的处罚

（1）《刑法》第三百四十二条，"违反土地管理法规，非法占用耕地、林地等农用地，改变被占用土地用途，数量较大，造成耕地、林地等农用地大量毁坏的，处五年以下有期徒刑或者拘役，并处或者单处罚金。"

根据最高人民法院司法解释（法释［2000］14号和法释［2005］15号），"数量较大"是指非法占用基本农田五亩❶以上或者非法占用基本农田以外的耕地十亩以上；造成耕地"大量毁坏"是指行为人非法占用耕地建窑、建坟、建房、挖沙、采石、采矿、取土、堆放固体废弃物或者进行其他非农业建设，造成基本农田五

---

❶ 15亩＝1公顷，后同。

亩以上或者基本农田以外的耕地十亩以上种植条件严重毁坏或者严重污染。多次实施本解释规定的行为依法应当追诉的,或者一年内多次实施本解释规定的行为未经处理的,按照累计的数量、数额处罚。"数量较大,造成林地大量毁坏"是指非法占用并毁坏防护林地、特种用途林地数量分别或者合计达到五亩以上,非法占用并毁坏其他林地数量达到十亩以上。

(2)《刑法》第四百一十条,"国家机关工作人员徇私舞弊,违反土地管理法规,滥用职权,非法批准征收、征用、占用土地,或者非法低价出让国有土地使用权,情节严重的,处三年以下有期徒刑或者拘役;致使国家或者集体遭受特别重大损失的,处三年以上七年以下有期徒刑。"

根据最高人民法院司法解释(法释[2000]14号),非法批准征收、征用、占用土地"情节严重"是指:非法批准征收、征用、占用基本农田十亩以上;非法批准征收、征用、占用基本农田以外的耕地三十亩以上;非法批准征收、征用、占用其他土地五十亩以上;虽未达到上述数量标准,但非法批准征收、征用、占用土地造成直接经济损失三十万元以上,造成耕地大量毁坏等恶劣情节。"致使国家或者集体遭受特别重大损失"是指:非法批准征收、征用、占用基本农田二十亩以上;非法批准征收、征用、占用基本农田以外的耕地六十亩以上;非法批准征收、征用、占用其他土地一百亩以上;非法批准征收、征用、占用土地,造成基本农田五亩以上,其他耕地十亩以上严重毁坏的;非法批准征收、征用、占用土地造成直接经济损失五十万元以上等恶劣情节。

根据最高人民法院司法解释(法释[2005]15号),非法批准征收、征用、占用林地,"情节严重"是指:非法批准征收、征用、占用防护林、特种用途林地数量分别或者合计达到十亩以上;非法批准征收、征用、占用其他林地数量达到二十亩以上;非法批准征收、征用、占用林地造成直接经济损失数额达到三十万元以上等。"致使国家或者集体遭受特别重大损失"是指:非法批准征收、征用、占用防护林、特种用途林地数量分别或者合计达到二十亩以上;非法批准征收、征用、占用其他林地数量达到四十亩以上;非法批准征收、征用、占用林地造成直接经济损失数额达到六十万元以上等。

三、耕地保护制度

1. 基本农田保护制度

根据《土地管理法》，国务院于1998年12月27日发布了《基本农田保护条例》，确立了基本农田保护制度。

（1）基本农田与基本农田保护区涵义　基本农田，是指按照一定时期人口和社会经济发展对农产品的需求，依据土地利用总体规划确定的不得占有的耕地。基本农田保护区，是指为对基本农田实行特殊保护而依据土地利用总体规划和依照法定程序确定的特定保护区域。

（2）基本农田保护区范围　依照《土地管理法》第三十四条规定："下列耕地应当划入基本农田保护区：①经国务院有关主管部门或者县级以上地方人民政府批准的粮、棉、油生产基地内的耕地；②有良好的水利与水土保持设施的耕地，正在实施改造计划以及可以改造的中、低产田；③蔬菜生产基地；④农业科研、教学试验田；⑤国务院规定应当划入基本农田保护区的其他耕地。"

《土地管理法》规定："各省、自治区、直辖市划定的基本农田应当占本行政区域内耕地的80%以上"；"非农业建设必须节约使用土地，可以利用荒地的，不得占用耕地；可以利用劣地的，不得占用好地"。

《基本农田保护条例》还规定了三项禁止性条款：一是禁止任何单位和个人在基本农田内建窑、建房、建坟、挖沙、采石、取土或者进行其他破坏基本农田的活动；二是禁止占用基本农田发展林果业和挖塘养鱼；三是禁止任何单位和个人闲置、荒芜基本农田。

2. 耕地占补平衡制度

《土地管理法》规定，非农业建设经批准占用耕地的，按照"占多少，垦多少"的原则，由占用耕地单位负责开垦与所占用耕地的数量和质量相当的耕地；没有条件开垦或者开垦耕地不符合要求的，应当按照省、自治区、直辖市的规定缴纳耕地开垦费，专款用于开垦新的耕地。"县级以上地方人民政府可以要求占用耕地的单位将所占用耕地耕作层的土壤用于新开垦耕地、劣质地或者其他耕地的土壤改良"。

四、土地整理和复垦制度

1. 土地整理

土地整理是指人们为了一定的目的，依据规划对土地进行调整、安排和整治的一种活动，以利于合理组织土地利用、理顺土地关系。它是改善土地生产和生态环境、提高土地集约利用程度，保障土地永续利用的有效措施。县、乡（镇）人民政府应当组织农村集体经济组织，按照土地利用总体规划，对田、水、路、林、村综合整治，改造中、低产田，整治闲散地和废弃地，提高耕地质量，增加有效耕地面积，改善农业生产条件和生态环境。

土地整理项目立项有严格的程序规定，要先后经过项目申报、入库审查、备案审查、项目设计与预算、投资计划和预算建议的编报、审查等阶段。立项后，编写土地整理规划设计（含预算），待规划设计评审通过后，政府下拨财政扶持资金，经招投标程序，确定施工单位，开工令下达后，施工单位组织施工，工程完成后，政府组织检查验收。目前我国土地整理的主要模式有：农村土地利用的"三个集中"模式（即居住向城镇集中、工业向园区集中、农地向规模集中）、山区综合开发整治模式、农地整理模式、村庄整理模式等。

2. 土地复垦

土地复垦是恢复工矿废弃土地的利用。废弃地包括采煤塌陷地、矸石山、露天采矿场、排土场、尾矿场、砖瓦窑取土坑等各种被破坏的土地。土地复垦不仅要恢复土地生产能力，同时要改善人们的生产、生活环境。本着"谁破坏、谁复垦"的原则，依法进行土地复垦，复垦工作必须与矿业生产建设统一规划，同步进行。敦促采矿企业及时足额缴纳矿山环境治理保证金。要及时复垦工矿建设新增的废弃地，无力复垦的单位和个人要依法缴纳土地复垦费。

要制定鼓励复垦历史遗留的工矿废弃地政策,以还清历史旧账,发挥其利用效益。复垦的土地应当优先用于农业,遵循适宜性和经济合理性原则,宜耕则耕,宜林则林,宜牧渔则牧渔,宜建则建,分别复垦利用。

【复习思考题】

1. 国家对占用耕地有哪些法律规定?对耕地占用是怎样要求的?
2. 什么是非法占有土地?
3. 哪些耕地属于基本农田保护区?
4. 我国土地整理有哪几种模式?
5. 复垦后的土地怎样使用?

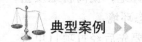
典型案例

之一:非法占用农用地案

2008年4月,被告人马某与李某为了采矿,经俩人商量后,由李某出资4万元,马某负责协调并请挖掘机,在没有办理合法手续的情况下,于同年4月25日至29日,在某县一国有林(防护林)内开挖了一条长992米,平均宽度4.96米的公路以备运矿。2008年5月6日经该县林业局工程师现场勘验测量,被告人马某、李某二人非法占用林地9.80亩,毁坏林木56.33立方米。

公诉机关认为,两被告人占用林地9.80亩,超过法律规定的"基本农田5亩以上",满足"数量较大"的标准;而且两被告非法占用耕地进行采矿等非农业建设,造成基本农田5亩以上的严重毁坏,也满足了"造成耕地大量毁坏"的标准。上述事实足以证实被告人马某、李某的行为已构成非法占用农用地罪,提请法院依法判处:被告人马某和李某犯非法占用农用地罪,分别判处有期徒刑二年,宣告缓刑三年,并分别处罚金一万元(刑期考验期自判决确定之日起计算)。

之二：非法批准占用土地构成滥用职权罪

2006年3月，在被告人李某担任畜牧局草原监理站负责人、被告人王某担任畜牧局副局长（主管草原监理站）期间，部分村民要求承包村周围的草塘，两被告人在未确定所要承包的草塘是草原还是林地，是否属某市人民政府登记造册的未确定使用权的国家所有的草原及土地权属的情况下，超越职权，自2006年4月1日起，以草原监理站的名义陆续与10名村民签定草原承包合同，将林业局林权证范围内的林地以草原名义发包374.7亩，并以草原建设补偿费名义（改变草原用途才收取此项费用）收取人民币17 184元（已交到畜牧局）。畜牧局草原监理站以草原名义发包林地的行为，导致158.25亩林地遭到开垦破坏，被开垦的林地，除39.9亩未耕种外，其余林地已全部耕种农作物大豆，给国家造成经济损失人民币298 037.5元。

被告人李某、王某身为国家机关工作人员，在未查清土地性质和权属的情况下，为了本单位的利益，超越职权，非法批准占用土地，给国家造成重大经济损失，但两被告人在发包过程中没有徇私舞弊行为，只是为了给单位多收钱，而徇私舞弊又是非法批准占用土地罪的必要构成要件，因此两被告人的行为构成滥用职权罪，不构成非法批准占用土地罪。

第五节　农村宅基地政策与法规

一、宅基地使用权

1. 宅基地使用权的涵义及特点

宅基地，顾名思义，就是盖住宅用的地。宅基地使用权是经依法审批由农村集体经济组织分配给其成员用于建造住宅的没有使用期限制的集体土地使用权。宅基地使用权具有以下特点。

（1）依法取得　农村村民获得宅基地的使用权，必须履行完备的申请手续，经有关部门批准后才能取得。

（2）永久使用 宅基地使用权没有期限，由农民永久使用。可在宅基地上建造房屋、厕所等建筑物，并享有所有权；在房前屋后种植花草、树木，发展庭院经济，并对其收益享有所有权。

（3）随房屋产权转移 宅基地的使用权依房屋的合法存在而存在，并随房屋所有权的转移而转移。房屋因继承、赠与、买卖等方式转让时，其使用范围内的宅基地使用权也随之转移。在买卖房屋时，宅基地使用权须经过申请批准后才能随房屋转移。

（4）受法律保护 依法取得的宅基地使用权受国家法律保护，任何单位和个人不得侵犯。否则，宅基地使用权人可以请求侵害人停止侵害、排除妨碍、返还占用、赔偿损失。

2. 农村宅基地的法律法规

目前我国尚没有规范农村宅基地的专门法规，有关宅基地的法律规定，在《中华人民共和国土地管理法》、《中华人民共和国民法通则》、《中华人民共和国物权法》中均有涉及，各省的《农村宅基地管理办法》在实践中发挥了巨大作用。为进一步加强农村宅基地管理，正确引导农村村民住宅建设，合理、节约使用土地，切实保护耕地，国土资源部2004年颁布了《关于加强农村宅基地管理的意见》。

二、宅基地的申请

农村村民一般是在原有的宅基地上拆旧建新或者是申请新的宅基地，独立建造自家的房屋。我国现行的《土地管理法》第六十二条规定："农村村民一户只能拥有一处宅基地。"国土资源部《关于加强农村宅基地管理的意见》第（五）项规定："严格宅基地申请条件。坚决贯彻'一户一宅'的法律规定。农村村民一户只能拥有一处宅基地，面积不得超过省（区、市）规定的标准。各地应结合本地实际，制定统一的农村宅基地面积标准和宅基地申请条件。不符合申请条件的不得批准宅基地。"对于由于房产继承等原因形成的多处住宅，原则上不作处理，村民可以采用出卖等方式处理，也可以维持现状。

1. 申请宅基地的条件

可以依法申请农村宅基地的人通常情况下只能为农村村民,而且专指本集体经济组织的成员。农村村民将原有住房出卖、出租或赠与他人后,不可以再申请宅基地。非本村集体经济组织成员或者是城镇居民一般不允许申请宅基地。当然也存在特殊情况。在有些地方,如果经过村民大会同意以及经过相关政府的严格批准后,某些特殊的、非本村村民的其他人也可以申请获得宅基地。例如,《山西省实施<中华人民共和国土地管理法>办法》规定,集体经济组织招聘的技术人员在本村落户的可以申请使用宅基地。

2. 申请宅基地的程序

村民申请宅基地要依照下列程序办理申请用地手续。

(1)申请宅基地的村民先向所在地村农业集体经济组织或村民委员会提出建房申请。

(2)村民大会或者村民委员会对申请进行讨论,在表决通过后,上报乡(镇)人民政府审核或者按规定办理批准手续。

(3)政府办理批准手续:占用原宅基地、村内空闲地等非耕地的一般报乡(镇)人民政府审核批准;占用耕地的,由乡镇人民政府审核,经县人民政府土地管理部门审查同意,报县人民政府批准。

(4)由乡镇土地管理所按村镇规划定点划线,准许施工。

(5)房屋竣工后,经有关部门检查验收符合用地要求的,发给集体土地使用证。

三、宅基地及宅基地使用权的流转

农村的土地归集体所有,分配给农民的宅基地,村民只有使用权,而没有所有权,其转让一般随房屋一起转让。宅基地使用权的流转是指宅基地使用权人将其享有的宅基地使用权转让给他人使用,受让人支付价款的法律行为。根据《土地管理法》的规定,土地使用权可以依照法律规定转让,具体转让程序由国务院制定。

宅基地流转的方式主要有以下几种:交换、转让、租赁、入股、赠予等。根据《物权法》第一百五十五条规定:"已经登记的宅基地使用权转让或者灭失的，应当及时办理变更登记或者注销登记。"

四、宅基地的继承和收回

1. 宅基地的继承

由于公民对宅基地只有使用权而没有所有权，所以单独宅基地不能继承。但建造在宅基地上的房屋产权属于公民自有，可以继承，按照我国法规规定的"地随房走"原则，可以根据房屋所有权的变更而继续使用宅基地，村集体经济组织是不会也不应该强行要求村民拆除房屋将宅基地腾退出来的。

2. 宅基地的收回

农民依法取得的宅基地受法律保护，集体经济组织不得随意或者擅自收回农民的宅基地。但在下列情况下，集体经济组织是可以收回农民宅基地的。

（1）为乡（镇）村公共设施和公益事业建设，需要使用农民宅基地的。

（2）不按照批准的用途使用宅基地。

（3）因住宅迁移等原因而停止使用宅基地。属于第一种情况收回农民宅基地的，对土地使用权应当给予适当的补偿。

另外，1995年国家土地管理局公布的《确定土地所有权和使用权的若干规定》第五十二条规定："空闲或房屋坍塌、拆除两年以上未恢复使用的宅基地，不确定土地使用权。已经确定使用权的，由集体报经县级人民政府批准，注销其土地登记，土地由集体收回。"

五、宅基地纠纷的解决

宅基地的纠纷主要有两大类：一类是宅基地使用权确权纠纷，一类是宅基地使用权的侵权纠纷。确权纠纷，是指确认宅基地使用权权属的纠纷，比如因宅基地地界不清引发的纠纷、宅基地手续不合法引发的纠纷等。侵权纠纷，是指在权属明确的情况下，一方侵犯了另一方宅基地合法的使用权引发的纠纷，比如邻居侵占了自己的宅基地等。

1. 宅基地使用权确权纠纷的解决

现行《土地管理法》第十六条规定："土地所有权和使用权争议，由当事人协商解决；协商不成的，由人民政府处理。单位之间的争议，由县级人民政府处理。个人之间、个人与单位之间的争议，由乡级人民政府或者县级以上人民政府处理。当事人对有关人民政府的处理决定不服的，可以自接到处理决定通知之日起三十日内，向人民法院起诉。在土地所有权和使用权争议解决前，任何一方不得改变土地利用现状。"宅基地使用权确权的纠纷，不能直接向人民法院提起诉讼，而应当先提交土地行政机关处理。

2. 宅基地使用权侵权纠纷的解决

宅基地使用权侵权纠纷，是在权属明确的情况下，即宅基地使用权已经经过土地行政机关的确权登记，一方侵犯了另一方宅基地合法的使用权引发的纠纷，这类纠纷可以通过和解、调解的方式解决，也可以直接向人民法院提起诉讼。

六、宅基地以外的其他集体建设用地

1. 兴办乡镇企业用地

兴办乡镇企业用地是指使用本集体经济组织农民集体所有的土地进行乡镇企业建设的，包括乡（镇）、村（或村民小组）两级农业集体经济组织举办的企业、农民集资联办的企业、农民个体企业以及农民集体与其他单位和个人联办的企业使用本集体所有的土地。但不允许乡（镇）企业使用村或村民小组所有的土地，村办企业也不能使用村民小组或者其他村集体所有的土地。

兴办乡镇企业用地，应当持有关批准文件向县级以上地方人民政府土地行政主管部门提出申请，按照省、自治区、直辖市规定的批准权限，由县级以上地方人民政府批准。涉及占用农用地的，应当先办理农用地转用手续；涉及农民承包的土地，应当由农村集体经济组织对承包经营者予以安置。

2. 乡（镇）村公共设施、公益事业建设用地

乡（镇）村公共设施、公益事业建设用地包括农村道路、水利设施、学校、通讯、医疗卫生、敬老院、幼儿园、乡村行政办公、文化科技、生产服务和公益事业、防洪设施等。这类用地由农民集体经济组织或村民委员会提出,经乡(镇)人民政府审核后,向县级以上人民政府土地行政主管部门申请,按省、自治区、直辖市规定的批准权限批准。

【复习思考题】
1. 宅基地能继承吗?
2. 农村村民一户可以有几处宅基地?
3. 我家的宅基地是归我所有吗?
4. 宅基地使用权确权发生纠纷时,如何解决?

典型案例

用赠与的宅基地建房能否取得房产

原告李某曾在某县某村宅基地上建起一栋二层土木结构房屋,其家庭成员属农业户口。2001年7月原告李某与被告张某分别签订了《房屋土地赠与协议书》、《赠与书》。并经该县公证处公证。协议约定:李某自愿将其坐落于本村的一半宅基地使用面积115平方米及宅基地上的旧房屋赠与被告,同意被告在所赠与的房屋土地范围内拆旧建新。同年7月1日、7月15日原告分别填写《拆旧建新个人建房申请表》《城镇个人建造私有住宅申请表》获得批准拆旧建新。后被告将整栋房子拆除并筹资动工新建新房,按约定原告获得了三间店面、三套住房,被告占有两间店面三套住房。现原告对被告所占有的两间店面、三套住房财产权属有纠纷而诉诸法院。

在审理本案过程中,对被告占有两间店面和三套住房的处置问题存在较大分歧,主要有以下三种意见:

第一种意见认为:原告李某将只有使用权的宅基地赠与给被告违背了《宪法》和《土地管理法》的有关规定,因认定该赠与协议无效。由于《拆旧建新个人建房申请表》、《城镇个人建造私有住宅申请表》均是以李某的名义申请的,那么该宅基地上的店面、住房所有权应归原告所有,由原告补偿被告全部的经济损失。

第二种意见认为:农村的宅基地属于集体所有,本集体经济组织成员只享有使用权,土地的使用者对该土地的使用权不享有转让、赠与等自由处分权,因此原告李某与被告的赠与协议恶意损害了集体的利益,被告在原告赠与宅基地上所建店面和住房应收归集体所有。

第三种意见认为:原告以其享有使用权的宅基地与被告投资的行为符合联建合同一方出资,一方出地,房屋建成后,按投资比例分配房屋,双方共同投资,共担风险,共享收益的特征。原告李某与被告的所签的协议,名为赠与协议,实为联建合同。故被告基于联建合同的约定取得房产。

笔者同意第三种观点。本案中原告与被告所签订的《赠与协议》的性质属于联建合同,原告以其享有的宅基地使用权出资并未违法有关法律法规的强制性规定,其与被告所订立的联建合同是双方意识一致的结果,因此该联建合同合法有效。依据联建合同的约定,原告以其享有的宅基地使用权出资,并依此取得三间店面、三套住房的收益,被告按照协议的约定取得两间店面三套住房的产权。

第三章 农业生产资料的生产与经营

农业生产资料是指农业综合开发、农田水利和防护林建设之外的其他农业生产资料，包括农作物种子、农药、肥料、饲料和饲料添加剂（含渔用）、种畜禽、牧草种子、食用菌菌种、兽药、农机及零配件、水产苗种、渔药、渔机渔具等农业投入品的总称。其中，以种子、化学肥料、农药、兽药、饲料、农业机械等与农民联系最为紧密。

第一节 种子的生产与经营

知识窗

种子生产与经营政策与法规

种子是农业生产中最重要的不可替代的农业生产资料，是一种特殊的商品。为规范和管理种子生产、经营秩序，国家制定和修改了多项种子生产与经营方面的政策与法规。如1989年3月国务院制定颁布的《中华人民共和国种子管理条例》，1991年4月农业部、国家工商行政管理局发布的《农作物种子生产经营管理暂行办法》，1997年10月农业部发布的《全国农作物品种审定办法》，1999年发布、2004年8月28日修订施行的《种子法》，2001年2月26日出台的《主要农作物范围规定》及《农作物商品种子加工包装规定》，2003年7月8日出台的《农作物种子质量纠纷田间现场鉴定办法》，2011年农业部第4次常务会议审议通过并公布的《农作物种子生产经营许可管理办法》等。这些政策法规的颁布与修订，标志着我国种子管理法律的建立和完善。

农作物种子是指粮食、棉花、油料、麻类、糖料、蔬菜、果树（核桃、板栗等干果除外）茶树、花卉（野生珍贵花卉除外）桑树、烟草、中药材、草类、绿肥、食用菌等作物以及橡胶等用于农业生产的籽粒、果实和根、茎、苗、芽等种植材料或繁殖材料。

知识窗

良种补贴

国家从2002年起对东北高油大豆实施良种补贴，随着经济发展，中央支农补贴力度逐年加大，2010年1月1日起施行的《中央财政农作物良种补贴资金管理办法》（财农［2009］440号）对良种补贴做了明确规定，2010年"中央一号文件"又规定，国家将继续开展良种补贴，并增加补贴作物种类。

（1）良种补贴作物种类　国家实行良种补贴作物常规品种有玉米、水稻、大豆、小麦、棉花共五种农作物。油菜是我国重要油料作物，折合油产量约占国产油料折油产量的一半左右，居各作物之首。为鼓励长江流域利用冬闲田扩大油菜种植面积，提高品质和产量，从2007年开始，实施油菜良种补贴。2010年"中央一号文件"规定，2010年国家将对农民增加良种补贴，扩大马铃薯补贴范围，启动青稞良种补贴，实施花生良种补贴试点。

（2）良种补贴范围　根据《2012年中央财政农作物良种补贴项目实施工作通知》水稻、小麦、玉米、棉花在全国31个省（区、市）实行良种补贴全覆盖；大豆在辽宁、吉林、黑龙江、内蒙古等4个省（区）实行良种补贴全覆盖。油菜良种补贴在江苏、浙江、安徽、江西、湖北、湖南、重庆、四川、贵州、云南及河南信阳、陕西汉中和安康地区实行冬油菜全覆盖。青稞良种补贴在四川、云南、西藏、甘肃、青海等省（区）的藏区实行全覆盖。花生良种补贴在河北、辽宁、吉林、江苏、安徽、江西、山东（含青岛）、河南、湖北、广东、广西、四川等12个省（区）实施。

国家进一步扩大马铃薯原种生产补贴范围，补贴资金增加到4亿元，全国各地14个马铃薯主产区的农民从良种补贴中受益。依据《2011年马铃薯原种生产补贴试点项目实施指导意见》，马铃薯原种生产补贴包括如下内容。

① 补贴对象　2011年，继续对微型薯生产和利用原种扩繁种薯两个环节进行补贴，其中，微型薯生产的补贴对象是企业或单位；利用原种生产脱毒种薯的补贴对象是农民。

② 试点范围　脱毒种薯繁育补贴优先选择马铃薯主产区和种薯生产基地，按照《全国优势农产品区域布局规划（2008—2015年）》主要包括内蒙古、黑龙江、甘肃、四川、贵州、重庆、云南、宁夏、青海、河北、吉林、山西、湖北、陕西等14个省（区、市）。微型薯生产补贴在全国范围内选择规模生产企业进行试点。

③ 种薯繁育选点条件　重点补贴《全国马铃薯优势区域布局规划（2008—2015年）》确定的马铃薯重点县。微型薯生产补贴企业条件：微型薯年实际生产量在1000万粒以上，并有较为完善质量控制体系的微型薯生产企业。

(3) 良种补贴标准　2012年国家良种补贴标准小麦、玉米、大豆、油菜、青稞10元/亩；早稻、中稻（一季稻）、晚稻、棉花、新疆维吾尔自治区和新疆生产建设兵团小麦15元/亩。上述农作物的良种补贴资金提前预拨，根据本年实际种植面积再行结算。花生良种补贴为大田生产补贴10元/亩；良种繁育补贴50元/亩。微型薯2011年生产补贴标准为每粒补贴0.1元；利用原种生产脱毒种薯的补贴标准为100元/亩。国家对良种补贴标准会逐渐调整，如有调整按新标准执行。

一、种子生产

1. 种子生产许可制度

根据《种子法》规定，主要农作物和主要林木的商品种子生产实行许可制度。

根据 2011 年出台的《农作物种子生产经营许可管理办法》的规定，凡从事商品种子生产的单位和个人都必须向所在地县级以上种子管理机构申请办理《种子生产许可证》，按照指定的作物种类、产地、规模进行生产。

2. 领取《种子生产许可证》条件

（1）属县级以上人民政府和农业主管部门计划内生产；

（2）有一定规模的生产种子基地，并具有繁殖良种的隔离、耕培条件，无检疫性病虫害；

（3）有熟悉种子生产技术的专业人员；

（4）生产种子的品种（组合）应是审定通过的品种（组合）。

3.《种子生产许可证》审批单位

主要农作物杂交种子及其亲本种子、常规种原种的《种子生产许可证》由生产所在地县级人民政府农业行政主管部门审核，省级人民政府农业行政主管部门核发。其他主要农作物的《种子生产许可证》由生产所在地县级以上地方人民政府农业行政主管部门核发。生产所在地为非主要农作物，在其他省（自治区、直辖市）为主要农作物，生产者申请办理《种子生产许可证》的，生产所在地农业行政主管部门应当受理并依法核发。

4. 申请《种子生产许可证》需提交的材料

（1）《种子生产许可证》申请表；

（2）验资报告或者申请之日前一年内的财会报表、种子检验及干燥设备清单、产权证明等相关证明；

（3）种子生产、贮藏、检验技术人员资质证明和劳动合同复印件；

（4）种子生产地点检疫证明；

（5）品种审定证书复印件；

（6）生产具有植物新品种权的种子，提交品种权人的书面同意证明；

（7）种子生产安全隔离和生产条件说明；

（8）农业部规定的其他材料；

（9）《种子生产许可证》申请者已取得相应作物的《种子经营

许可证》的,免于提交前款第二项规定的材料和种子贮藏、检验技术人员资质证明及劳动合同复印件,但应当提交《种子经营许可证》复印件。

5.《种子生产许可证》期限

《种子生产许可证》有效期三年。同一企业在生产许可证有效期内向同一核发机关申请增加生产同类作物品种的,由核发机关在原证上加注相应品种,不再另行发放生产许可证。《种子生产许可证》有效期满后,种子生产者需在同一核发机关申领新证的,应当在许可证期满七十日前重新提出申请。

二、种子经营

农作物种子经营实行许可制度。种子经营者必须先取得《农作物种子经营许可证》(以下简称《种子经营许可证》)后,方可凭《种子经营许可证》向工商行政管理机关申请办理或者变更《营业执照》。

1.《种子经营许可证》分级审批发放制度

(1) 主要农作物杂交种子及其亲本种子、常规种原种《种子经营许可证》,由种子经营者所在地县级人民政府农业行政主管部门审核,省级人民政府农业行政主管部门核发。

(2) 下列《种子经营许可证》,由种子经营者所在地省级人民政府农业行政主管部门审核,农业部核发:

从事种子进出口业务公司的《种子经营许可证》;实行选育、生产、经营相结合,注册资本达到1亿元以上公司的种子经营许可证。

(3) 其他农作物《种子经营许可证》,由种子经营者所在地县级以上地方人民政府农业行政主管部门核发。

2. 申请《种子经营许可证》需提交的材料

(1)《种子经营许可证》申请表;

(2) 验资报告或者申请之日前一年内的年度会计报表及中介机构审计报告等注册资本和固定资产证明材料复印件;申请单位性质、资本构成等基本情况证明材料;

(3) 种子检验、加工等设施设备清单和购置发票复印件；种子检验室、加工厂房、仓库的产权证明复印件；晒场的产权证明（或租赁协议）复印件，或者种子干燥设施设备的产权证明复印件；计量检定机构出具的涉及计量的检验、包装设备检定证书复印件；相关设施设备的情况说明及实景照片；

(4) 种子检验、加工、贮藏等有关技术人员的资质证明和劳动合同复印件；

(5) 农业部规定的其他材料；

(6) 实行选育、生产、经营相结合的公司，申请农业部核发《农作物种子经营许可证》的，除提交以上材料外，还应当提交下列材料：

① 育种机构情况说明；科研育种设施设备的自有产权证明复印件及实景照片；科研育种和品种试验用地五年以上流转协议复印件；

② 育种人员的职称（或学历）证明材料及劳动合同复印件；

③ 申请之日前三年的年度会计报表及中介机构审计报告复印件；

④ 品种审定证书或者植物新品种权证书复印件，具有品种自主生产经营权的证明；申请之日前三年申请许可作物的种子经营量、经营额及占全国市场份额的说明及相关证明；自主知识产权品种的种子经营量、经营额说明及相关证明；

⑤ 申请之日前三年的种子生产基地证明材料，包括制种地点（具体到村）、制种面积、基地村（组）联系人和受委托制种人电话表，以及十份制种合同的复印件，或者土地流转协议复印件；

⑥ 健全的售后服务体系证明材料，包括售后服务制度和售后服务网络建设情况等；

⑦ 有效期届满前重新申请的，还应当提供原《种子经营许可证》有效期内种子生产经营和科研育种情况的证明材料。

3.《种子经营许可证》期限

《种子经营许可证》有效期为五年。在有效期内变更许可证标注项目的，应当按照原申请程序办理变更手续，并提供相应证明材料。《种子经营许可证》期满后继续从事种子经营的,种子经营者应当在期满六个月前重新申请。

4. 申办《种子经营许可证》其他规定

(1) 种子经营者专门经营不再分装的包装种子的,或者受具有《种子经营许可证》的种子经营者以书面委托代销其种子的,可以不办理《种子经营许可证》,但应当有固定的营业场所。

(2) 专门经营不再分装的包装种子的,购进种子时应当与具备《种子经营许可证》的种子企业签订购销合同。受具有《种子经营许可证》的种子经营者委托代销其种子的,应当与委托方签订委托代销合同。

(3) 种子经营者在经营许可证规定的有效区域设立分支机构的,应当到工商行政管理机关办理工商登记,并在取得或变更《营业执照》后十五日内,向当地县级人民政府农业行政主管部门和原发证机关备案。备案时应提交《种子经营许可证》《营业执照》的复印件以及分支机构的住所、经营方式、负责人姓名、联系电话等材料。

5. 监管处罚

(1) 主要农作物种子生产者应当按照《种子经营许可证》的规定组织种子生产。种子生产者应当建立种子生产档案,并在播种后三十日内,将生产地点、品种名称、生产面积等信息向生产所在地县级人民政府农业行政主管部门报告。县级人民政府农业行政主管部门应当将生产信息汇总后逐级上报至农业部。种子经营档案,载明种子来源、加工、贮藏、运输和质量检测各环节的简要说明及责任人、销售去向等内容。在每年五月底前将上一年度主要经营活动向发证机关报告。发证机关应当将种子经营信息汇总后上报农业部。

(2) 申请人隐瞒有关情况或者提供虚假材料申请种子生产、经营许可证的,农业行政主管部门应当不予许可,并通报有关情况。申请人在一年内不得再次申请种子生产、经营许可证。申请人以欺骗、贿赂等不正当手段取得种子生产、经营许可证的,农业行政主管部门应当撤销行政许可,并通报有关情况。申请人在三年内不得再次申请种子生产、经营许可证。

三、种子使用

根据《种子法》规定，种子使用者有知晓权、自由选择权、公平交易权、请求赔偿的权利。

(1) 种子使用者有权按照自己的意愿购买种子，任何单位和个人不得非法干预。

(2) 种子使用者因种子质量问题遭受损失的，出售种子的经营者应当予以赔偿，赔偿额包括购种价款、有关费用和可得利益损失。

(3) 因使用种子发生民事纠纷的，当事人可以通过协商或者调解解决。当事人不愿通过协商、调解解决或者协商、调解不成的，可以根据当事人之间的协议向仲裁机构申请仲裁。当事人也可以直接向人民法院起诉。

四、种子管理

1. 新品种审定

主要农作物品种和主要林木品种在推广应用前应当通过国家级或者省级审定，申请者可以直接申请省级审定或者国家级审定。由省、自治区、直辖市人民政府农业、林业行政主管部门确定的主要农作物品种和主要林木品种实行省级审定。

2. 品种保护

《种子法》规定，国家实行植物新品种保护制度，对经过人工培育的或者发现的野生植物加以开发的植物品种，具备新颖性、特异性、一致性和稳定性的，授予植物新品种权，保护植物新品种权所有人的合法权益。选育的品种得到推广应用的，育种者依法获得相应的经济利益。

《中华人民共和国植物新品种保护条例》对品种权的归属、授予、转让、罚责做出了明确的规定，为植物新品种保护执行提供了依据。

(1) 品种权的归属　完成育种的单位或者个人对其授权品种，

享有排他的独占权。任何单位或者个人未经品种权所有人许可，不得为商业目的生产或者销售该授权品种的繁殖材料，不得为商业目的将该授权品种的繁殖材料重复使用于生产另一品种的繁殖材料。

执行本单位的任务或者主要是利用本单位的物质条件所完成的职务育种，植物新品种的申请权属于该单位；非职务育种，植物新品种的申请权属于完成育种的个人。申请被批准后，品种权属于申请人。委托育种或者合作育种，品种权的归属由当事人在合同中约定；没有合同约定的，品种权属于受委托完成或者共同完成育种的单位或者个人。

（2）品种权授予　一个植物新品种只能授予一项品种权。两个以上的申请人分别就同一个植物新品种申请品种权的，品种权授予最先申请的人；同时申请的，品种权授予最先完成该植物新品种育种的人。

（3）品种权转让　植物新品种的申请权和品种权可以依法转让。中国的单位或者个人就其在国内培育的植物新品种向外国人转让申请权或者品种权的，应当经审批机关批准。

（4）罚则

① 未经品种权人许可，以商业目的生产或者销售授权品种的繁殖材料的，品种权人或者利害关系人可以请求省级以上人民政府农业、林业行政部门依据各自的职权进行处理，也可以直接向人民法院提起诉讼。省级以上人民政府农业、林业行政部门依据各自的职权处理品种权侵权案件时，为维护社会公共利益，可以责令侵权人停止侵权行为，没收违法所得，可以并处违法所得5倍以下的罚款。

② 假冒授权品种的，由县级以上人民政府农业、林业行政部门依据各自的职权责令停止假冒行为，没收违法所得和植物品种繁殖材料，并处违法所得1倍以上5倍以下的罚款；情节严重，构成犯罪的，依法追究刑事责任。

③ 销售授权品种未使用其注册登记的名称的，由县级以上人民政府农业、林业行政部门依据各自的职权责令限期改正，可以处1000元以下的罚款。

④ 当事人就植物新品种的申请权和品种权的权属发生争议的，

可以向人民法院提起诉讼。

五、种子质量

1. 种子质量标准

种子是最基本的农业生产资料,其质量高低直接关系到农业生产的安全、农民增收和农村社会稳定。2011年我国新发布了《农作物种子质量标准》(见表3-1～表3-4),并于2012年1月1日起实施。

表3-1 GB 4404—2010 粮食作物种子质量标准

作物种类	种子类别		品种纯度/% 不低于	净度/% 不低于	发芽率/% 不低于	水分/% 不高于
水稻	常规种	大田用种	99.0	98	85.0	13.0(籼) 14.5(粳)
	杂交种		96.0		80.0	13.0(籼) 14.5(粳)
玉米	常规种	大田用种	97.0	99.0	85.0	13.0
	自交种		99.0		80.0	
	单交种		96.0		85.0	
	双交种		95.0			
	三交种		95.0			
小麦	常规种	大田用种	99.0	99.0	85.0	13.0
大麦	常规种	大田用种	99.0	99.0	85.0	13.0
高粱	常规种	大田用种	98.0	98.0	75.0	13.0
	杂交种	大田用种	93.0	98.0	80.0	13.0
大豆	大田用种		98.0	99.0	85.0	12.0
蚕豆	大田用种		97.0		90.0	
赤豆(红小豆)	大田用种		96.0		85.0	13.0
绿豆	大田用种		96.0			
粟、黍	常规种	大田用种	98.0	98.0	85.0	13.0
苦荞麦	大田用种		96.0	98.0	85.0	13.5
甜荞麦	大田用种		90.0			
燕麦	大田用种		97.0	98.0	85.0	13.0

注:1.长城以北和高寒地区的种子水分允许高于13%,但不能高于16%。若在长城以南(高寒地区除外)销售,水分不能高于13%。

2.长城以北和高寒地区的大豆种子水分允许高于12.0%,但不能高于13.5%。长城以南的大豆种子(高寒地区除外)水分不得高于12.0%。

表 3-2　GB 4404—2010 经济作物种子质量标准

作物种类	种子类别		品种纯度/% 不低于	净度/% 不低于	发芽率/% 不低于	水分/% 不高于
油菜	常规种	良种	95.0	98.0	85.0	9.0
	杂交种	大田用种	85.0		80.0	9.0
棉花	常规种(毛籽)	大田用种	95.0	97.0	70.0	12.0
	常规种(光籽)			99.0	80.0	
	常规种(薄膜包衣籽)					
	杂交一代种(毛籽)	大田用种	95.0	97.0	70.0	12.0
	杂交一代种(光籽)			99.0	80.0	
	杂交一代种(薄膜包衣籽)					
向日葵	常规种	大田用种	96.0	98.0	85.0	9.0
	杂交种				90.0	
花生	常规种	大田用种	96.0	99.0	80.0	10.0
芝麻	常规种		97.0	97.0	85.0	9.0

表 3-3　GB 16715—2010 瓜菜作物种子白菜类质量标准

作物种类	种子类别		品种纯度/% 不低于	净度/% 不低于
结球白菜	常规种	大田用种	96.0	98.0
	杂交种	大田用种	96.0	
不结球白菜	常规种	大田用种	96.0	
茄子	常规种	大田用种	96.0	98.0
	杂交种	大田用种	96.0	
辣椒(甜椒)	常规种	大田用种	95.0	
番茄	杂交种	大田用种	95.0	
	常规种	大田用种	95.0	
	杂交种	大田用种	96.0	
结球甘蓝	常规种	大田用种	96.0	99.0
	杂交种	大田用种	96.0	
球茎甘蓝	大田用种		96.0	99.0
花椰菜	大田用种		96.0	98.0

表 3-4　GB 16715—2010 瓜菜作物种子质量标准

作物种类	种子类别		品种纯度/% 不低于	净度/% 不低于	发芽率/% 不低于	水分/% 不高于
西瓜	二倍体杂交种	大田用种	95.0	99.0	90.0	8.0
	三倍体杂交种	大田用种			75.0	
甜瓜	常规种	大田用种	95.0		85.0	8.0
	杂交种	大田用种	95.0		85.0	
哈密瓜	常规种	大田用种	90.0		85.0	7.0
	杂交种	大田用种	95.0		90.0	
冬瓜	大田用种		96.0		60.0	9.0
黄瓜	常规种	大田用种	95.0		90.0	8.0
	杂交种	大田用种	95.0		90.0	
芹菜	大田用种		93.0	95.0	70.0	8.0
菠菜	大田用种		95.0	97.0	70.0	10.0
莴苣	大田用种		95.0	98.0	80.0	7.0

2. 假劣种子规定

假种子是指以非种子冒充种子或者以此种品种种子冒充他种品种种子的；种子种类、品种、产地与标签标注的内容不符。劣种子，是指质量低于国家规定的种用标准的、质量低于标签标注指标的、因变质不能作种子使用的、杂草种子的比率超过规定的、带有国家规定检疫对象的有害生物的。

3. 生产销售假劣种子处罚规定

《种子法》第五十九条：生产、经营假劣种子的，由县级以上人民政府农业、林业行政主管部门或者工商行政管理机关责令停止生产、经营，没收种子和违法所得，吊销《种子生产许可证》、《种子经营许可证》或者《营业执照》，并处以罚款；有违法所得的，处以违法所得 5 倍以上 10 倍以下罚款；没有违法所得的，处以 2000 以上 5 万元以下罚款；构成犯罪的，依法追究刑事责任。

【复习思考题】

1. 什么是种子？
2. 什么样的种子才是假种子、劣种子？
3. 良种补贴标准？

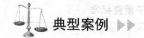

未审先售"傍名牌"

某种子公司下属不少门店出售未经国家或相关部门审定的杂交水稻品种,甚至公开经营"超适应区域范围"的品种,在一定程度上误导了农民消费者。

在该公司某镇销售店发现,该店出售的杂交水稻种子A、B均没有通过品种审定。

根据《种子法》和《X省农作物种子条例》的相关规定,对于公开出售未审定品种以及在品种审定公告规定的适宜区域以外的地区推广,均属于违法行为。目前,相关部门按照法律规定已对其进行了严肃处理。

第二节 化学肥料的生产与经营

《中华人民共和国农业部肥料登记管理办法》所称肥料,是指用于提供、保持或改善植物营养和土壤物理、化学性能以及生物活性,能提高农产品产量,或改善农产品品质,或增强植物抗逆性的有机、无机、微生物及其混合物料。

一、化学肥料登记

《中华人民共和国农业部肥料登记管理办法》规定,未经登记的肥料产品不得进口、生产、销售和使用,不得进行广告宣传。肥料登记分为临时登记和正式登记两个阶段:经田间试验后,需要进行田间示范试验、试销的肥料产品,生产者应当申请临时登记;经田间示范试验、试销可以作为正式商品流通的肥料产品,生产者应当申请正式登记。

1. 登记提供材料

肥料生产者申请肥料登记,应按照《肥料登记资料要求》提供产品化学、肥效、安全性、标签等方面资料和有代表性的肥料样品。

生产者申请肥料临时登记前，须在中国境内进行规范的田间试验。生产者申请肥料正式登记前，须在中国境内进行规范的田间示范试验。对有国家标准或行业标准，或肥料登记评审委员会建议经农业部认定的产品类型，可相应减免田间试验和/或田间示范试验。

2. 免于登记的化学肥料

对经农田长期使用，有国家或行业标准的下列产品免予登记：硫酸铵，尿素，硝酸铵，氰氨化钙，磷酸铵（磷酸一铵、磷酸二铵），硝酸磷肥，过磷酸钙，氯化钾，硫酸钾，硝酸钾，氯化铵，碳酸氢铵，钙镁磷肥，磷酸二氢钾，单一微量元素肥，高浓度复合肥。

3. 化学肥料登记的有效时限

《肥料临时登记证》有效期为一年。《肥料临时登记证》有效期满，需要继续生产、销售该产品的，应当在有效期满二个月前提出续展登记申请，符合条件的经农业部批准续展登记。续展有效期为一年。续展临时登记最多不能超过两次。《肥料正式登记证》有效期为五年。《肥料正式登记证》有效期满，需要继续生产、销售该产品的，应当在有效期满六个月前提出续展登记申请，符合条件的经农业部批准续展登记。续展有效期为五年。

登记证有效期满没有提出续展登记申请的，视为自动撤销登记。登记证有效期满后提出续展登记申请的，应重新办理登记。

肥料登记管理工作人员滥用职权，玩忽职守、徇私舞弊、索贿受贿，构成犯罪的，依法追究刑事责任；尚不构成犯罪的，依法给予行政处分。

二、化学肥料生产

1. 肥料生产条件

《中华人民共和国肥料管理条例》第十八条中规定，肥料生产应当符合国家产业政策，并具备下列条件：

（1）有与其生产的肥料产品相适应的技术人员、厂房、设备、工艺及仓储设施；

(2) 有与其生产相适应的产品质量检验场所、检验设备和检验人员；

(3) 有符合国家劳动安全、卫生标准的设施和条件；

(4) 有产品质量标准和产品质量保证体系；

(5) 有符合国家环境保护要求的污染防治设施和措施，并且污染物排放不超过国家和地方规定的排放标准。只有满足以上条件，方可向工商行政主管部门申请办理注册手续。

2. 企业管理

向工商行政主管部门申请办理注册手续的肥料生产企业应当按照肥料产品质量标准，技术规程进行生产，并对其生产的产品质量负责。

(1) 生产记录应当完整、准确，所需的原料、辅料应当符合生产要求。肥料产品出厂前，应当经过质量检验，合格的产品应附具质量检验合格证明。

(2) 肥料分装企业应当保证肥料产品质量，不能改变原肥料产品成分和含量。分装的肥料产品应当标明分装单位的名称和地址。

(3) 肥料产品的包装应当印（贴）有标签或附具使用说明书。标签应当用中文载明产品通用名称、商品名称、生产企业名称和地址；产品登记证号；产品所执行的标准号；产品有效成分的名称、含量；净含量；生产日期、产品批号；有使用期限要求的，应当按照国务院农业行政主管部门的要求标明保质期。

(4) 对贮运和使用有特殊要求的肥料应当有警示标志或说明。进口肥料，还应当标明代理商在国内依法注册的企业名称和地址。肥料产品标签应当与肥料登记核定的标签一致。

三、化学肥料经营

2009 年 11 月 1 日开始实施的《农业生产资料市场监督管理办法》规定，申请从事化肥经营的企业、个体工商户应当有相应的住所、经营场所；企业注册资本、个体工商户的资金数额不得少于 3 万元人民币。申请在省域范围内设立分支机构、从事化肥经营的企业，企业总部的注册资本不得少于 1000 万元人民币；申请跨省域设立分支机构、从事化肥经营的企业,企业总部的注册资本不得少于3000万元人民币。

四、假劣化学肥料的规定

1. 假劣化学肥料

根据《肥料管理条例》第四十三条中规定,假肥料是指以非肥料冒充肥料;以一种肥料冒充另一种肥料。劣质肥料,是指不符合产品质量标准的;肥料产品有效成分、含量与标签不符的;失去产品使用效能的;有害有毒物质不符合农用标准的。

2. 生产、销售假劣化学肥料的处罚

(1) 生产、销售未取得登记证的肥料产品;假冒、伪造《肥料登记证》、登记证号的;生产、销售的肥料产品有效成分或含量与登记批准的内容不符的,由县级以上农业行政主管部门给予警告,并处违法所得3倍以下罚款,但最高不得超过30 000元;没有违法所得的,处10 000元以下罚款。

(2) 转让《肥料登记证》或登记证号的;登记证有效期满未经批准续展登记而继续生产该肥料产品的;生产、销售包装上未附标签、标签残缺不清或者擅自修改标签内容的,由县级以上农业行政主管部门给予警告,并处违法所得3倍以下罚款,但最高不得超过20 000元;没有违法所得的,处10 000元以下罚款。

【复习思考题】

1. 如何判别假化肥和劣质化肥?
2. 哪些化肥是免于登记的?

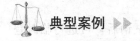
典型案例

销售劣肥料受制裁

2009年,某市质监局接到该市一农户投诉,称其购买的标注总养分(N-P-K)含量为48%、某公司生产的复合肥料,使用后造成禾苗长势弱,怀疑是假冒伪劣产品,要求该局维护其合法权益。执法人员接到投诉后,迅速展开调查。经查,该复合肥料属无生产许可证产品,且标注的厂名厂址是假的。

执法人员对剩余的部分散装复合肥进行了抽样检验,被查产品经检验不合格,不符合强制性标准 GB 15063—2001 要求,总养分只有 18%,属劣质产品,使用后会影响禾苗长势,造成减产。据查,该农户有 70 亩田用了该种复合肥料总计 4 吨,货值金额达 6000 元。

目前,该局已依法对该复合肥料经销部进行了严肃处理,并责成经销商补偿了该农户预计减产损失的 3 万元钱。

第三节 农药的生产与经营

《农药管理条例》规定,农药是指用于预防、消灭或者控制危害农业、林业的病、虫、草和其他有害生物以及有目的地调节植物、昆虫生长的化学合成或者来源于生物、其他天然物质的一种物质或者几种物质的混合物及其制剂。

一、新农药登记

国家实行农药登记制度,农药登记试验单位实行认证制度。

1. 新农药申请提供的材料

新农药申请提供名称、结构式、原药和制剂的组成及主要理化性质等资料概述、生产技术、产品标准、应用技术、毒性、残留、对环境质量影响等资料。还需提供原药、制剂、纯品或标准品等样品。

2. 新农药登记

新农药在我国的登记经田间试验示范、试销后,可进行临时登记和正式登记。

申请临时登记,经农药临时登记评审委员会评审,符合条件的,由农业部发给原药和制剂《农药临时登记证》。境外及港、澳、台农药生产者,直接向农业部农药检定所提出临时登记申请。《农药临时登记证》有效期为一年，可以续展，累积有效期不得超过四年。

申请正式登记，由农药登记评审委员会进行综合评价，符合条件的，由农业部发给原药和制剂《农药登记证》。《农药登记证》有效期为五年，可以续展。外国厂商向我国销售农药必须进行登记，外国农药在我国登记有效期五年。

3. 处罚

(1) 未取得《农药登记证》或者《农药临时登记证》，擅自生产、经营农药的，或者生产、经营已撤销登记的农药的，责令停止生产、经营，没收违法所得，并处违法所得1倍以上10倍以下的罚款；没有违法所得的，并处10万元以下的罚款；

(2)《农药登记证》或者《农药临时登记证》有效期限届满未办理续展登记，擅自继续生产该农药的，责令限期补办续展手续，没收违法所得，可以并处违法所得5倍以下的罚款；没有违法所得的，可以并处5万元以下的罚款；逾期不补办的，由原发证机关责令停止生产、经营，吊销《农药登记证》或者《农药临时登记证》。

二、农药生产

农药生产应当符合国家农药工业的产业政策。国家实行农药生产许可制度。生产有国家标准或者行业标准的农药的，应当向国务院工业产品许可管理部门申请《农药生产许可证》。农药生产企业经批准后，方可依法向工商行政管理机关申请领取《营业执照》。

国家实行农药生产许可制度。企业获得生产批准文件后，方可生产所批准的产品。农药生产企业核准的有效期为三年。三年内未能取得农药生产批准文件或《农药生产许可证》的，其获得的核准资格作废。农药生产批准文件自发放之日起，原药产品有效期为二年（试产期），换发的原药产品有效期为五年，加工及复配产品有效期为三年，分装产品有效期为二年。批准文件逾期作废。

三、农药经营

《农药管理条例》规定供销合作社的农业生产资料经营单位；植物保护站；土壤肥料站；农业、林业技术推广机构；森林病虫害防治机构；农药生产企业；国务院规定的其他经营单位，可以经营农药。

《农药管理条例实施办法》指出，农垦系统的农业生产资料经营单位、农业技术推广单位，按照直供的原则，可以经营农药；粮食系统的储运贸易公司、仓储公司等专门供应粮库、粮站所需农药的经营单位，可以经营储粮用农药。日用百货、日用杂品、超级市场或者专门商店可以经营家庭用防治卫生害虫和衣料害虫的杀虫剂。

生产、经营产品包装上未附标签、标签残缺不清或者擅自修改标签内容的农药产品的，给予警告，没收违法所得，可以并处违法所得3倍以下的罚款；没有违法所得的，可以并处3万元以下的罚款。

四、农药使用

1. 安全使用农药

（1）使用农药应当遵守农药防毒规程，正确配药、施药，做好废弃物处理和安全防护工作，防止农药污染环境和农药中毒事故。

（2）使用农药应当遵守国家有关农药安全、合理使用的规定，按照规定的用药量、用药次数、用药方法和安全间隔期施药，防止污染农副产品。

（3）剧毒、高毒农药不得用于防治卫生害虫，不得用于蔬菜、瓜果、茶叶和中草药材。

（4）使用农药应当注意保护环境、有益生物和珍稀物种。严禁用农药毒鱼、虾、鸟、兽等。

不按照国家有关农药安全使用的规定使用农药的，根据所造成的危害后果，给予警告，可以并处3万元以下的罚款。

2. 农药撤销登记

(1) 经登记的农药,在登记有效期内发现对农业、林业、人畜安全、生态环境有严重危害的,经农药登记评审委员会审议,由国务院农业行政主管部门宣布限制使用或者撤销登记。

(2) 任何单位和个人不得生产、经营和使用国家明令禁止生产或者撤销登记的农药。

《关于打击违法制售禁限用高毒农药规范农药使用行为的通知》(农农发〔2010〕2号)规定,禁止生产、销售和使用的农药名单(23种):六六六、滴滴涕、毒杀芬、二溴氯丙烷、杀虫脒、二溴乙烷、除草醚、艾氏剂、狄氏剂、汞制剂、砷类、铅类、敌枯双、氟乙酰胺、甘氟、毒鼠强、氟乙酸钠、毒鼠硅、甲胺磷、甲基对硫磷、对硫磷、久效磷、磷胺。

在蔬菜、果树、茶叶、中草药材等作物上限制使用的农药名单(19种):禁止甲拌磷、甲基异柳磷、特丁硫磷、甲基硫环磷、治螟磷、内吸磷、克百威、涕灭威、灭线磷、硫环磷、蝇毒磷、地虫硫磷、氯唑磷、苯线磷在蔬菜、果树、茶叶、中草药材上使用。禁止氧乐果在甘蓝上使用。禁止三氯杀螨醇和氰戊菊酯在茶树上使用。禁止丁酰肼(比久)在花生上使用。禁止特丁硫磷在甘蔗上使用。除卫生用、玉米等部分旱田种子包衣剂外,禁止氟虫腈在其他方面的使用。

3. 关于假劣农药的规定

(1) 假劣农药 以非农药冒充农药或者以此种农药冒充他种农药的;所含有效成分的种类、名称与产品标签或者说明书上注明的农药有效成分的种类、名称不符的农药为假农药。

不符合农药产品质量标准的;失去使用效能的;混有导致药害等有害成分的农药为劣质农药。

(2) 生产、销售假劣农药的处罚 《农药管理条例》第四十三条:依照《刑法》关于生产、销售伪劣产品罪或者生产、销售伪劣农药罪的规定,依法追究刑事责任;尚不够刑事处罚的,由农业行政主管部门或者法律、行政法规规定的其他有关部门没收假农药、劣质农药和违法所得,并处违法所得1倍以上10倍以下的罚款;没有违法所得的，并处10万元以下的罚款；情节严重的，由农业行政主管部门吊销《农药登记证》或者《农药临时登记证》，由工业产品许可管理部门吊销《农药生产许可证》或者农药生产批准文件。

【复习思考题】

1. 什么是假农药和劣质农药？
2. 未取得《农药登记证》或者《农药临时登记证》，擅自生产、经营农药的，会受到什么处罚？

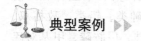

典型案例

供假农药需赔偿

赵某向市人民法院起诉称，自2001年起，原告租赁某农技站从事农药、化肥、种子等经营。2006年7月，原告从被告某农药配送公司购进56箱"专杀盲春蟓"农药。

同年7月，农业局在综合执法抽查过程中将该批"专杀盲春蟓"农药送检。经农药产品质量监督检测站检测，该农药被鉴定为假药。农业局遂于2006年8月7日作出处罚决定书，责令原告缴纳罚款16 800元。

原告缴纳罚款后，多次找被告交涉，一直无果。故诉请法院判被告赔偿损失27 800元。

法院受理后，依法向被告发送了原告的起诉状副本、证据材料等诉讼材料。1月10日，双方当事人到庭。在法院主持协调下，被告某农药配送公司向原告赔偿了2万元。

第四节　兽药的生产与经营

《兽药管理条例实施细则》指出，国家对兽药生产、经营、进口及医疗单位配制兽药制剂实行许可制度。未经许可，禁止生产、经营、进口兽药及配制兽药制剂。

一、兽药生产

兽药生产企业系指专门生产兽药的企业和兼产兽药的企业，包括上述企业的分厂及生产兽药的各种形式的联营企业和中外合资经营企业、中外合作经营企业、外资企业。开办生产兽用生物制品的企业，必须由所在省、自治区、直辖市农业（畜牧）厅（局）审查同意，报农业部审核批准。新建、扩建、改建的兽药生产企业，必须符合农业部制定的《兽药生产质量管理规范》的规定。

设立兽药生产企业，应当符合国家兽药行业发展规划和产业政策，并具备《兽药管理条例》规定的下列条件：

(1) 具有与所生产的兽药相适应的助理工程师、助理兽药师以上技术职务的技术人员及技术工人；

(2) 具有与所生产的兽药相适应的厂房、设施和卫生环境；

(3) 具有符合国家劳动安全、卫生标准的设施及条件；

(4) 具有质量检验机构和专职检验人员及必要的仪器设备；

(5) 非专门生产兽药的企业兼生产兽药者，必须有单独的兽药生产区。

符合以上规定条件的，申请人方可向省、自治区、直辖市人民政府兽医行政管理部门提出申请，并附具符合规定条件的证明材料；省、自治区、直辖市人民政府兽医行政管理部门应当自收到申请之日起20个工作日内，将审核意见和有关材料报送国务院兽医行政管理部门。国务院兽医行政管理部门，应当自收到审核意见和有关材料之日起40个工作日内完成审查。经审查合格的，发给《兽药生产许可证》；不合格的，应当书面通知申请人。申请人凭《兽药生产许可证》办理工商登记手续。

《兽药生产许可证》应当载明生产范围、生产地点、有效期和法定代表人姓名、住址等事项。《兽药生产许可证》有效期为五年。有效期届满，需要继续生产兽药的，应当在许可证有效期届满前六个月到原发证机关申请换发新的生产许可证。

二、兽药经营

经营兽药的企业，应当具备下列条件：
(1) 与所经营的兽药相适应的兽药技术人员；
(2) 与所经营的兽药相适应的营业场所、设备、仓库设施；
(3) 与所经营的兽药相适应的质量管理机构或者人员；
(4) 兽药经营质量管理规范规定的其他经营条件。

符合以上规定条件的，申请人方可向市、县人民政府兽医行政管理部门提出申请，并附具符合前款规定条件的证明材料；经营兽用生物制品的，应当向省、自治区、直辖市人民政府兽医行政管理部门提出申请，并附具符合前款规定条件的证明材料。

县级以上地方人民政府兽医行政管理部门，应当自收到申请之日起30个工作日内完成审查。审查合格的，发给《兽药经营许可证》；不合格的，应当书面通知申请人。申请人凭兽药经营许可证办理工商登记手续。

《兽药经营许可证》应当载明经营范围、经营地点、有效期和法定代表人姓名、住址等事项。《兽药经营许可证》有效期为五年。有效期届满，需要继续经营兽药的，应当在许可证有效期届满前6个月到原发证机关申请换发兽药经营许可证。

兽药经营企业变更经营范围、经营地点的，应当依照规定申请换发《兽药经营许可证》，申请人凭换发的《兽药经营许可证》办理工商变更登记手续；变更企业名称、法定代表人的，应当在办理工商变更登记手续后15个工作日内，到原发证机关申请换发《兽药经营许可证》。

提供虚假的资料、样品或者采取其他欺骗手段取得《兽药生产许可证》《兽药经营许可证》或者兽药批准证明文件的，吊销《兽药生产许可证》《兽药经营许可证》或者撤销兽药批准证明文件，并处5万元以上10万元以下罚款；给他人造成损失的，依法承担赔偿责任。其主要负责人和直接负责的主管人员终身不得从事兽药的生产、经营和进出口活动。

买卖、出租、出借《兽药生产许可证》《兽药经营许可证》和兽药批准证明文件的，没收违法所得，并处1万元以上10万元以下罚款；情节严重的，吊销《兽药生产许可证》《兽药经营许可证》或者撤销兽药批准证明文件；构成犯罪的，依法追究刑事责任；给他人造成损失的，依法承担赔偿责任。

三、进出口兽药

1. 进口兽药

（1）进口兽药的登记程序　外国企业首次向我国出口的兽药，必须向农业部申请注册，取得《进口兽药登记许可证》。《进口兽药登记许可证》有效期为五年。如继续在中国销售，应于期满前六个月内向原发证机关申请再注册。

（2）进口兽药的许可程序　凡进口已取得《进口兽药登记许可证》的兽药品种，进口单位必须向所在省、自治区、直辖市农业（畜牧）厅（局）申报，经审查批准发给《进口兽药许可证》。

进口菌（疫）苗、诊断液、血清等生物制品，经所在省、自治区、直辖市农业（畜牧）厅（局）审查同意，报农业部审核批准发给《进口兽药许可证》。

少量进口属生产紧急需要并且是自用的以及科学研究、试验中所需要的未取得《进口兽药登记许可证》的兽药品种，进口单位必须向农业部申报，经审查批准发给《进口兽药许可证》。地方所属单位进口须先经省、自治区、直辖市农业（畜牧）厅（局）审核同意。

兽药进口单位应按《进口兽药许可证》规定的品名、规格、数量、日期和生产厂家进口。对进口兽药实施强制检验。海关凭农业部指定的口岸兽药监察所在"进口货物报关单"上加盖的"已新收报验"的印章验放。在口岸兽药监察所未出具质量检验报告前，进口兽药不得销售、使用。

《进口兽药许可证》的有效期为五年。有效期届满，需要继续向中国出口兽药的，应当在有效期届满前六个月到原发证机关申请再注册。

代理商应具备下列条件：国内合法的兽药经营企业；具有经销

进口兽药的人员、条件和能力；具有经销进口兽药的质量保证条件和仓贮条件。

2. 出口兽药

出口兽药须符合进口国的质量要求。如对方要求出具政府批准生产的证件或质量检验合格证明，应由出口兽药厂所在省、自治区、直辖市农业（畜牧）厅（局）兽药监察所提供。

四、假劣兽药的规定

1. 假兽药

（1）以非兽药冒充兽药或者以他种兽药冒充此种兽药的；

（2）兽药所含成分的种类、名称与兽药国家标准不符合的；

（3）国务院兽医行政管理部门规定禁止使用的；

（4）依照规定应当经审查批准而未经审查批准即生产、进口的，或者依照规定应当经抽查检验、审查核对而未经抽查检验、审查核对即销售、进口的；

（5）变质的；

（6）被污染的；

（7）所标明的适应症或者功能主治超出规定范围的。

2. 劣兽药

（1）成分含量不符合兽药国家标准或者不标明有效成分的；

（2）不标明或者更改有效期或者超过有效期的；

（3）不标明或者更改产品批号的；

（4）其他不符合兽药国家标准，但不属于假兽药的。

3. 生产、经营假劣兽药的处罚

无《兽药生产许可证》《兽药经营许可证》生产、经营兽药的，或者虽有《兽药生产许可证》、《兽药经营许可证》，生产、经营假、劣兽药的，或者兽药经营企业经营人用药品的，责令其停止生产、经营，没收用于违法生产的原料、辅料、包装材料及生产、经营的兽药和违法所得，并处违法生产、经营的兽药（包括已出售的和未出售的兽药，下同）货值金额 2 倍以上 5 倍以下罚款，货值金额无法查证核实的，处 10 万元以上 20 万元以下罚款；无《兽药生产许可证》生产兽药,情节严重的,没收其生产设备;生产、经营假、劣兽药,情节严重的,吊销《兽药生产许可证》《兽药经营许可证》;构成犯罪的,依法追究刑事责任;给他人造成损失的,依法承担赔偿责任。生产、经营企业的主要负责人和直接负责的主管人员终身不得从事兽药的生产、经营活动。

五、我国禁止使用的兽药

1. 食品动物禁止使用的兽药

食品动物是指各种供人食用或其产品供人食用的动物。为加强饲料兽药管理,杜绝给食品动物滥用违禁药品。保证兽药安全有效、质量可控,动物食品安全及人类健康。农业部第176号、193号、560号公告规定,禁止使用下列兽药及添加剂。

(1) β-兴奋剂类(肾上腺素受体激动剂) 克仑特罗、沙丁胺醇、多巴胺、特布他林、西马特罗及其盐、酯及制剂。

(2) 激素类 己烯雌酚、雌二醇、绒毛膜促性腺激素、促卵泡生长素、碘化酪蛋白及其盐、酯及制剂;玉米赤霉醇、去甲雄三烯醇酮、醋酸甲孕酮及制剂。

(3) 抗生素合成抗菌素类 氯霉素、万古霉素、头孢哌酮、头孢噻肟、头孢曲松(头孢三嗪)、头孢噻吩、头孢拉啶、头孢唑啉、头孢噻啶、罗红霉素、克拉霉素、阿奇霉素、磷霉素、硫酸奈替米星、氟罗沙星、司帕沙星、甲替沙星、克林霉素(氯林可霉素、氯洁霉素)、妥布霉素、胍哌甲基四环素、盐酸甲烯土霉素(美他环素)、两性霉素、利福霉素等及其盐、酯及单复方制剂。

(4) 抗病毒类药 金刚乙胺、阿昔洛韦、吗啉(双)胍(病毒灵)、利巴韦林等及其盐、酯及单、复方制剂。

(5) 氨苯砜及制剂。

(6) 硝基呋喃类 呋喃唑酮、呋喃它酮、呋喃苯烯酸钠、呋喃西林、呋喃妥因及其盐、酯及制剂。

(7) 硝基化合物 硝基酚钠、硝呋烯腙、替硝唑、甲硝唑、地美硝唑及其盐及制剂。

(8) 喹恶啉类 卡巴氧及其制剂。

(9) 催眠、镇静类 安眠酮、巴比妥、氯丙嗪、地西泮（安定）及其盐、酯及制剂。

(10) 解热镇痛类等其他药物 双嘧达莫（预防血栓栓塞性疾病）、聚肌胞、氟胞嘧啶、代森铵（农用杀虫菌剂）、磷酸伯氨喹、磷酸氯喹（抗疟药）、异噻唑啉酮（防腐杀菌）、盐酸地酚诺酯（解热镇痛）、盐酸溴己新（祛痰）、西咪替丁（抑制人胃酸分泌）、盐酸甲氧氯普胺、甲氧氯普胺（盐酸胃复安）、比沙可啶（泻药）、二羟丙茶碱（平喘药）、白细胞介素2、别嘌醇、多抗甲素（α—甘露聚糖肽）等及其盐、酯及制剂。

(11) 复方制剂 注射用的抗生素与安乃近、氟喹诺酮类等化学合成药物的复方制剂；镇静类药物与解热镇痛药等治疗药物组成的复方制剂。

(12) 抗生素滤渣 该类物质是抗生素类产品生产过程中产生的工业"三废"，因含有微量抗生素成分，在饲料和饲养过程中使用对动物有一定的促生长作用。但对养殖业的危害很大，一是容易引起耐药性；二是由于未做安全性试验，存在各种安全隐患。

(13) 各种汞制剂 氯化亚汞（甘汞）、硝酸亚汞、醋酸汞、吡啶基醋酸汞。

2. 出口禽肉允许使用的兽药

青霉素、庆大霉素、卡娜霉素、丁胺卡娜霉素、新霉素、土霉素、金霉素、四环素、盐霉素、莫能霉素、黏杆菌素、阿莫西林、氨苄西林、诺氟沙星、恩诺沙星、红霉素、氢溴酸常山酮、拉沙洛菌素、林可霉素、壮观霉素、安普霉素、达氟沙星、越霉素、强力霉素、潮霉素B、乙氧酰胺苯甲酯、马杜霉素、新生霉素、赛杜霉素钠、复方磺胺嘧啶、磺胺二甲嘧啶、磺胺-2,6-二甲氧嘧啶。

【复习思考题】

1. 什么是假劣兽药？
2. 《兽药生产许可证》和《兽药经营许可证》的有效期是几年？
3. 无证生产兽药或有证生产假、劣兽药的行为人会受到什么处罚？

4. 买卖、出租、出借兽药生产许可证、兽药经营许可证和兽药批准证明文件的，应承担哪些法律责任？

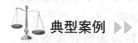
典型案例

假药贩子太缺德

某街道一养猪场养了400多头猪。今年9月份，场主发现大猪、小猪全部趴在圈里，生病了。9月16日，场主去一家兽药供应站买了兽药，并在当晚挨个给猪喂食。次日一早，场主发现一头怀孕3个月的母猪流产14只猪崽，随后，怀孕母猪相继流产，其他猪都萎靡不振，浑身发抖，不进食。几天后，养猪场400余头生猪、种猪和猪崽出现皮肤溃烂，相继死亡。场主损失百余万元后万分心疼，于是立即报案。

警方成立专案组，开展追踪调查，初步摸清了一个"家族式"重特大制售假兽药窝点及其生产、销售链条。11月17日晚，专案组兵分四路出击收网，分别在某巷和某花园内，将涉嫌制售假兽药的犯罪嫌疑人严某夫妇、蒋某夫妇及雇佣人员罗某抓获，当场收缴大量制造假兽药工具、部分假兽药以及销售兽药账目和存储资料的电脑。

经审查，该团伙两对夫妻，均为某生物有限公司和某动物有限公司在该地区的总代理商，其中，仅蒋某妻子何某有代理执照。这个团伙通过夫妻、兄妹关系形成家族式犯罪团伙，雇佣罗某等人，通过进货、更换商标、批发、送药等环节，将更换过药剂标签的过期或变质兽药，销往周边多个城市。

目前，5名犯罪嫌疑人已被刑事拘留，警方已组织力量对在逃的4名团伙成员进行全力抓捕，此案正在进一步审理中。

第五节 饲料和饲料添加剂的生产与经营

饲料是指经工业化加工、制作的供动物食用的产品，包括单一饲料、添加剂预混合饲料、浓缩饲料、配合饲料和精料补充料。饲料添加剂是指在饲料加工、制作、使用过程中添加的少量或者微量物质，包括营养性饲料添加剂和一般饲料添加剂。

为了加强对饲料、饲料添加剂的管理，提高饲料、饲料添加剂的质量，保障动物产品质量安全，维护公众健康，1999年5月29日中华人民共和国国务院发布了《饲料和饲料添加剂管理条例》。本条例又经2011年10月26日国务院第177次常务会议修订通过，2012年5月1日起正式施行。

知识窗

饲料和饲料添加剂管理机构

国务院农业行政主管部门负责全国饲料、饲料添加剂的监督管理工作。县级以上地方人民政府负责饲料、饲料添加剂管理的部门（简称饲料管理部门），负责本行政区域饲料、饲料添加剂的监督管理工作。县级以上地方人民政府统一领导本行政区域饲料、饲料添加剂的监督管理工作，建立健全监督管理机制，保障监督管理工作的开展。

一、饲料、饲料添加剂生产

1. 饲料、饲料添加剂生产企业设立条件

设立饲料、饲料添加剂生产企业，应当符合饲料工业发展规划和产业政策，并具备下列条件：

① 有与生产饲料、饲料添加剂相适应的厂房、设备和仓储设施；② 有与生产饲料、饲料添加剂相适应的专职技术人员；③ 有必要的产品质量检验机构、人员、设施和质量管理制度；④ 有符合国家规定的安全、卫生要求的生产环境；⑤ 有符合国家环境保护要求的污染防治措施；⑥ 国务院农业行政主管部门制定的饲料、饲料添加剂质量安全管理规范规定的其他条件。

2.《生产许可证》的申请

（1）申请 申请设立饲料添加剂、添加剂预混合饲料生产企业,申请人应当向省、自治区、直辖市人民政府饲料管理部门提出申请。省、自治区、直辖市人民政府饲料管理部门应当自受理申请之日起20个工作日内进行书面审查和现场审核,并将相关资料和审查、审核意见上报国务院农业行政主管部门。国务院农业行政主管部门收到资料和审查、审核意见后应当组织评审,根据评审结果在10个工作日内作出是否核发《生产许可证》的决定,并将决定抄送省、自治区、直辖市人民政府饲料管理部门。

申请设立其他饲料生产企业,申请人应当向省、自治区、直辖市人民政府饲料管理部门提出申请。省、自治区、直辖市人民政府饲料管理部门应当自受理申请之日起10个工作日内进行书面审查;审查合格的,组织进行现场审核,并根据审核结果在10个工作日内做出是否核发《生产许可证》的决定。

申请人取得《生产许可证》后,由省、自治区、直辖市人民政府饲料管理部门按照国务院农业行政主管部门的规定,核发相应的产品批准文号,并办理工商登记手续。

《生产许可证》有效期为五年。《生产许可证》有效期满需要继续生产饲料、饲料添加剂的,应当在有效期届满六个月前申请续展。

(2)违规处罚 提供虚假的资料、样品或者采取其他欺骗方式取得许可证明文件的,由发证机关撤销相关许可证明文件,处5万元以上10万元以下罚款,申请人三年内不得就同一事项申请行政许可。以欺骗方式取得许可证明文件给他人造成损失的,依法承担赔偿责任。假冒、伪造或者买卖许可证明文件的,由国务院农业行政主管部门或者县级以上地方人民政府饲料管理部门按照职责权限收缴或者吊销、撤销相关许可证明文件;构成犯罪的,依法追究刑事责任。

3. 对生产企业的法律规定

(1)要求 饲料、饲料添加剂生产企业应当按照国务院农业行政主管部门的规定和有关标准,对采购的饲料、生产原料进行查验或者检验。如实做好记录。记录保存期限不得少于两年。

生产企业,应当按照产品质量标准以及国务院农业行政主管部门制定的饲料、饲料添加剂质量安全管理规范和饲料添加剂安全使用规范组织生产,对生产过程实施有效控制并实行生产记录和产品留样观察制度,同时,对生产的饲料、饲料添加剂进行产品质量检验。

出厂销售的饲料、饲料添加剂应当包装,包装应当符合国家有关安全、卫生的规定。饲料、饲料添加剂的包装物上应当附具标签。标签应当标明产品名称、原料组成、产品成分分析保证值、净重或者净含量、贮存条件、使用说明、注意事项、生产日期、保质期、生产企业名称以及地址、许可证明文件编号和产品质量标准等。加入药物饲料添加剂的,还应当标明"加入药物饲料添加剂"字样,并标明其通用名称、含量和休药期。乳和乳制品以外的动物源性饲料,还应当标明"本产品不得饲喂反刍动物"字样。

(2) 违规处罚 饲料、饲料添加剂生产企业有下列行为之一的,由县级以上地方人民政府饲料管理部门责令改正,处1万元以上2万元以下罚款;拒不改正的,没收违法所得、违法生产的产品和用于违法生产饲料的饲料原料,并处5万元以上10万元以下罚款;情节严重的,责令停止生产,可以由发证机关吊销、撤销相关许可证明文件:

① 不按照国务院农业行政主管部门的规定和有关标准对采购的饲料原料、单一饲料、饲料添加剂、药物饲料添加剂、添加剂预混合饲料和用于饲料添加剂生产的原料进行查验或者检验的;

② 饲料、饲料添加剂生产过程中不遵守国务院农业行政主管部门制定的饲料、饲料添加剂质量安全管理规范和饲料添加剂安全使用规范的;

③ 生产的饲料、饲料添加剂未经产品质量检验的。

二、饲料和饲料添加剂经营

1. 饲料、饲料添加剂经营者具备的条件

(1) 有与经营饲料、饲料添加剂相适应的经营场所和仓储设施;

(2) 有具备饲料、饲料添加剂使用、贮存等知识的技术人员;

（3）有必要的产品质量管理和安全管理制度。

2. 饲料、饲料添加剂经营者法律规定

（1）饲料、饲料添加剂经营者进货时应当查验产品标签、产品质量检验合格证和相应的许可证明文件。饲料、饲料添加剂经营者不得对饲料、饲料添加剂进行拆包、分装，不得对饲料、饲料添加剂进行再加工或者添加任何物质。

（2）禁止经营用国务院农业行政主管部门公布的饲料原料目录、饲料添加剂品种目录和药物饲料添加剂品种目录以外的任何物质生产的饲料。

（3）饲料、饲料添加剂经营者应当建立产品购销台账，如实记录购销产品的名称、许可证明文件编号、规格、数量、保质期、生产企业名称或者供货者名称及其联系方式、购销时间等。购销台账保存期限不得少于两年。

3. 生产企业、经营者的法律责任

禁止生产、经营、使用未取得新饲料、新饲料添加剂证书的新饲料、新饲料添加剂以及禁用的饲料、饲料添加剂。

禁止经营、使用无产品标签、无生产许可证、无产品质量标准、无产品质量检验合格证的饲料、饲料添加剂。禁止经营、使用无产品批准文号的饲料添加剂、添加剂预混合饲料。禁止经营、使用未取得饲料、饲料添加剂进口登记证的进口饲料、进口饲料添加剂。

禁止对饲料、饲料添加剂作具有预防或者治疗动物疾病作用的说明或者宣传。但是，饲料中添加药物饲料添加剂的，可以对所添加的药物饲料添加剂的作用加以说明。

饲料、饲料添加剂生产企业、经营者有下列行为之一的，由县级以上地方人民政府饲料管理部门责令停止生产、经营，没收违法所得和违法生产、经营的产品，违法生产、经营的产品货值金额不足1万元的，并处2000元以上2万元以下罚款，货值金额1万元以上的，并处货值金额2倍以上5倍以下罚款；构成犯罪的，依法追究刑事责任：

（1）在生产、经营过程中，以非饲料、非饲料添加剂冒充饲料、饲料添加剂或者以此种饲料、饲料添加剂冒充他种饲料、饲料添加剂的；

（2）生产、经营无产品质量标准或者不符合产品质量标准的饲料、饲料添加剂的；

（3）生产、经营的饲料、饲料添加剂与标签标示的内容不一致的。

饲料、饲料添加剂生产企业有前款规定的行为，情节严重的，由发证机关吊销、撤销相关许可证明文件；饲料、饲料添加剂经营者有前款规定的行为，情节严重的，通知工商行政管理部门，由工商行政管理部门吊销营业执照。

三、饲料和饲料添加剂使用

1. 对养殖者法律规定

（1）国务院农业行政主管部门和县级以上地方人民政府饲料管理部门应当加强饲料、饲料添加剂质量安全知识的宣传，提高养殖者的质量安全意识，指导养殖者安全、合理使用饲料、饲料添加剂。

（2）养殖者应当按照产品使用说明和注意事项使用饲料。在饲料或者动物饮用水中添加饲料添加剂的，应当符合饲料添加剂使用说明和注意事项的要求，遵守国务院农业行政主管部门制定的饲料添加剂安全使用规范。

（3）养殖者使用自行配制的饲料的，应当遵守国务院农业行政主管部门制定的自行配制饲料使用规范，并不得对外提供自行配制的饲料。

（4）使用限制使用的物质养殖动物的，应当遵守国务院农业行政主管部门的限制性规定。禁止在饲料、动物饮用水中添加国务院农业行政主管部门公布禁用的物质以及对人体具有直接或者潜在危害的其他物质，或者直接使用上述物质养殖动物。禁止在反刍动物饲料中添加乳和乳制品以外的动物源性成分。

2. 法律责任

养殖者有下列行为之一的，由县级人民政府饲料管理部门没收违法使用的产品和非法添加物质,对单位处 1 万元以上 5 万元以下罚款,对个人处 5000 元以下罚款;构成犯罪的,依法追究刑事责任:

(1) 使用未取得新饲料、新饲料添加剂证书的新饲料、新饲料添加剂或者未取得饲料、饲料添加剂进口登记证的进口饲料、进口饲料添加剂的;

(2) 使用无产品标签、无生产许可证、无产品质量标准、无产品质量检验合格证的饲料、饲料添加剂的;

(3) 使用无产品批准文号的饲料添加剂、添加剂预混合饲料的;

(4) 在饲料或者动物饮用水中添加饲料添加剂,不遵守国务院农业行政主管部门制定的饲料添加剂安全使用规范的;

(5) 使用自行配制的饲料,不遵守国务院农业行政主管部门制定的自行配制饲料使用规范的;

(6) 使用限制使用的物质养殖动物,不遵守国务院农业行政主管部门的限制性规定的;

(7) 在反刍动物饲料中添加乳和乳制品以外的动物源性成分的。

在饲料或者动物饮用水中添加国务院农业行政主管部门公布禁用的物质以及对人体具有直接或者潜在危害的其他物质,或者直接使用上述物质养殖动物的,由县级以上地方人民政府饲料管理部门责令其对饲喂了违禁物质的动物进行无害化处理,处 3 万元以上 10 万元以下罚款;构成犯罪的,依法追究刑事责任。

另外,养殖者对外提供自行配制的饲料的,由县级人民政府饲料管理部门责令改正,处 2000 元以上 2 万元以下罚款。

四、假劣饲料、饲料添加剂的规定

1. 假劣饲料、饲料添加剂的规定

(1) 以非饲料、非饲料添加剂冒充饲料、饲料添加剂;

(2) 以此种饲料、饲料添加剂冒充他种饲料、饲料添加剂;

(3) 饲料、饲料添加剂不符合产品质量标准的;

(4) 超过保质期的;

(5) 失效、霉变的;

(6) 饲料、饲料添加剂所含成分的种类、名称与产品标签上注明的成分的种类、名称不符的;

(7) 未取得批准文号的或者批准文号过期作废的;

(8) 停用、禁用或者淘汰的饲料、饲料添加剂;

(9) 未经审定公布的。

2. 法律责任

(1) 法律规定

① 禁止生产、经营、使用未取得新饲料、新饲料添加剂证书的新饲料、新饲料添加剂以及禁用的饲料、饲料添加剂。

② 禁止经营、使用无产品标签、无生产许可证、无产品质量标准、无产品质量检验合格证的饲料、饲料添加剂。

③ 禁止经营、使用无产品批准文号的饲料添加剂、添加剂预混合饲料。禁止经营、使用未取得饲料、饲料添加剂进口登记证的进口饲料、进口饲料添加剂。

④ 禁止对饲料、饲料添加剂作具有预防或者治疗动物疾病作用的说明或者宣传。但是,饲料中添加药物饲料添加剂的,可以对所添加的药物饲料添加剂的作用加以说明。

(2) 违规处罚

饲料、饲料添加剂生产企业、经营者有下列行为之一的,由县级以上地方人民政府饲料管理部门责令停止生产、经营,没收违法所得和违法生产、经营的产品,违法生产、经营的产品货值金额不足1万元的,并处2000元以上2万元以下罚款,货值金额1万元以上的,并处货值金额2倍以上5倍以下罚款;构成犯罪的,依法追究刑事责任:

① 在生产、经营过程中,以非饲料、非饲料添加剂冒充饲料、饲料添加剂或者以此种饲料、饲料添加剂冒充他种饲料、饲料添加剂的;

② 生产、经营无产品质量标准或者不符合产品质量标准的饲料、饲料添加剂的;

③ 生产、经营的饲料、饲料添加剂与标签标示的内容不一

致的。

饲料、饲料添加剂生产企业有上述规定的行为,情节严重的,由发证机关吊销、撤销相关许可证明文件;饲料、饲料添加剂经营者有前款规定的行为,情节严重的,通知工商行政管理部门,由工商行政管理部门吊销营业执照。

【复习思考题】

1. 什么叫假劣饲料、饲料添加剂?
2. 我国对出厂销售的饲料、饲料添加剂包装有哪些要求?

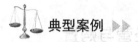典型案例

某县惊现假劣饲料

2009年11月下旬,某乡养猪大户张二和张三(后者还经营一家饲料门市部)兄弟俩向记者投诉称,2008年8月,该县某饲料厂经销员王某向张三门市部推销包装上分别署为"某牧业有限公司"生产的"A"牌和"B"牌饲料。由于维权意识淡薄,张某当时没有核实该饲料的真伪,就多次购进该饲料共计36吨,价格4800元/吨,合计17万多元,且没有索要票据。

张氏兄弟自家猪用了5万元左右的该饲料,其余大多赊账销售给了本村的养猪大户,且没给这些农户票据。一段时间后,张氏兄弟俩发现仔猪食用该饲料后生长十分缓慢,喂养大半年也没长到出栏重量。此时,还有六七户养猪大户也遭遇了同样情况,部分散养户也纷纷前来反映同样问题。张氏兄弟等人多次找饲料厂要求解决问题,但对方不愿按照实际损失赔偿。

2009年11月24日,记者来到县工商局12 315投诉中心,该中心主任通过电话联系某牧业有限公司有关负责人,对方否认了该公司生产的饲料有"A"和"B"两个品牌。随后记者电话联系省畜牧产业局,该局也证实该牧业公司没有生产过这两个品牌的饲料。

2009年11月30日,张氏兄弟走访了该县多家饲料门市部,

发现有些饲料门市部还在销售该品牌饲料。通过查询找到了经销员王某，王某承认该饲料是他销售的，但是他只承认目前是试销阶段，每家经销店只销售了几袋。王某辩称，他的饲料是从一个路过的商人手里购买的，且未留下该人的联系方式。

有关部门领导认为，从农户和经销店主反映的情况来看，这是典型的假冒劣质产品的行为。厂家在倾销饲料时已经有预谋地不按照正常的互留票据的方式，而饲料经销店主和农户也缺乏维权意识，进货、销售、购买均没有任何书面票据，这给农户和经销店主依法维权增加了困难。截至记者发稿，受害农户们正在搜集问题饲料包装袋等有关证据，导致受害者索赔之路十分艰难。

第六节　农业机械生产、经营与购置

为了鼓励、扶持农民和农业生产经营组织使用先进适用的农业机械，促进农业机械化，建设现代农业制度。中华人民共和国第十届全国人民代表大会常务委员会第十次会议于 2004 年 6 月 25 日通过，2004 年 11 月 1 日颁布施行了《中华人民共和国农业机械化促进法》。2004 年 3 月 17 日，农业部、财政部发布了《农业机械购置补贴专项资金使用管理暂行办法》（试行）（财农〔2004〕6 号），2005 年 2 月 25 日正式颁布了《农业机械购置补贴专项资金使用管理暂行办法》（财农〔2005〕11 号）。从 2006 年开始，农业部、财政部每年还会联合印发《农业机械购置补贴实施（指导）意见》，有力地推进了农业机械化又好又快发展，加快了农业发展方式转变，保障农业综合生产能力的提高。

一、农业机械涵义

农业机械，是指用于农业生产及其产品初加工等相关农事活动的机械、设备。

农业机械化，是指运用先进适用的农业机械装备农业，改善农业生产经营条件，不断提高农业的生产技术水平和经济效益、生态效益的过程。

二、农业机械生产与经营

1. 农业机械生产

《中华人民共和国农业机械化促进法》对农业机械生产做了如下规定:

① 国家支持农业机械生产者开发先进适用的农业机械,采用先进技术、先进工艺和先进材料,提高农业机械产品的质量和技术水平,降低生产成本,提供系列化、标准化、多功能和质量优良、节约能源、价格合理的农业机械产品。

② 国家支持引进、利用先进的农业机械、关键零配件和技术,鼓励引进外资从事农业机械的研究、开发、生产和经营。

③ 农业机械生产者应当对其生产的农业机械产品质量负责,并按照国家有关规定承担零配件供应和培训等售后服务责任。

④ 农业机械生产者应当按照国家标准、行业标准和保障人身安全的要求,在其生产的农业机械产品上设置必要的安全防护装置、警示标志和中文警示说明。

2. 农业机械经营

农业部办公厅《关于进一步规范农机购置补贴产品经营行为的通知》(农办机 [2012] 19号) 规定:

(1) 经销农机购置补贴产品的企业应具备条件

① 经工商行政管理部门注册登记,具有企业法人资格;

② 企业注册资金不低于50万元;

③ 具有与经营范围、规模相适应的固定经营场所,营业、仓储场地面积200平方米以上;

④ 从事农业机械经营业务2年以上,有良好的社会信誉,2年内无有效群体性投诉;

⑤ 具有与经营规模相适应的一定数量从业人员,企业管理者、业务人员、售后服务人员及取得专业资质人员比例达到 GB/T 18389—2001《农业机械营销企业开业条件、等级划分及市场行为要求》相关要求,且至少有1名熟悉计算机管理软件操作人员;

⑥ 具备《农业机械产品修理、更换、退货责任规定》要求的

售后服务和零配件供应能力，经营所需设施设备达到 GB/T 18389—2001《农业机械营销企业开业条件、等级划分及市场行为要求》相关要求；

⑦ 具有健全的企业管理规章制度，诚实守信、管理规范，服务质量达到 WB/T 1014—2000《农业机械营销企业服务质量规定》相关要求。

(2) 对经销商经营规定

① 经销商应在经营场所醒目位置公示所经营享受补贴农业机械产品的种类、生产企业、型号、配置、价格及补贴标准等相关内容，并悬挂"农业机械购置补贴产品经销商"标识。

② 经销商要按规定向购机者开具销售发票，做好"三包"售后服务、零配件供应，以及农机购置补贴机具档案管理工作，建立销售记录并保存3年以上。

③ 销商必须遵守"七个不得"的规定，即：

a. 不得倒卖农机购置补贴指标或倒卖补贴机具；

b. 不得进行商业贿赂和不正当竞争；

c. 不得以许诺享受补贴为名诱导农民购买农业机械，代办补贴手续；

d. 不得以降低或减少产品配置、搭配销售等方式变相涨价；

e. 不得拒开发票或虚开发票；不得虚假宣传农机购置补贴政策；

f. 同一产品在同一地区、同一时期销售给享受补贴的农民的价格不得高于销售给不享受补贴的农民的价格。

(3) 违法违规行为处罚

① 一般性违规行为　一般性违规行为主要包括：

a. 未在经营场所醒目位置公示享受补贴农业机械产品的种类、生产企业、型号、配置、价格及补贴标准等相关内容的；

b. 未在经营场所悬挂"农业机械购置补贴产品经销商"标识的；

c. 农民购机后，供货不及时，引起投诉的；违反"三包"规定，引起投诉的；

d. 未向购机者说明农机操作方法和安全注意事项的；

e. 销售记录和农机购置补贴机具档案不健全等。

对于一般性违规行为，县级以上农机化主管部门应及时向经销商提出严肃警告或责令限期整改等要求。

② 情节较重的违法违规行为　情节较重的违法违规行为主要包括：

a. 向购机者提供假冒伪劣产品的；

b. 以非法手段套取国家农机购置补贴资金的；违反本通知"七个不得"规定的；

c. 违反"三包"规定，引起群体性投诉，造成恶劣影响的；

d. 拒不执行农机化主管部门做出的警告、限期整改处理决定的；

e. 其他违反法律法规或农机购置补贴政策，情节严重的行为。

对于情节较重的违法违规行为，省级农机化主管部门要在充分调查取证，并事先书面告知当事人的基础上，将经销商及法定代表人列入黑名单并向社会公布。列入黑名单的经销商销售的产品不得再享受补贴，法定代表人不得再参与农业机械购置补贴产品经销活动。相关农机生产企业应当及时取消其经销资格，收回"农业机械购置补贴产品经销商"标识。

对于违法违规性质特别恶劣的生产或经营企业，应建议工商部门吊销其营业执照；情节严重构成犯罪的，应积极协调和配合司法机关处理。

三、农业机械购置补贴

《中华人民共和国农业机械化促进法》第四条规定："国家引导、支持农民和农业生产经营组织自主选择先进适用的农业机械。任何单位和个人不得强迫农民和农业生产经营组织购买其指定的农业机械产品。"

第二十七条规定，中央财政、省级财政应当分别安排专项资金，对农民和农业生产经营组织购买国家支持推广的先进适用的农业机械给予补贴。

第二十八条规定：国家根据农业和农村经济发展的需要，对农业机械的农业生产作业用燃油安排财政补贴。燃油补贴应当向直接从事农业机械作业的农民和农业生产经营组织发放。

违反以上规定，截留、挪用有关补贴资金的，由上级主管机关责令限期归还被截留、挪用的资金，没收非法所得，并由上级主管机关、监察机关或者所在单位对直接负责的主管人员和其他直接责任人员给予行政处分；构成犯罪的，依法追究刑事责任。

财政部、农业部颁布的《农业机械购置补贴专项资金使用管理暂行办法》（财农〔2005〕11号）对农民购置农业机械补贴资金使用情况进行了专门规定，加强了补贴资金的管理，提高补贴资金的使用效益。

1. 补贴资金使用原则

补贴资金的使用应遵循公开、公正、农民直接受益的原则。

公开，指补贴政策、办法公开，补贴资金操作过程透明。通过公示、公布等多种形式使农民充分了解补贴政策等信息。

公正，指资金分配、补贴机具目录、补贴对象确定等全过程公正。按照事先公布的优先补贴条件，公正确定享受补贴的农民名单，并在县或乡镇范围内公示，接受监督。

农民直接受益，指保证补贴资金全部补贴到农民，做到资金到位，机具到位，服务到位，使补贴的农业机械切实在生产中发挥作用，确保农民受益。

2. 补贴的对象、标准和种类

（1）补贴对象　是符合补贴条件的农民（农场职工）和直接从事农业生产的农机服务组织。

（2）补贴标准　按不超过机具价格的30%进行补贴。

（3）补贴种类　补贴的农业机械应符合国家农业产业政策、农业可持续发展和环境保护的要求，且经农机鉴定机构检测合格。重点补贴：大中型拖拉机等农用动力机械；农田作业机具，主要包括：耕整、种植、植保、收获和秸秆还田等机具；粮食及农副产品的产后处理机械；秸秆、饲草加工处理及养殖机械。

3. 补贴资金的发放程序

（1）各省、区、市的年度补贴专项实施范围、补贴机具目录、申请程序和相关要求等,应通过媒体及乡村公告等形式,及时向农民公布。

(2) 实施区内的农民购买补贴机具时,须通过乡镇农机管理机构向县级农机主管部门提出申请,并填写购机申请表。

县级农机主管部门根据《农业机械购置补贴资金使用方案》和优先补贴条件进行审查,确定购机者名单和数量,经张榜公示后,与购机者签订购机补贴协议,并报省级农机主管部门和同级财政部门。

(3) 购机者购机时应向供货方提交购机补贴协议,并按扣除补贴金额后的机具差价款交款提货,供货方出具购机发票。县级农机主管部门应根据购机者的需求,提供相应的组织协调服务工作。县级农机主管部门应对本辖区购机情况进行核实,并将核实结果报省级农机主管部门。供货方凭补贴协议和发票存根定期向省级农机主管部门提出结算申请。

4. 管理与监督

(1) 补贴资金必须专款专用,不得挤占、截留、挪用。

(2) 各级农机主管部门和财政部门应对购机补贴情况进行跟踪检查,督促供货方搞好售后服务,为购机者提供技术、信息等服务,切实让农民得到实惠。

(3) 享受补贴购买的农机具,原则上二年内不得转卖或转让。

【复习思考题】

1. 2012 年实施农机购置补贴的对象是谁?补贴标准是多少?
2. 什么叫差价购机?购买补贴农机后可以转卖吗?
3. 经销农机购置补贴产品的企业应具备什么样资质条件?
4. 经销商必须遵守哪"七个不得"的规定?

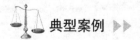 典型案例

"小农机"曝出大腐败 惠农款竟成"唐僧肉"

前不久,检察机关查出某农技推广站腐败窝案。从 2009 年开

始,该推广站原站长周某、原副站长刘某和一家塑料包装厂负责人郭某共谋,一张常用农机具秧盘,国家补贴2角5分钱。农技推广站人员将补贴款骗领到手后,站里先提1毛8,站长再拿3分钱,剩下的留给合谋企业。仅秧盘一项就虚报销量188万余张,骗取专项补贴46.2万元,骗得补助后,该农技站、站长、商家三方按比例分成。

周某等人还利用各省农机补助政策的差异牟利。如一款常见的四行插秧机,每台市场售价2万余元,在A省可补贴85%,实际售价3000余元;在B省只补贴30%,实际售价1400余元。周某等人以"A省本地价"搞到20台该款插秧机,伪造水稻机械插秧跨区作业协议,以每台7200元的价格倒卖到B省,赚8万余元,导致国家农机补贴资金损失36.8万元。经检察院提起公诉,周某、凌某、郭某分别被法院一审判处2~16年不等有期徒刑。

近年来,随着国家大力强农惠农富农,不断推进农业机械购置补贴工作,侵吞农机补贴现象也在各地频发,其中单位犯罪比较突出,个人的贪污、受贿常常借单位收回扣作掩饰,形成了农机生产商、经销商、农机管理部门、部门负责人共同窃取农机补贴款的利益链,"农机腐败"已成为涉农领域职务犯罪的大头之一。

第四章 农村基层组织

国家为了保证农村基层组织的作用，在1998年11月4日第九届全国人民代表大会常务委员会第五次会议通过、2010年10月28日第十一届全国人民代表大会常务委员会第十七次会议修订完成《中华人民共和国村民委员会组织法》。为了加强和改进党的农村基层组织建设，加强和改善党对农村工作的领导，推动农村经济发展和社会进步，根据《中国共产党章程》，中共中央1999年2月13日颁布实施了《中国共产党农村基层组织工作条例》，全面加强农村基层组织建设。

农村基层组织包括设在镇（办事处）和村一级的各种组织，主要是指村级组织。包括基层政权、基层党组织和其他组织三个方面，主要有村党组织、村民委员会、村团支部、村妇代会、村民兵组织和"两新"组织。

为了适应新农村建设和改革发展的需要，党中央提出了农村村级组织建设的新格局，即以党组织为核心，村委会和合作经济组织为依托，共青团为助手，妇女、民兵组织密切协作，为农村基层组织建设指明了方向。

一、村党组织

建设社会主义新农村，必须大力加强农村党组织的创造力、凝聚力和战斗力，为推进社会主义新农村建设提供坚强的组织保障。《中国共产党农村基层组织工作条例》规定，村党支部（含总支、党委，下同）是党在农村的基层组织，是党在农村全部工作和战斗力的基础，是乡镇、村各种组织和各项工作的领导核心。

1. 组织设置

《中国共产党农村基层组织工作条例》第五条规定,有正式党员3名以上的村,应当成立党支部;不足3名的,可与邻近村联合成立党支部。党员人数超过50名的村,或党员人数虽不足50名,但村办企业具备成立党支部条件的村,因工作需要,可以成立党的总支部。党员人数100名以上的村,根据工作需要,经县级地方党委批准,可以成立党的基层委员会;村党委受乡镇党委领导。党员人数较多的村党支部,可以划分若干党小组。村党支部、总支部和党的基层委员会由党员大会选举产生。

2. 组织职责

(1) 贯彻执行党的路线、方针、政策和上级党组织及本村党员大会的决议。

(2) 讨论决定本村经济建设和社会发展中的重要问题。需由村民委员会、村民会议或集体经济组织决定的事情,由村民委员会、村民会议或集体经济组织依照法律和有关规定做出决定。

(3) 领导和推进村级民主选举、民主决策、民主管理、民主监督,支持和保障村民依法开展自治活动。领导村民委员会、村集体经济组织和共青团、妇代会、民兵等群众组织,支持和保证这些组织依照国家法律法规及各自章程充分行使职权。

(4) 搞好党组织自身建设,对党员进行教育、管理和监督。负责对要求入党的积极分子进行教育和培养,做好发展党员工作。

(5) 负责村、组干部和村办企业管理人员的教育、管理和监督。

(6) 搞好本村的社会主义精神文明建设和社会治安、计划生育工作。

3. 组织队伍建设

(1) 党的农村基层组织应当组织党员学习马克思列宁主义、毛泽东思想特别是邓小平理论,学习党的基本知识和科学文化知识、社会主义市场经济知识、法律法规知识;乡镇党委每年应当对党员分期分批进行集中培训一次;村党支部每月应当开展一次党员活动,包括学习党的文件,上党课,召开组织生活会等。

(2) 坚持和完善民主评议党员制度。对优秀党员，要进行表彰；对不合格党员，要依照有关规定，分别采取教育帮助、限期改正、劝其退党、党内除名等方式进行严肃处置。

(3) 按照坚持标准、保证质量、改善结构、慎重发展的方针和有关规定，做好发展党员工作；注意吸收优秀青年、妇女入党。村级党组织发展党员必须经过乡镇党委审批。

二、村民委员会

1. 村民委员会组成

《村民委员会组织法》规定，村民委员会是村民自我管理、自我教育、自我服务的基层群众性自治组织，实行民主选举、民主决策、民主管理、民主监督。

村民委员会由主任、副主任和委员共3～7人组成。村民委员会成员中，应当有妇女成员，多民族村民居住的村应当有人数较少的民族的成员。

村民委员会根据需要设人民调解、治安保卫、公共卫生与计划生育等委员会。村民委员会成员可以兼任下属委员会的成员。人口少的村的村民委员会可以不设下属委员会，由村民委员会成员分工负责人民调解、治安保卫、公共卫生与计划生育等工作。

2. 村民委员会职责

(1) 宣传贯彻宪法、法律、法规和国家的政策，维护村民合法权益，教育和推动村民履行法律、法规规定的义务，发展文化教育，普及科技知识，促进村和村之间的团结、互助，开展多种形式的社会主义精神文明建设活动。

(2) 依照法律规定，管理本村属于村农民集体所有的土地和其他财产，教育村民合理利用自然资源，保护和改善生态环境。

(3) 支持和组织村民依法发展各种形式的合作经济和其他经济，承担本村生产的服务和协调工作，促进农村生产和社会主义市场经济的发展。

(4) 尊重村集体经济组织依法独立进行经济活动的自主权，维护以家庭承包经营为基础，统分结合的双层经营体制，保障集体经济组织和村民、承包经营户、联户或者合伙的合法的财产权和其他合法的权利和利益。

(5) 举办和管理本村的公共事务和公益事业。

(6) 组织实施本村的建设规划,兴修水利、道路等基础设施,指导村民建设住宅。

(7) 依法调解民间纠纷,协助维护本村的社会治安,向人民政府反映村民的意见要求和提出建议。

(8) 向村民会议或者村民代表会议报告工作并接受评议,执行村民会议或者村民代表会议的决议、议定。

(9) 建立健全村务公开和民主管理制度。

(10) 法律、法规规定的其他职责。

3. 村民委员会的选举

(1) 选举制度 《村民委员会组织法》规定,村民委员会主任、副主任和委员,由村民直接选举产生。任何组织或者个人不得指定、委派或者撤换村民委员会成员。村民委员会每届任期三年,届满应当及时举行换届选举。村民委员会成员可以连选连任。村民委员会的选举,由村民选举委员会主持。

(2) 选举程序

① 选举产生村民选举委员会 村民选举委员会由主任和委员组成,由村民会议、村民代表会议或者各村民小组会议推选产生。村民选举委员会成员被提名为村民委员会成员候选人,应当退出村民选举委员会。村民选举委员会成员退出村民选举委员会或者因其他原因缺席的,按照原推选结果依次递补,也可以另行推选。

② 确定参加人员 年满十八周岁的村民,不分民族、种族、性别、职业、家庭出身、宗教信仰、教育程度、财产状况、居住期限,都有选举权和被选举权;依照法律被剥夺政治权利的人除外。村民委员会选举前,应当对下列具有选举权的村民进行登记,列入参加选举的村民名单。

(a) 户籍在本村并且在本村居住的村民;

(b) 户籍在本村,不在本村居住,本人表示愿意参加选举的村民;

(c) 户籍不在本村，在本村居住一年以上，本人申请参加选举，并且经村民会议或者村民代表会议同意参加选举的公民。

已在户籍所在村或者居住村登记参加选举的村民，不得再参加其他地方村民委员会的选举。登记参加选举的村民名单应当在选举日的二十日前由村民选举委员会公布。对登记参加选举的村民名单有异议的，应当自名单公布之日起五日内向村民选举委员会申诉，村民选举委员会应当自收到申诉之日起三日内做出处理决定，并公布处理结果。

③ 提名候选人　由登记参加选举的村民直接提名候选人。提名候选人，应当从全体村民利益出发，推荐奉公守法、品行良好、公道正派、热心公益、具有一定文化水平和工作能力的村民为候选人。候选人的名额应当多于应选名额。村民选举委员会应当组织候选人与村民见面，由候选人介绍履行职责的设想，回答村民提出的问题。

④ 投票选举　选举实行无记名投票、公开计票的方法，选举结果应当当场公布。选举时，应当设立秘密写票处。

选举村民委员会，有登记参加选举的村民过半数投票，选举有效；候选人获得参加投票的村民过半数的选票，始得当选。当选人数不足应选名额的，不足的名额另行选举。另行选举的，第一次投票未当选的人员得票多的为候选人，候选人以得票多的当选，但是所得票数不得少于已投选票总数的三分之一。

登记参加选举的村民，选举期间外出不能参加投票的，可以书面委托本村有选举权的近亲属代为投票。村民选举委员会应当公布委托人和受委托人的名单。

具体选举办法由省、自治区、直辖市的人民代表大会常务委员会规定。

村民委员会应当自新一届村民委员会产生之日起十日内完成工作移交。工作移交由村民选举委员会主持，由乡、民族乡、镇的人民政府监督。

以暴力、威胁、欺骗、贿赂、伪造选票、虚报选举票数等不正当手段当选村民委员会成员的，当选无效。村民有权向乡、民族乡、镇的人民代表大会和人民政府或者县级人民代表大会常务委员会和人民政府及其有关主管部门举报，由乡级或者县级人民政府负责调查并依法处理。

（3）委员会成员被罢免或终止程序　本村五分之一以上有选举权的村民或者三分之一以上的村民代表联名，可以提出罢免村民委员会成员的要求，并说明要求罢免的理由。被提出罢免的村民委员会成员有权提出申辩意见。罢免村民委员会成员，须有登记参加选举的村民过半数投票，并须经投票的村民过半数通过。

村民委员会成员丧失行为能力或者被判处刑罚的，其职务自行终止。村民委员会成员以及由村民或者村集体承担误工补贴的聘用人员，应当接受村民会议或者村民代表会议对其履行职责情况的民主评议。民主评议每年至少进行一次，由村务监督机构主持。村民委员会成员连续两次被评议不称职的，其职务终止。

（4）补选程序　村民委员会成员出缺，可以由村民会议或者村民代表会议进行补选。补选程序参照前面选举程序中第③条和第④条的规定办理。补选的村民委员会成员的任期到本届村民委员会任期届满时止。

4. 村民会议、村民代表会议和村民小组会议

（1）村民会议和村民代表会议

① 村民会议　村民会议由村民委员会召集。有十分之一以上的村民或者三分之一以上的村民代表提议，应当召集村民会议。召集村民会议，应当提前十天通知村民。

村民会议由本村十八周岁以上的村民组成（还可以邀请驻本村的企业、事业单位和群众组织派代表列席）。召开村民会议，应当有本村十八周岁以上村民的过半数，或者本村三分之二以上的户的代表参加，村民会议所作决定应当经到会人员的过半数通过。法律对召开村民会议及作出决定另有规定的，依照其规定。

村民会议审议村民委员会的年度工作报告，评议村民委员会成员的工作；有权撤销或者变更村民委员会不适当的决定；有权撤销或者变更村民代表会议不适当的决定。

② 村民代表会议　人数较多或者居住分散的村，可以设立村

民代表会议，讨论决定村民会议授权的事项。村民代表会议由村民委员会成员和村民代表组成，村民代表应当占村民代表会议组成人员的五分之四以上，妇女村民代表应当占村民代表会议组成人员的三分之一以上。村民代表由村民按每五至十五户推选一人，或者由各村民小组推选若干人。村民代表的任期与村民委员会的任期相同。村民代表可以连选连任。

村民代表会议由村民委员会召集。村民代表会议每季度召开一次。有五分之一以上的村民代表提议，应当召集村民代表会议。村民代表会议有三分之二以上的组成人员参加方可召开，所作决定应当经到会人员的过半数同意。

村民会议可以授权村民代表会议审议村民委员会的年度工作报告，评议村民委员会成员的工作，撤销或者变更村民委员会不适当的决定。

（2）村民小组会议 应当有本村民小组十八周岁以上的村民三分之二以上，或者本村民小组三分之二以上的户的代表参加，所作决定应当经到会人员的过半数同意。

村民小组组长由村民小组会议推选。村民小组组长任期与村民委员会的任期相同，可以连选连任。

属于村民小组的集体所有的土地、企业和其他财产的经营管理以及公益事项的办理，由村民小组会议依照有关法律的规定讨论决定，所作决定及实施情况应当及时向本村民小组的村民公布。

5. 民主管理和民主监督

村民委员会应当实行少数服从多数的民主决策机制和公开透明的工作原则，建立健全各种工作制度。村民委员会实行村务公开制度。一般事项至少每季度公布一次；集体财务往来较多的，财务收支情况应当每月公布一次；涉及村民利益的重大事项应当随时公布。村民委员会应当保证所公布事项的真实性，并接受村民的查询。

村应当建立村务监督委员会或者其他形式的村务监督机构，负责村民民主理财，监督村务公开等制度的落实。其成员向村民会议和村民代表会议负责，可以列席村民委员会会议。

6. 资金保障

（1）对村民委员会成员，根据工作情况，给予适当补贴。

（2）人民政府有关部门委托村民委员会开展工作需要经费的，由委托部门承担。

（3）村民委员会办理本村公益事业所需的经费，由村民会议通过筹资筹劳解决；经费确有困难的，由地方人民政府给予适当支持。

三、村团支部

农村团支部是共青团组织的重要基础，是共青团在农村工作和活动的基本单位，是共青团在农村最基层一级组织，是党和政府联系农村青年最直接的桥梁和纽带。中央组织部，中央政策研究室、民政部、共青团中央、全国妇联于1990年8月联合召开了全国村级组织建设工作座谈会，把团支部作为村级组织的重要组成部分，列入村级建设总格局。依据《中国共产主义青年团章程》，国家又相继出台了《中国共产主义青年团基层组织选举规则（暂行）》《共青团中央关于在村级组织建设中加强农村团支部建设的意见》《村团支部工作指导手册（征求意见)》等相关政策法规。这充分表明党中央对农村团组织建设和对广大农村青年的关怀。

1. 村团支部机构设置

村团支部委员会成员一般由3~5人组成，一般不超过7人，设书记1名，委员若干名；或设书记1名，副书记1名，委员若干名；或设书记1名，副书记2~3名，委员若干名。村团支部委员的配备可在传统的组织委员、宣传委员的基础上，根据农村实际，设置文体委员、生产委员、治安委员等。村党支部或村民委员会（简称村"两委"）中的年轻成员、农村青年致富带头人、大学生村官、退伍返乡军人、务工返乡青年、村非公组织青年负责人、农村青年文艺骨干等都可担任村团支部成员。有外来务工青年的村，可吸纳其中优秀分子担任村团支部的职务。

2. 村团支部的建立

首先成立筹建工作领导小组，摸清村内团员青年情况，向村党组织和乡镇团委汇报筹备情况。通过村党支部推荐或团员自荐等形式产生村团支部书记、副书记、委员等候选人。召开村团员大会或团员代表大会选举产生村团支部委员、副书记、书记。村团支部召开委员会明确分工职责。选举结果及委员分工情况报村党组织和乡镇团委批准，并经乡镇团委批复公布。

3. 村团支部的换届

已经建立村团支部的，应按照《中国共产主义青年团章程》有关规定，按期换届（每届任期二到三年）。村团支部换届应尽可能做到与村"两委"换届同步进行。

首先向村党组织和所属乡镇团委提出换届申请，成立换届工作领导小组。向全村团员青年发出召开村团支部换届大会的信。通过村党支部推荐或团员自荐等形式产生村团支部书记、副书记、委员等候选人。向村党组织和乡镇团委汇报有关换届的准备情况。召开村团员大会或团员代表大会，听取审议上届村团支部委员会向大会作的工作报告，选举产生村团支部委员、副书记、书记。新成立的村团支部召开委员会明确分工职责。选举结果及委员分工情况报村党组织和乡镇团委批准，并由乡镇团委批复公布。

4. 村团支部职责

负责村团支部各项工作计划、制度、目标的制定和实施，主要职责如下。

（1）当好党的助手，宣传党的农村工作政策，完成村"两委"安排的工作任务。

（2）直接联系本村青年，掌握他们的技能特长和从业分布状况。

（3）开展上级团组织安排、符合本地青年特点的项目和活动；组织村内青年学习现代农业技术和管理知识，带领团员青年发家致富；关心团员青年工作、学习、生活，努力帮助他们解决实际问题，维护青少年的合法权益。

（4）发展团员，向党组织推荐优秀团员作党的发展对象；做好团费收缴、团籍注册、开展组织生活等团员管理工作。发展团员的基本程序为：①青年提出入团申请。年龄在14周岁以上，28周岁以下的中国青年，可以提出申请加入中国共青团。②团支部根据青年的实际表现和申请要求进行讨论评议，确定积极分子。③认真培养和考察积极分子，当其符合入团条件时，及时接收其成为新团员。

（5）做好对外来务工青年的联系工作，做好基本情况的数据调查，并掌握其思想动态、现实需求。

四、农村妇女代表会（简称农村妇代会）

农村妇代会是妇女联合会在农村的基层组织，是党和政府联系农村妇女群众的桥梁和纽带，是农村基层政权的重要社会支柱。根据《中华全国妇女联合会章程》有关规定，结合农村妇女工作实际，我国制定了《农村妇代会工作条例》。

1. 农村妇代会设立

农村妇代会实行代表联系群众制度。成立或撤销妇代会组织，须经同级妇女代表大会通过及同级管理部门审核，报乡镇妇女联合会批准。农村妇代会设在行政村、乡镇企业、农林牧渔场和其他经济组织中。妇女超过 30 人，可成立妇代会，不足 30 可设妇女小组。农村妇代会由农村妇女民主选举若干代表组成，代表人数根据行政村的规模和各经济组织中妇女人数多少而定。10~30 人选举一名代表。代表推选主任一人，根据工作需要可推选副主任。妇代会主任必须具备政治思想好，有文化、有本领，热心妇女儿童工作的基本条件。妇代会主任应是村委会或村党支部成员。村妇代会主任享受村委会领导副职的待遇。

妇代会每三年换届一次，换届工作与村民委员会换届同步进行。换届情况报乡镇妇女联合会备案。

2. 农村妇代会任务

（1）宣传、贯彻党和政府在农村的方针、政策。教育、引导农村妇女增强自尊、自信、自立、自强精神，成为有理想、有道德、有文化、有纪律的社会主义新农民。

（2）组织农村妇女参加"双学双比"、"五好文明家庭"和拥军优属等活动。提高农村妇女文化科技水平，帮助农村妇女增收致富,弘扬社会公德、职业道德和家庭美德。

(3) 维护妇女儿童合法权益、反映妇女的意见、建议和要求,代表妇女参与村务决策,发挥民主参与、民主管理、民主监督作用,推进男女平等基本国策的落实。

(4) 宣传、普及有关妇女儿童的法律和法规知识,抵制封建迷信和陈规陋习。配合有关部门打击拐卖妇女儿童、嫖娼、卖淫、赌博、吸毒等社会丑恶行为,推进依法治村。

(5) 普及科普知识、环境保护知识、妇幼卫生保健知识,宣传优生、优育、优教,倡导文明、健康、科学的生活方式。

(6) 协助党组织,做好培养、推荐妇女入党积极分子和农村后备干部工作。

(7) 因地制宜建立妇女儿童活动阵地,提供市场信息和农业技术服务。

(8) 建立和完善学习培训、工作会议、代表联系户、检查考核、评比表彰等工作制度。

五、村民兵组织

为了做好民兵工作,加强国防后备力量建设,我国在1984年5月31日第六届全国人民代表大会第2次会议通过、后又经3次修订的《中华人民共和国兵役法》对民兵组织设立进行专门规定。1990年7月6日中央军委常务会议和1990年10月26日国务院第六十九次常务会议制订并通过的《民兵工作条例》,对民兵工作又进行了专门的规定,使村民兵预备役建设法律制度日趋完善。

1. 村民兵组织设立

民兵是不脱产的群众武装组织,是中国人民解放军的助手和后备力量。

乡、民族乡、镇、街道和企业事业单位建立民兵组织。

凡18~35周岁符合服兵役条件的男性公民,经所在地人民政府兵役机关确定编入民兵组织的,应当参加民兵组织。根据需要,可以吸收18周岁以上的女性公民、35周岁以上的男性公民参加民兵组织。

国家发布动员令后,动员范围内的民兵,不得脱离民兵组织;未经所在地的县、自治县、市、市辖区人民政府兵役机关批准,不得离开民兵组织所在地。

民兵组织分为基干民兵组织和普通民兵组织。基干民兵组织是民兵组织的骨干力量,主要由退出现役的士兵以及经过军事训练和选定参加军事训练或者具有专业技术特长的未服过现役的人员组成。基干民兵组织可以在一定区域内从若干单位抽选人员编组。普通民兵组织,由符合服兵役条件未参加基干民兵组织的公民按照地域或者单位编组。农村一般以行政村为单位编民兵连或者营。退出现役的士兵,符合服预备役条件的,应当及时编入民兵组织。

民兵干部由政治思想好、身体健康、年纪较轻、有一定文化知识和军事素质、热爱民兵工作的人员担任。民兵干部由本单位提名,由基层人民武装部或者本地区军事领导指挥机关按照任免权限任命。民兵干部应当优先从转业、退伍军人中选拔。

2. 民兵的任务

《中华人民共和国兵役法》第三十六条规定,民兵的任务是参加社会主义现代化建设;执行战备勤务,参加防卫作战,抵抗侵略,保卫祖国;为现役部队补充兵员;协助维护社会秩序,参加抢险救灾。

六、"两新"组织

我国社会物质文明建设和精神文明建设高速发展的今天,随着农村新的经济组织、新型经济模式的出现以及广大农民群众对文体、社会福利、慈善等领域的追求不断提高,于是产生了"两新"组织。《中华人民共和国公司法》《中华人民共和国合伙企业法》《私营企业暂行条例》《中华人民共和国个人独资企业法》《中华人民共和国中外合资经营企业法》等对"两新"组织都有明确规定。

"两新"组织是指新经济组织和新社会组织的简称。

1. 新经济组织

指在发展社会主义市场经济过程中,我国内地公民私人、港澳台商、外商全部所有或绝对控制的新出现的经济组织形态。另从所有制特征上看，现行法律、法规把这类经济组织统称为"非公有制经济组织"。包括私营企业、外商投资企业、港澳台商投资企业、股份合作企业、民营科技企业、个体工商户、混合所有制经济组织等各类非国有集体独资的经济组织。

2. 新社会组织

指改革开放以来，我国在社会主义市场经济发展过程中新涌现出来的相对于政党、政府等传统组织形态之外的各类民间性的社会组织，包括中介组织、社会团体、基金会、民办非企业单位以及各类群众团队。即是社会团体和民办非企业单位的统称。

社会团体，指按《社会团体登记管理条例》的规定，由中国公民自愿组成，为实现会员共同意愿、按照其章程开展活动的非营利性社会组织，包括学术性社团、行业性社团、专业性社团和联合性社团等。

民办非企业单位，指按《民办非企业单位登记管理暂行条例》的规定，由企业事业单位，社会团体和其他社会力量以及公民个人利用非国有资产举办的，从事非营利性社会服务活动的社会组织。

【复习思考题】

1. 怎么确定村民委员会成员？
2. 对破坏村民委员会选举的行为应如何处理？
3. 村民有权罢免村民委员会成员吗？
4. 剥夺政治权利的本村村民可以参加村民会议吗？
5. 村民委员会设立、撤销、范围调整的程序是什么？
6. 村民选举委员会的选举如何进行？

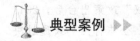 典型案例

村民拒交未经村民会议讨论通过的集资收费

王女士是某村一名农民。2009年10月份，她们村里要修建道

路。当时村里召开了村民会议,就有关修路事项让村民发表意见,但是对于每家每户收多少钱、怎么收钱等没有商量成,说是让大家回去想想,之后再开会商量。可是前几天,村干部突然到家里来收钱,要每户出几百元的修路钱。她提出收钱的事情上次会议没有商量成,怎么就突然收费了,而且还这么高。村干部解释说是村委会商量决定的,没有必要再召开村民会议。她让村里公开收费依据,村干部说每年村里财务公布一次,现在不到时间,无法公开。最后村干部强迫她交了修路钱。

我国于2010年修订了《村民委员会组织法》第二十四条第三款规定,本村公益事业的兴办和筹资筹劳方案及建设承包法案等涉及村民利益的事项必须经村民会议讨论决定才可办理。因此在此事件中,村委会虽召开村民会议但还没有讨论决定最终方案,不能向村民收取费用。王女士有权拒绝缴纳修路费用。该法第三十条第五款规定,涉及本村村民的利益,村民普遍关心的其他事项,一般事项至少每季度公布一次;集体财务往来较多的,财务收支情况应每月公布一次;涉及村民利益的重大事项应随时公布。村民委员会应当保证所公布的事项的真实性,并接受村民查询。村民有权向乡、民族乡、镇人民政府或者县级人民政府及其有关主管部门反映,有关政府机关应当负责调查核实,责令公布;经查证确有违法行为的,有关人员应当依法承担责任。

"一事一议"制度在农村基层建设中的作用

某村是一个只有200户、人口650人的小村庄,该村人口少,面积小,基础设施相对薄弱。几十年来在农业生产方面有一个困扰当地村民的难题,该村有一块两边高中间低的洼地,面积100余亩。由于地势低排水不畅,该地十年九涝,连年欠产甚至绝收,严重影响农民的经济效益。我国农村"一事一议"政策出台后,2011年在村委会的主持下召开全体村民会议,会上全体村民一致通过决议,全村集资改造该地。具体方案如下:全体村民每人出资70元,共集资45 500元;每个劳动力出资500元,全村300名劳动力共集资150 000元;当地镇政府出资补贴90 000元;共集资285 500

元。修建两条排水渠，改造一条排水渠，雇用挖掘机等工程机械平整土地。2012年春，该工程全部竣工，彻底摆脱水灾隐患。预计该地亩产玉米1500斤[1]以上，每亩纯收入500元以上，年纯收入超过50 000元。由此可见，"一事一议"制度在农村基层建设和农业生产中起到积极推动作用。

---

[1] 1斤=500克，后同。

第五章 农业生产经营体制

农业生产经营体制是农业生产经营形式及其制度的总称,具体是指在一定生产资料所有制和经营范围下,农业生产经营过程在一定资源利用方式下的组织和管理制度。

农业经营形式

农业经营形式一般是指在农业生产经营活动中所采取的形式、方法和手段。

新中国成立后,我国农业经营形式变化分三个阶段:第一阶段是1949～1955年,建立了农户土地所有制,农户既是土地等生产资料的占有者,也是土地的经营者,经营形式与占有关系在农户统一。第二阶段是1955～1978年,在农业集体化过程中,以集体统一经营为主的阶段,即统一使用土地等生产资料,共同劳动,统一分配劳动成果。第三阶段是1978年以后,以农业合作经济组织中的双层经营为主,多种经营方式同时发展的阶段。党的十七届三中全会《中共中央关于推进农村改革发展若干重大问题的决定》(简称《决定》)指出:农村基本经营体制是以家庭承包经营为基础、统分结合的双层经营体制。

随着农村改革发展,特别是伴随市场化、城镇化、工业化、信息化、国际化、现代化的快速推进,现行农业经营形式也面临着新的问题。总体来看,我国现阶段农户土地的小规模分散经营,既不利于标准化生产和机械化作业,又增加了生产成本和进入市场的难度,与发展现代农业的要求不相适应,迫切需要加快农业经营形式转变。各地在实践中,逐步探索出解决上述矛盾的一些新的思路和途径,其中重要的一条就是构建新型农业社会化服务体系和实施农业产业化经营。

一、新型农业社会化服务体系

1. 新型农业社会化服务体系涵义

农业社会化服务是指由社会上各类服务机构为农业生产提供的产前、产中、产后全过程综合配套服务。提供农业公共服务，是建立新型农业社会化服务体系的重要内容。

新型农业社会化服务体系是以公共服务机构为依托、合作经济组织为基础、龙头企业为骨干、其他社会力量为补充，公益性服务和经营性服务相结合、专项服务和综合服务相协调的，为农业生产提供产前、产中、产后全过程综合配套服务的体系。它是现代农业的重要标志。其中产前服务包括：农业资金信贷服务、农业生产资料供应服务、市场预测服务、信息服务；产中服务包括：生产技术服务、农田灌溉服务、植保和兽医服务、农业机械服务；产后服务包括：农副产品储藏服务、农副产品加工服务、农产品销售服务等。

2. 新型农业社会化服务体系构成

从 20 世纪 50 年代开始，我国就相继建立了农业、林业、水利、气象等科技与农业技术推广机构以及供销社、合作社、农村信用社等商业金融组织，形成了具有一定规模的国家农业服务机构。改革开放以后，我国经过多年的建设，已初步建成了以中央、省、地、县、乡、村各级农业服务机构为主体，以农科教培训中心为基地，多种形式，共同发展的农业社会化服务体系。主要包括：农业技术推广体系，动植物疫病防控体系，农产品质量监管体系，农产品市场体系，农业信息收集和发布体系，农业金融和保险服务体系。

3. 新型农业社会化服务体系主体

由集体经济组织的单一主体发展为多元化主体：一是集体经济组织继续承担统一经营职责，为承包农户提供生产、生活服务；二是农业公共服务机构、农民专业合作社、农业产业化龙头企业和专业化、市场化的农业社会化服务组织及其他市场主体，为农民提供多形式、多层次的服务，丰富了统一经营层次。新型农业社会化服务体系主体主要有供销合作社、农民专业合作社、专业服务公司、专业技术协会、农民经纪人、龙头企业等。

二、农业产业化经营

农业产业化经营是创新农业经营体制机制的重要内容，是转变农业发展方式、在家庭承包经营基础上实现农业现代化的有效途径。

（一）农业产业化经营涵义

所谓农业产业化经营，是指以市场为导向，以家庭承包经营为基础，依靠龙头企业、农民专业合作经济组织以及其他各种中介组织的带动与连接，立足于当地资源优势，确立农业主导产业和主导产品，将农业再生产过程中的产前、产中、产后诸环节连接成为完整的产业链条，实行种养加、产供销、贸工农等多种形式的一体化经营，把分散的农户小生产联结成为社会化、专业化的规模生产，形成系统内部有机结合、相互促进和"收益共享、风险共担"的经营机制，在更大范围内实现资源优化配置和农产品多次增值的一种新型农业生产经营形式。也就是，改造传统的自给半自给的农业和农村经济，使之和市场接轨，在家庭经营的基础上，逐步实现农业生产的专业化、商品化和社会化。

（二）农业产业化经营的特征

1. 生产专业化

农业产业化经营以"一乡一业""一村一品"的形式将小规模变为大产业，做到主导产业和特色产品基地布局专业化、每个环节专业化，形成种养加、产供销、贸工农、服务网络为一体的专业化生产，从而实现了农业生产的专业化和规模化经营，提高了产业链的整体效率和经济效益。

2. 经营集约化

在农业产业化经营系统中，不论是种养业还是农产品加工和运销业，根据不同情况，分别实行劳动密集型、劳动技术密集型、技术资金密集型和资金密集型集约化经营，利用有限的资源，充分发挥科学技术进步的巨大力量，创造尽可能多的物质财富和价值增量，实现高投入、高产出，提高整体经营效益。

3. 质量标准化

农业产业化经营将农民组织起来，通过各类龙头企业带动，建立健全质量标准体系和质量监督管理体系，实行农业标准化生产，做到统一环境标准、统一技术培训、统一产品检测、统一产品包装、统一商标品牌，有的获得了无公害产品、绿色食品、有机食品生产基地认证，有的注册了商标品牌，提高了农产品的质量安全水平，显著地增强了农产品的市场竞争力。

4. 管理企业化

农业产业化经营采用工业化的思维谋划农业、工业化的理念管理农业、工业化的手段发展农业，按照办企业的要求与规定，确定农业生产经营组织，理顺其内部各种经济与非经济关系，使农业生产经营者具有选择发展、承担风险、追求企业目标的内在动力和外部压力，为发展现代农业开辟了新途径。

5. 经营一体化

农业产业化的关键是经营一体化，将产前、产中、产后诸环节联接而成为"龙"形产业链，同"农工商一体化、产供销一条龙"式的经营链融为一起，使外部经济内部化，从而降低了交易费用，实现大幅度增值，形成现代农业的运行机制。

（三）农业产业化经营的模式

由于不同产品生产的特点，以及不同地区的经济社会条件的差异，农业产业化经营的模式多种多样。从当前看，我国农业产业化经营组织模式主要有：公司＋农户为代表的模式和农民专业合作经济组织模式。

1. "公司＋农户"为代表的模式

（1）"公司＋农户"模式涵义　"公司＋农户"运行模式是农业产业化经营初始模式，也是基本模式。主要是通过组成龙头企业,用合同方式和农民联结起来,公司与农户形成了产前、产中和产后的一体化经营。

"公司+农户"是指公司与农户之间通过签约形式,建立固定供销关系的经营模式,是以契约为组织联结机制的组织形态,可以将其称之为契约化或契约型的农村经济组织模式。这种组织模式包括公司与农户合作经营,农民出土地,公司出资金,收益按比例分成;农民出土地、劳力,公司提供生产资料,产后由公司定价收购产品,扣除投入成本后统一组织销售;以及公司与农户挂钩经营,公司提供技术、物资、服务,收取一定管理费的合作形式。

(2)"公司+农户"模式主要形式　订单农业是农业产业化龙头企业与农户最常见的一种联结方式。在该方式中,公司与农户之间的利益联结方式多是合同契约型。即龙头企业与农户作为各自独立的经营者和利益主体在自愿、平等、互利的前提下,签订了规范界定双方权利义务的合同(契约),以明确双方的经济关系。

目前,"公司+农户"这一组织形态还演变出了"公司+合作社+农户""公司+基地+农户""合作社+农户"以及"合作社+公司"等多种契约型组织形态。在我国大部分地区农业商品率还比较低,农户生产自给程度较高,农民自治组织能力也较弱的现阶段,"公司+农户"模式的发展具有一定的合理性,并且是实现农业一体化经营较好的农村经济组织模式之一。

(3)"公司+农户"模式优势　这种方式的好处是企业与农户的经济关系简单,企业可以由多种所有制经济实体组成,目前多数是有实力的国有企业、集体企业或外资企业。由于龙头企业投资者资金雄厚,一般都带有专业性,技术条件好,有些企业还有现成的外销渠道,市场有保障,农民基本上不承担市场风险,所以发展比较顺利。

(4)"公司+农户"模式缺陷　公司与农户是对立的利益主体,公司不愿意向农户让利,或尽可能少向农户让利。由于公司与分散农户之间力量对比悬殊,农户谈判地位低,往往处于从属的地位。

这使公司与农户之间难以形成真正的一体化经营，产业化经营的链条极其脆弱。

公司和农户在市场上按照农产品供求关系的变化进行购销活动。受市场波动的影响，农产品在公司与农户之间很难获得稳定的供求关系，价格低了对农民不利，价格高了又对公司不利。在实行农业产业化后农户仍只是卖原料，只不过是原料的销路相对稳定，农户仍得不到较大的收益。

从我国农业产业未来发展的角度来看和我国农村实际情况出发，农村经济组织的发展虽然也呈多样化发展，专业合作经济组织也必然是我国农村经济组织的发展方向。

2. 农民专业合作经济组织模式

我国农村经济组织，包括集体经济组织、农村合作经济组织。农民专业合作经济组织是我国农村实行家庭承包经营后出现的一种新型农村合作经济组织。《中华人民共和国农业法》第十一条规定，国家鼓励农民在家庭承包经营的基础上自愿组织各类专业合作经济组织。

(1) 农民专业合作经济组织涵义　农民专业合作经济组织是农民自愿参加的，以农户经营为基础，以某一产业或产品为纽带，以增加成员收入为目的，实行资金、技术、生产、购销、加工等互助合作经济组织。

(2) 农民专业合作经济组织原则

① 不改变成员的财产所有权关系；②退社自由；③专业性强；④民办、民营、民受益；⑤可以突破社区界限，在更大的范围内实行专业合作。

目前，我国农村有各类农民专业合作经济组织140多万个，其中较为规范的有14多万个，广泛分布于种植业、畜牧业、水产业、林业、运输业、加工业以及销售服务行业等各领域，成为实施农业产业化经营的一支新生的组织资源。

(3) 农民专业合作经济组织的组织形式　按照农民合作的紧密程度，归纳为以下三种主要类型。

① 农民专业合作社　2006年10月31日第十届全国人大常

委会第二十四次会议通过了《中华人民共和国农民专业合作社法》,并自 2007 年 7 月 1 日起施行。此法的颁布实施,标志着我国农民专业合作组织将进入依法发展的新阶段。农民专业合作社组织一般是实体性的,以资金、技术为重点的基本合作,内部制度比较健全、管理比较规范、与农民利益联系紧密,形成劳动者约定共营企业和社会利益共同体。农民入股需交纳一定股金合作社除按股付息外,主要按购销产品数量向社员返还利润。我国专业合作社在东部地区较多,中部地区次之,西部极少。

(a) 农民专业合作社涵义 农民专业合作社是在农村家庭承包经营基础上,同类农产品的生产经营者或者同类农业生产经营服务的提供者、利用者,自愿联合、民主管理的互助性经济组织。它是农民专业合作经济组织典型形式,是一种紧密型的组织,可以认为是农民联合自助组织的目标模式。

(b) 农民专业合作社遵循原则 成员以农民为主体;以服务成员为宗旨,谋求全体成员的共同利益;入社自愿、退社自由;成员地位平等,实行民主管理;盈余主要按照成员与农民专业合作社的交易量(额)比例返还。

(c) 农民专业合作社成员 有 5 名以上符合以下规定的成员:一是具有民事行为能力的公民,以及从事与农民专业合作社业务直接有关的生产经营活动的企业、事业单位或者社会团体,能够利用农民专业合作社提供的服务,承认并遵守农民专业合作社章程,履行章程规定的入社手续的,可以成为农民专业合作社的成员。但是,具有管理公共事务职能的单位不得加入农民专业合作社。二是农民专业合作社的成员中,农民至少应当占成员总数的 80%。成员总数 20 人以下的,可以有一个企业、事业单位或者社会团体成员;成员总数超过 20 人的,企业、事业单位和社会团体成员不得超过成员总数的 5%。

(d) 农民专业合作社登记和设立 农民专业合作社依照本法登记,取得法人资格。

设立农民专业合作社应当召开由全体设立人参加的设立大会,

并向工商行政管理部门提交下列文件，申请设立登记：登记申请书；全体设立人签名、盖章的设立大会纪要；全体设立人签名、盖章的章程；法定代表人、理事的任职文件及身份证明；出资成员签名、盖章的出资清单；住所使用证明；法律、行政法规规定的其他文件。

(e) 农民专业合作社组织机构　农民专业合作社成员大会、理事会、监事会。理事长、理事、执行监事或者监事会成员由农民专业合作社成员大会选举产生。

② 农民股份合作制企业

(a) 农民股份合作制企业产生的途径　乡（镇）及村办集体企业实行股份合作制改造，有些地区对企业全部或大部分的集体资产折股出售给职工个人，变为职工个人股；户办、私营或合伙企业向股份合作制转化，个人股份较多，集体股份相对较少；集资新建的股份合作制企业，包括农户（个人）之间集资，农户（个人）与乡（镇）政府、村集体、社会法人等单位之间的资本联合，按股份合作制企业要求直接组建成股份合作制企业。

(b) 农民股份合作制企业分类　一是劳资合作型指的是在企业中，资金的联合采用了入股的形式，但劳动联合却仍保持合作形式，没有折价入股。这种形式通常是在以劳动联合为主，原来就有浓厚的合作社性质的企业基础上，通过职工以劳带资的形式形成的。在这种企业中，劳动联合是主导方面，资金入股是辅助的方面。二是劳资合股型。这是在市场经济比较发达的基础上，不仅资本采用入股形式，对劳动、技术、管理等无形资产也采用折价入股的办法，形成劳动股与资金股合股经营的形式。这是一种新型的具有分享经济利益特点的较完善的农民股份合作制企业形式。

(c) 农民股份合作制企业劳动分配的方式　农民股份合作制企业实行按资分配和按劳分配相结合。农民股份合作制企业的职工既然是股东又是劳动者，所以其取得收入的途径有两种：一是工资收入，实行按劳分配，多劳多得；二是资本分红，按其入股多少决定；从税后企业利润中取得，同股同酬。

知识窗

土地股份合作社

土地股份合作社是比较典型的农民股份合作制企业。土地股份合作社是指在不改变农民土地承包经营权的前提下,按照股份制和合作制的基本原则,农民把土地承包经营权转化为股权,委托合作社经营,按照股份从土地经营收益中获得一定比例分配的土地合作经营形式。形象地说就是:"土地变股权,农民当股东,有地不种地,收益靠分红。"

它成立的简要程序是:发起人向农林部门提出申请,农林部门审核批复后,即可成立。土地股份合作社主要形式有三种:一是单一以土地入股,入股土地原则上不作价,一般也称内股外租型改革;二是土地作价入股,参与经营开发;三是承包土地与社区集体资产统一入股或量化,实行股份化经营。

土地股份合作社遵循的原则是:一是依法原则。以《农村土地承包法》《农村土地承包经营权流转办法》等相关法律、法规为依据,不得改变土地所有权性质;二是自愿原则。尊重农民意愿,入社自愿、退社自由。其组织机构主要为社员(代表)大会、董事会和监事会。董事会成员由入股社员或社员代表民主选举产生,合作社机构与村行政组织脱钩。

与一般专业合作社不同的是,以土地参股进行合作运营,资本在股份合作企业的生产经营活动和收益分配中,占有比较重要的地位。这类组织一般也是实体性和紧密型的,全国各地都有,尤其在东部较多。

③ 农产品专业协会

(a) 农产品专业协会涵义　农产品专业协会是由从事同类产品生产经营的农户(专业户)自愿组织起来,在技术、资金、信息、购销、加工、储运等环节实行自我管理、自我服务、自我发展,以提高竞争能力,增加成员收入为目的的专业性合作组织。它要求在民政部门登记,注册为社团组织,其前途是向具有实体的合作社方向发展。

(b)农产品专业协会特点　农产品专业协会是一种较为松散的合作形式，是建立在家庭承包经营基础上，不改变现有的生产关系，不触及农民的财产关系，是农村组织制度的一种创新。其内部特点主要表现在以下几个方面：一是农产品专业协会不改变农民最敏感的土地承包关系，不改变农户自主经营权利，农民可以根据生产经营活动的需要参加各种各样的专业协会；二是专业性强，它大多以专业化生产为基础，以某一类专业产品为龙头组织起来，如养猪协会、养牛协会、养羊协会、水果协会、蔬菜协会、食用菌协会等，都有明显的专业特征；三是农产品专业协会以服务为宗旨，很好地帮助农民解决了一家一户做不了、做不好的事。它了解农民需要什么，需要多少，能有针对性地开展服务；四是在组织管理上，实行自愿结合，入退自由，民主管理，凡是从事专业生产并达到一定规模的农民都可以加入协会，协会对会员进行无偿和低偿服务；五是在经营方式上灵活多样，独立自主。正因为农民专业协会有这些特点，所以能够得到广大农民的欢迎。

【复习思考题】

1. 创办农民专业合作组织的基本要求是什么？
2. 农民专业合作社与农产品行业协会有什么区别？
3. 农业产业化经营的特征是什么？
4. 农业产业化经营的模式有哪些？

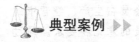

一个成功的农民股份合作集团

某县养鸡场从1988年起，开始与农户挂靠，减少自养数量，办起了种鸡场、孵化场、饲料加工厂，饲养种鸡，孵化鸡苗，生产饲料。现已发展成为一家以养鸡、养猪、养牛为主导、兼营水产养殖的多元化、跨行业、跨地区发展的大型畜牧企业集团。目前该集团在全国13个省（自治区、市）建成了27家分公司，总资产达30亿多元，是国内最大的肉鸡、肉猪生产、供应基地，也是亚洲最大的养鸡企业。

该集团与农户实行一体化经营。产前，向农户提供优良品种、先进生产技术、管理方法，市场信息和资金的帮助，而农户则承诺按公司要求进行生产和交售产品。产中，挂靠农户从种场领取种苗进行饲养，种场向农户提供技术、饲料、防病治病、管理等指导和服务。产后，公司以保护价收购农户的成品，并进行加工和销售。

农业产业化经营不仅提高了农民收入，降低了交易费用，而且改变了农业生产的组织方式。

某县食用菌协会

某县小气候特点明显，资源丰富，发展食用菌生产得天独厚。食用菌产业是该县的传统产业，1995年，县农科所提出牵头组建县食用菌协会，立即得到了县委、县政府的大力支持。

目前，该县食用菌协会集食用菌科研开发、菌种生产、基地发展、加工销售于一体，有会员758名，包括以食用菌生产加工企业为主的团体会员和以食用菌生产经营大户及相关专业人员为主的个人会员。协会下设科研开发部、菌种生产部、基地发展部、市场营销部。协会的主要任务是：研究资源的开发、利用和生产的发展方向；收集国内外的技术和市场信息资料，并进行预测；开展多层次的技术咨询和培训，提高会员的管理水平；在引进、选育和推广优良菌种，加强菌种管理等方面发挥协调作用；组织会员参加国内外的展销会、交易会、博览会、订货会；调解会员在生产、经营中的矛盾和纠纷，及时向政府和有关部门反映会员的意见和要求。通过不懈的努力，该县食用菌产品的知名度有了较大的提高，多次被评为"中国国际农博会名牌"、"某省名牌"。

第六章 农业资源利用和环境保护

第一节 耕地资源利用保护

一、我国耕地资源概述

耕地是指种植农作物的土地，包括熟地、新开发复垦整理地、休闲地、轮歇地、草田轮作地；以种植农作物为主，间有零星果树、桑树或其他树木的土地；平整每年能保证收获一季的已垦滩地和海涂。耕地中还包括南方宽度<1.0米，北方宽度<2.0米的沟、渠、路和田埂。根据不同的自然条件和社会生产条件，耕地可分为灌溉水田、望天田、水浇地、旱地和菜地五类。

灌溉水田。有水资源保证和灌溉设施，在一般年景能正常灌溉生产、种植水稻、莲藕和席草等水生农作物的耕地，包括灌溉的水旱轮作地。

望天田。无灌溉工程设施，主要依靠天然降雨用以生产的耕地，包括无灌溉设施的水旱轮作地。望天田主要用于种植水稻、莲藕、席草等水生农作物。

水浇地。除水田、菜地外，有水源保证和灌溉设施，在一般年景能正常灌溉生产的耕地。水浇地主要分布在我国北方地区，灌溉方式一般都是浇灌、滴灌、畦灌和喷灌。

旱地。无灌溉设施，主要依靠天然降水生长作物的耕地，包括没有固定灌溉设施，仅靠引洪淤灌的土地。旱地主要种植棉花、杂粮、油料等旱作物。

菜地。种植蔬菜为主的耕地,包括温室和塑料大棚用地。

至 2010 年年末,我国耕地面积 18.26 亿亩,中国人均耕地面积仅为 1.38 亩,仅为世界平均水平的 40%。全国 666 个县(区)人均耕地面积低于联合国粮农组织确定的 0.8 亩的警戒线。由于多年高强度的土地开发,还受到水土流失、沙漠化、盐渍化、土壤污染等威胁,耕地退化现象严重,后备资源严重不足,保护耕地资源迫在眉睫。

二、耕地资源保护政策法规

党中央、国务院历来十分重视耕地保护工作,先后制定了一系列重大方针、政策,一再强调要加强土地管理,切实保护耕地。"十分珍惜和合理利用土地,切实保护耕地"是我国长期坚持的一项基本国策。

1986 年党中央和国务院发出《关于加强土地管理、制止乱占耕地的通知》,1992 年党中央、国务院发出《关于严格制止乱占、滥用耕地的紧急通知》,1994 年国务院发布《基本农田保护条例》,1997 年中共中央、国务院发出《进一步加强土地管理,保护耕地的通知》,1998 年,耕地保护写进了《刑法》,增设了"破坏耕地罪""非法批地罪"和"非法转让土地罪"。目前,我国关于耕地保护的法律法规主要有《中华人民共和国土地管理法》《中华人民共和国土地管理法实施条例》和《基本农田保护条例》。《中华人民共和国土地管理法》作了以下规定。

1. 土地用途管制

国家实行土地用途管制制度。国家编制土地利用总体规划,规定土地用途,将土地分为农用地、建设用地和未利用地。严格限制农用地转为建设用地,控制建设用地总量,对耕地实行特殊保护。

2. 农用地转用审批制度

建设占用土地,涉及农用地转为建设用地的,应当办理农用地转用审批手续。

省、自治区、直辖市人民政府批准的道路、管线工程和大型基础设施建设项目、国务院批准的建设项目占用土地,涉及农用地转为建设用地的，由国务院批准。

在土地利用总体规划确定的城市和村庄、集镇建设用地规模范围内，为实施该规划而将农用地转为建设用地的，按土地利用年度计划分批次由原批准土地利用总体规划的机关批准。在已批准的农用地转用范围内，具体建设项目用地可以由市、县人民政府批准。

本条第二款、第三款规定以外的建设项目占用土地，涉及农用地转为建设用地的，由省、自治区、直辖市人民政府批准。

3. 耕地占补平衡

国家实行占用耕地补偿制度（具体规定详见第二章第四节中的相关内容）。

4. 耕地总量动态平衡

省、自治区、直辖市人民政府应当严格执行土地利用总体规划和年度土地利用计划，采取措施，确保本行政区域内耕地不减少；耕地总量减少的，由国务院责令在规定期限内组织开垦与所减少耕地的数量与质量相当的耕地，并由国务院土地行政主管部门会同农业行政主管部门验收。个别省、自治区、直辖市因土地后备资源匮乏，新增建设用地后，新开垦耕地数量不足以补偿所占用耕地的数量的，必须报经国务院批准减免本行政区域内开垦耕地的数量，进行易地开垦。

5. 基本农田保护

基本农田是指根据一定时期人口和国民经济对农产品的需求以及对建设用地的预测而确定的在土地利用总体规划期内未经国务院批准不得占用的耕地，是为了满足一定时期人口和国民经济对农产品的需求而必须确保的耕地最低需求量，老百姓称之为"吃饭田""保命田"。国家实行基本农田保护制度（具体规定详见第二章第四节中的相关内容）。

6. 耕地征收

（1）征收基本农田或基本农田以外的耕地超过35公顷的由国务院批准。否则，由省、自治区、直辖市人民政府批准，并报国务院备案。国家征收土地的，依照法定程序批准后，由县级以上地方人民政府予以公告并组织实施。被征用土地的所有权人、使用权人应当在公告规定期限内,持土地权属证书到当地人民政府土地行政主管部门办理征地补偿登记。

(2) 征收耕地的补偿费用包括土地补偿费、安置补助费以及地上附着物和青苗的补偿费。征收耕地的土地补偿费,为该耕地被征收前三年平均年产值的6～10倍。征收耕地的安置补助费,按照需要安置的农业人口数计算。需要安置的农业人口数,按照被征收的耕地数量除以征地前被征收单位平均每人占有耕地的数量计算。每一个需要安置的农业人口的安置补助费标准,为该耕地被征收前三年平均年产值的4～6倍。但是,每公顷被征收耕地的安置补助费,最高不得超过被征收前三年平均年产值的15倍。

被征收土地上的附着物和青苗的补偿标准,由省、自治区、直辖市规定。

(3) 征收城市郊区的菜地,用地单位应当按照国家有关规定缴纳新菜地开发建设基金。

(4) 依照规定支付土地补偿费和安置补助费,尚不能使需要安置的农民保持原有生活水平的,经省、自治区、直辖市人民政府批准,可以增加安置补助费。但是,土地补偿费和安置补助费的总和不得超过土地被征收前三年平均年产值的30倍。国务院根据社会、经济发展水平,在特殊情况下,可以提高征收耕地的土地补偿费和安置补助费的标准。

7. 土地开发整理复垦

(1) 国家鼓励单位和个人按照土地利用总体规划,在保护和改善生态环境、防止水土流失和土地荒漠化的前提下,开发未利用的土地;适宜开发为农用地的,应当优先开发成农用地。

(2) 国家鼓励土地整理。县、乡(镇)人民政府应当组织农村集体经济组织,按照土地利用总体规划,对山、水、田、林、路、村综合整治,提高耕地质量,增加有效耕地面积,改善农业生产条件和生态环境。

县、乡(镇)人民政府应当按照土地利用总体规划,组织农村集体经济组织制定土地整理方案,并组织实施。地方各级人民政府应当采取措施，按照土地利用总体规划推进土地整理。土地整理新增耕地面积的60%可以用作折抵建设占用耕地的补偿指标。土地整理所需费用，按照谁受益谁负担的原则，由农村集体经济组织和土地使用者共同承担。

（3）因挖损、塌陷、压占等造成土地破坏的土地，用地单位和个人应当按照国家有关规定负责复垦；没有条件复垦或者复垦不符合要求的，应当缴纳土地复垦费，专项用于土地复垦。复垦的土地应当优先用于农业。

8. 严禁乱占、滥用耕地

非农业建设必须节约使用土地，可以利用荒地的，不得占用耕地；可以利用劣地的，不得占用好地。

禁止占用耕地建窑、建坟或者擅自在耕地上建房、挖砂、采石、采矿、取土等。禁止占用基本农田发展林果业和挖塘养鱼。

禁止任何单位和个人闲置、荒芜耕地。已经办理审批手续的非农业建设占用耕地，一年内不用而又可以耕种并收获的，应当由原耕种该幅耕地的集体或者个人恢复耕种，也可以由用地单位组织耕种；一年以上未动工建设的，应当按照省、自治区、直辖市的规定缴纳闲置费；连续二年未使用的，经原批准机关批准，由县级以上人民政府无偿收回用地单位的土地使用权；该幅土地原为农民集体所有的，应当交由原农村集体经济组织恢复耕种。承包经营耕地的单位或者个人连续二年弃耕抛荒的，原发包单位应当终止承包合同，收回发包的耕地。

【复习思考题】

1. 我国耕地分为哪几类？
2. 什么是基本农田？
3. 征用哪些土地需国务院批准？
4. 征用耕地补偿标准及补偿费如何计算？
5. 自家耕地上能否建房？需要办理哪些手续？
6. 承包经营的耕地上是否可以建坟或种果树？

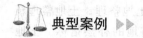 **典型案例**

之一：擅自在基本农田上挖塘养鱼被处罚

村民王某承包的水稻田被划定为水稻类基本农田。后王某认为种植水稻经济效益低，发展养鱼经济效益高。于是，决定用一块一亩五分的水田挖塘养鱼。随后请来推土机挖成一口水面面积 1.0 亩，深为 2.3 米鱼塘，被镇人民政府、市国土局查处。镇人民政府和市国土局在调查核实情况下，对王某做批评教育工作，希望其主动填塘还耕，但王某却不接受。市国土局在调查核实后认为，王某在水稻类基本农田保护区内水田挖塘养鱼，破坏了种植条件，违反了《土地管理法》和《基本农田保护条例》的有关规定，对王某作行政处罚，限王某在接到处罚决定书之日起 30 天内填塘、恢复种植水稻的耕作条件；并处以耕地开垦费 1 倍的罚款，即每亩 150 元，3.5 亩共 525 元。

之二：占用耕地建窑刘某自食苦果

某村村民刘某于 2000 年 1 月在其所承包的耕地上建了一座砖瓦窑，占用耕地 20 亩，未经任何部门审批，便开始经营。违反了《土地管理法》有关规定。同年 9 月 7 日，该县土地管理部门对刘某下达处罚决定书，责令刘某立即停止经营，并处罚款 4000 元。

之三：某公司法人非法占用耕地被判刑

2004 年 1 月，某公司为了追求经济利益，未经办理建设用地审批手续，擅自占用某村集体所有耕地面积 10 000 平方米，建造水泥地坪 8600 平方米，房屋设施 450.20 平方米，并造成被占耕地种植条件严重毁坏，无法恢复耕种。

案发后，该区国土资源局进行制止和查处，并将案件移送当地公安局立案侦查，侦察结束后，移送区检察院。2006 年 2 月，区检察院向区法院提起公诉。2006 年 3 月，区人民法院做出判决，该公司非法占用农用地行为直接责任人——法定代表王某和监事李某，犯非法占用农用地罪，分别判处有期徒刑一年，缓期一年，并处罚金5000元和4000元。

第二节 水资源利用保护

一、我国农业水资源概述

农业水资源是可以为农业生产所使用的水资源，包括地表水、地下水和土壤水。我国是农业大国，农业用水比例最大，占全国用水总量的70%，但耕地平均摊水量只有世界平均数的3/4。我国农业水资源总体水平很低，主要通过降雨、降雪等方式自然循环补充，但70%~90%的降水集中在6~9月份，水资源绝大部分分布在南方，而作为重要农业种植区的北方，水资源非常少。不仅如此，农业水资源利用效率低，浪费及污染都十分严重。

二、农业水资源保护政策法规

为了防治水污染，进一步合理开发、利用、节约和保护水资源，我国相继制订了一系列的法律法规，如《中华人民共和国水污染防治法》、《中华人民共和国水法》（简称《水法》）、《中华人民共和国环境保护法》、《中华人民共和国海洋环境保护法》、《中华人民共和国水文条例》、《城市供水条例》、《城市节约用水管理规定》、《取水许可和水资源费征收管理条例》等，有关水资源保护的立法初具规模。

1. 水资源权属及管理体制

《水法》规定，水资源属于国家所有。水资源的所有权由国务院代表国家行使。农村集体经济组织的水塘和由农村集体经济组织修建管理的水库中的水，归各该农村集体经济组织使用。国家鼓励单位和个人依法开发、利用水资源，并保护其合法权益。开发、利用水资源的单位和个人有依法保护水资源的义务。

国家对水资源实行流域管理与行政区域管理相结合的管理体制。国务院水行政主管部门负责全国水资源的统一管理和监督工作。国务院水行政主管部门在国家确定的重要江河、湖泊设立的流域管理机构,在所管辖的范围内行使法律、行政法规规定的和国务院水行政主管部门授予的水资源管理和监督职责。县级以上地方人民政府水行政主管部门按照规定的权限,负责本行政区域内水资源的统一管理和监督工作。

国务院有关部门按照职责分工,负责水资源开发、利用、节约和保护的有关工作。县级以上地方人民政府有关部门按照职责分工,负责本行政区域内水资源开发、利用、节约和保护的有关工作。

2. 农业水工程管理及保护

(1) 水工程管理 《水法》第二十五条规定,地方各级人民政府应当加强对灌溉、排涝、水土保持工作的领导,促进农业生产发展;在容易发生盐碱化和渍害的地区,应当采取措施,控制和降低地下水的水位。

农村集体经济组织或者其成员依法在本集体经济组织所有的集体土地或者承包土地上投资兴建水工程设施的,按照谁投资建设谁管理和谁受益的原则,对水工程设施及其蓄水进行管理和合理使用。农村集体经济组织修建水库应当经县级以上地方人民政府水行政主管部门批准。

(2) 水工程保护 单位和个人有保护水工程的义务,不得侵占、毁坏堤防、护岸、防汛、水文监测、水文地质监测等工程设施。

① 从事工程建设,占用农业灌溉水源、灌排工程设施,或者对原有灌溉用水、供水水源有不利影响的,建设单位应当采取相应的补救措施;造成损失的,依法给予补偿。在水工程保护范围内,禁止从事影响水工程运行和危害水工程安全的爆破、打井、采石、取土等活动。

② 禁止在江河、湖泊、水库、运河、渠道内弃置、堆放阻碍行洪的物体和种植阻碍行洪的林木及高秆作物。禁止在河道管理范围内建设妨碍行洪的建筑物、构筑物以及从事影响河势稳定、危害河岸堤防安全和其他妨碍河道行洪的活动。在河道管理范围内采

砂，影响河势稳定或者危及堤防安全的，有关县级以上人民政府水行政主管部门应当划定禁采区和规定禁采期，并予以公告，国家实行河道采砂许可制度。

《中华人民共和国河道管理条例》规定，在河道管理范围内，禁止修建围堤、阻水渠道、阻水道路；种植高杆农作物、芦苇、杞柳、荻柴和树木（堤防防护林除外）；设置拦河渔具；弃置矿渣、石渣、煤灰、泥土、垃圾等。在堤防和护堤地，禁止建房、放牧、开渠、打井、挖窖、葬坟、晒粮、存放物料、开采地下资源、进行考古发掘以及开展集市贸易活动。在河道管理范围内进行下列活动，必须报经河道主管机关批准；涉及其他部门的，由河道主管机关会同有关部门批准：采砂、取土、淘金、弃置砂石或者淤泥；爆破、钻探、挖筑鱼塘；在河道滩地存放物料、修建厂房或者其他建筑设施；在河道滩地开采地下资源及进行考古发掘。

有堤防的河道，其管理范围为两岸堤防之间的水域、沙洲、滩地（包括可耕地）、行洪区，两岸堤防及护堤地。无堤防的河道，其管理范围根据历史最高洪水位或者设计洪水位确定。河道的具体管理范围，由县级以上地方人民政府负责划定。

③ 禁止围湖造地。已经围垦的，应当按照国家规定的防洪标准有计划地退地还湖。禁止围垦河道。确需围垦的，应当经过科学论证，经省、自治区、直辖市人民政府水行政主管部门或者国务院水行政主管部门同意后，报本级人民政府批准。

④ 开采矿藏或者建设地下工程，因疏干排水导致地下水水位下降、水源枯竭或者地面塌陷，采矿单位或者建设单位应当采取补救措施；对他人生活和生产造成损失的，依法给予补偿。

3. 节约用水

国家厉行节约用水，大力推行节约用水措施，推广节约用水新技术、新工艺，发展节水型工业、农业和服务业，建立节水型社会；各级人民政府应当采取措施，加强对节约用水的管理，建立节约用水技术开发推广体系，培育和发展节约用水产业；单位和个人有节约用水的义务。各级人民政府应当推行节水灌溉方式和节水技术，对农业蓄水、输水工程采取必要的防渗漏措施，提高农业用水效率。

4. 水污染防治

《水污染防治法》规定，水污染防治应当坚持预防为主、防治结合、综合治理的原则，优先保护饮用水水源，严格控制工业污染、城镇生活污染，防治农业面源污染，积极推进生态治理工程建设，预防、控制和减少水环境污染和生态破坏。任何单位和个人都有义务保护水环境，并有权对污染损害水环境的行为进行检举。县级以上人民政府及其有关主管部门对在水污染防治工作中做出显著成绩的单位和个人给予表彰和奖励。

（1）防治农药化肥污染 使用农药，应当符合国家有关农药安全使用的规定和标准。运输、存贮农药和处置过期失效农药，应当加强管理，防止造成水污染。县级以上地方人民政府农业主管部门和其他有关部门，应当采取措施，指导农业生产者科学、合理地施用化肥和农药，控制化肥和农药的过量使用，防止造成水污染。

（2）防治畜禽、水产养殖污染 国家支持畜禽养殖场、养殖小区建设畜禽粪便、废水的综合利用或者无害化处理设施。畜禽养殖场、养殖小区应当保证其畜禽粪便、废水的综合利用或者无害化处理设施正常运转，保证污水达标排放。从事水产养殖应当保护水域生态环境，科学确定养殖密度，合理投饵和使用药物，防止污染水环境。

（3）防治灌溉污染 向农田灌溉渠道排放工业废水和城镇污水，应当保证其下游最近的灌溉取水点的水质符合农田灌溉水质标准。利用工业废水和城镇污水进行灌溉，应当防止污染土壤、地下水和农产品。

（4）保护饮用水 国家实行饮用水水源保护区制度。饮用水水源保护区分为一级保护区和二级保护区；必要时，可以在饮用水水源保护区外围划定一定的区域作为准保护区。在饮用水水源保护区内，禁止设置排污口；禁止在饮用水水源一级保护区内新建、改建、扩建与供水设施和保护水源无关的建设项目；已建成的与供水设施和保护水源无关的建设项目，由县级以上人民政府责令拆除或者关闭；禁止在饮用水水源一级保护区内从事网箱养殖、旅游、游泳、垂钓或者其他可能污染饮用水水体的活动；禁止在饮用水水源二级保护区内新建、改建、扩建排放污染物的建设项目；已建成的排放污染物的建设项目，由县级以上人民政府责令拆除或者关闭；禁止在饮用水水源准保护区内新建、扩建对水体污染严重的建设项目；改建建设项目，不得增加排污量。

5. 水事纠纷处理

单位之间、个人之间、单位与个人之间发生的水事纠纷，应当协商解决；当事人不愿协商或者协商不成的，可以申请县级以上地方人民政府或者其授权的部门调解，也可以直接向人民法院提起民事诉讼。县级以上地方人民政府或者其授权的部门调解不成的，当事人可以向人民法院提起民事诉讼。在水事纠纷解决前，当事人不得单方面改变现状。

县级以上人民政府或者其授权的部门在处理水事纠纷时，有权采取临时处置措施，有关各方或者当事人必须服从。

6. 法律责任

在河道管理范围内建设妨碍行洪的建筑物、构筑物，或者从事影响河势稳定、危害河岸堤防安全和其他妨碍河道行洪的活动的，由县级以上人民政府水行政主管部门或者流域管理机构依据职权，责令停止违法行为，限期拆除违法建筑物、构筑物，恢复原状；逾期不拆除、不恢复原状的，强行拆除，所需费用由违法单位或者个人负担，并处1万元以上10万元以下的罚款。

在江河、湖泊、水库、运河、渠道内弃置、堆放阻碍行洪的物体和种植阻碍行洪的林木及高秆作物或围湖造地或者未经批准围垦河道，且《防洪法》未作规定的，由县级以上人民政府水行政主管部门或者流域管理机构依据职权，责令停止违法行为，限期清除障碍或者采取其他补救措施，处1万元以上5万元以下的罚款。

在饮用水水源保护区内设置排污口的，由县级以上地方人民政府责令限期拆除、恢复原状；逾期不拆除、不恢复原状的，强行拆除、恢复原状，并处5万元以上10万元以下的罚款。

侵占、毁坏水工程及堤防、护岸等有关设施，毁坏防汛、水文监测、水文地质监测设施或在水工程保护范围内，从事影响水工程运行和危害水工程安全的爆破、打井、采石、取土等活动,构成犯罪的,依照《刑法》的有关规定追究刑事责任;尚不够刑事处罚,且《防洪法》未作规定的,由县级以上地方人民政府水行政主管部门或者流域管理机构依据职权,责令停止违法行为,采取补救措施,处 1 万元以上 5 万元以下的罚款;违反治安管理处罚条例的,由公安机关依法给予治安管理处罚;给他人造成损失的,依法承担赔偿责任。

侵占、盗窃或者抢夺防汛物资,防洪排涝、农田水利、水文监测和测量以及其他水工程设备和器材,贪污或者挪用国家救灾、抢险、防汛、移民安置和补偿及其他水利建设款物,构成犯罪的,依照《刑法》的有关规定追究刑事责任。

在水事纠纷发生及其处理过程中煽动闹事、结伙斗殴、抢夺或者损坏公私财物、非法限制他人人身自由,构成犯罪的,依照《刑法》的有关规定追究刑事责任;尚不够刑事处罚的,由公安机关依法给予治安管理处罚。

引水、截(蓄)水、排水,损害公共利益或者他人合法权益的,依法承担民事责任。

【复习思考题】

1. 什么是水资源?《水法》对我国水资源所有权有哪些规定?
2. 能否在河道内种植玉米?
3. 单位、个人、单位与个人之间发生水事纠纷怎么办?
4. 引水、蓄水、排水违反《水法》规定给他人造成妨碍或者损失的应当承担什么责任?

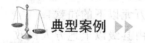

典型案例

某镇查处一起违章占用河道事件

为确保防汛安全,某镇组织了 2012 年度汛前大检查。在检查中发现,某村民殷某、吴某两位养殖户,在河南埂、河南闸西米处，违法占用河道，将用于河堤达标加固工程的储备用土，用机械施工推至河中，在外坡形成总面积为 8000 多平方米的鱼池两处。

该行为严重违反了《防洪法》《河道管理条例》，对汛期该地行洪产生了较大影响。镇水利站在第一时间到现场阻止了违法行为的继续，及时汇报区水政监察大队，责令两位责任人立即停止违法行为，并进行了现场教育，要求责任人做出了书面承诺。两位责任人也认识到该错误行为的严重性，积极配合有关部门及时整改。

第三节　森林资源利用保护

一、我国森林资源概述

我国第七次全国森林资源清查结果显示，全国森林面积 19 545.22 万公顷，全国森林覆盖率 18.21%，人工林面积居世界首位。但我国森林资源总量不足，森林覆盖率只有全球平均水平的三分之二，排在世界第 139 位；森林资源质量不高，森林可采资源少；征占用林地及局部地区乱垦滥占林地问题严重；全国宜林地 60% 分布在内蒙古和西北地区，营造林难度大。保护森林资源任重而道远。

二、森林资源保护政策法规

《农业法》第六十条规定，"国家实行全民义务植树制度。各级人民政府应当采取措施，组织群众植树造林，保护林地和林木，预防森林火灾，防治森林病虫害，制止滥伐、盗伐林木，提高森林覆盖率。"随着《中华人民共和国森林法》《森林采伐更新管理办法》《森林防火条例》《森林病虫害防治条例》《中华人民共和国森林法实施条例》的相继出台，使我国形成了比较完整的森林资源保护法律体系。

《森林法》中将森林分为五类。一是防护林：以防护为主要目的的森林、林木和灌木丛，包括水源涵养林，水土保护林，防风固沙林，农田、牧场防护林，护岸林，护路林。二是用材林：以生产木材为主要目的的森林和林木，包括以生产竹材为主要目的的竹林。

三是经济林：以生产果品，食用油料、饮料、调料，工业原料和药材等为主要目的的林木。四是薪炭林：以生产燃料为主要目的的林木。五是特种用途林：以国防、环境保护、科学实验等为主要目的的森林和林木，包括国防林、实验林、母树林、环境保护林、风景林，名胜古迹和革命纪念地的林木，自然保护区的森林。

1. 森林资源权属

我国森林资源由法律规定属于集体所有的除外，属于国家所有。国家所有的和集体所有的森林、林木和林地，个人所有的林木和使用的林地，由县级以上地方人民政府登记造册，发放证书，确认所有权或者使用权。国务院可以授权国务院林业主管部门，对国务院确定的国家所有的重点林区的森林、林木和林地登记造册，发放证书，并通知有关地方人民政府。森林、林木、林地的所有者和使用者的合法权益，受法律保护，任何单位和个人不得侵犯。

《森林法》第十五条第一款规定："下列森林、林木、林地使用权可以依法转让，也可以依法作价入股或者作为合资、合作造林、经营林木的出资、合作条件，但不得将林地改为非林地：①用材林、经济林、薪炭林；②用材林、经济林、薪炭林的林地使用权；③用材林、经济林、薪炭林的采伐迹地、火烧迹地的林地使用权；④国务院规定的其他森林、林木和其他林地使用权。

依照规定转让、作价入股或者作为合资、合作造林、经营林木的出资、合作条件的，已经取得的林木采伐许可证可以同时转让，同时转让双方都必须遵守本法关于森林、林木采伐和更新造林的规定。除本条第一款规定的情形外，其他森林、林木和其他林地使用权不得转让。"

《森林法》第十七条规定："单位之间发生的林木、林地所有权和使用权争议，由县级以上人民政府依法处理。个人之间、个人与单位之间发生的林木所有权和林地使用权争议，应由当地县级或者乡级人民政府依法处理。当事人对人民政府的处理决定不服的，可以在接到通知之日起一个月内，向人民法院起诉。在林木、林地权属争议解决以前，任何一方不得砍伐有争议的林木。"

2. 植树造林

1979年2月23日，我国第五届全国人大常务委员会第六次会议决定，将3月12日作为中国的植树节。1981年12月13日，五届全国人大四次会议通过了《关于开展全民义务植树运动的决议》。1982年，国务院颁布了《关于开展全民义务植树运动的实施办法》，将群众性植树活动首次以国家法定形式固定下来。

《森林法》第十一条规定："植树造林、保护森林，是公民应尽的义务。各级人民政府应当组织全民义务植树，开展植树造林活动。"

(1) 植树造林责任　宜林荒山荒地，属于国家所有的，由林业主管部门和其他主管部门组织造林；属于集体所有的，由集体经济组织组织造林。铁路公路两旁、江河两侧、湖泊水库周围，由各有关主管单位因地制宜地组织造林；工矿区、机关、学校用地，部队营区以及农场、牧场、渔场经营地区，由各该单位负责造林。国家所有和集体所有的宜林荒山荒地可以由集体或者个人承包造林。

(2) 植树造林林木权属　国有企业事业单位、机关、团体、部队营造的林木，由营造单位经营并按照国家规定支配林木收益。集体所有制单位营造的林木，归该单位所有。

农村居民在房前屋后、自留地、自留山种植的林木，归个人所有。城镇居民和职工在自有房屋的庭院内种植的林木，归个人所有。

集体或者个人承包国家所有和集体所有的宜林荒山荒地造林的，承包后种植的林木归承包的集体或者个人所有；承包合同另有规定的，按照承包合同的规定执行。

(3) 封山育林　新造幼林地和其他必须封山育林的地方，由当地人民政府组织封山育林。

3. 森林防火

为了有效预防和扑救森林火灾，保障人民生命财产安全，保护森林资源，维护生态安全，《森林防火条例》对森林火灾预防、森林火灾扑救、灾后处置、法律责任作了明确规定。

(1) 森林防火责任制　森林、林木、林地的经营单位和个人应当按照林业主管部门的规定，建立森林防火责任制，划定森林防火责任区，确定森林防火责任人，并配备森林防火设施和设备。

地方各级人民政府和国有林业企业、事业单位应当根据实际需要，成立森林火灾专业扑救队伍；县级以上地方人民政府应当指导森林经营单位和林区的居民委员会、村民委员会、企业、事业单位建立森林火灾群众扑救队伍。专业的和群众的火灾扑救队伍应当定期进行培训和演练。

森林、林木、林地的经营单位配备的兼职或者专职护林员负责巡护森林，管理野外用火，及时报告火情，协助有关机关调查森林火灾案件。

（2）划定森林防火区和规定森林防火期 县级以上地方人民政府应当根据本行政区域内森林资源分布状况和森林火灾发生规律，划定森林防火区，规定森林防火期，并向社会公布。

森林防火期内：各级人民政府森林防火指挥机构和森林、林木、林地的经营单位和个人，应当根据森林火险预报，采取相应的预防和应急准备措施。禁止在森林防火区野外用火。因防治病虫鼠害、冻害等特殊情况确需野外用火的，应当经县级人民政府批准，并按照要求采取防火措施，严防失火。森林、林木、林地的经营单位应当设置森林防火警示宣传标志，并对进入其经营范围的人员进行森林防火安全宣传。进入森林防火区的各种机动车辆应当按照规定安装防火装置，配备灭火器材。

（3）森林火险监测和预报 县级以上人民政府林业主管部门和气象主管机构应当根据森林防火需要，建设森林火险监测和预报台站，建立联合会商机制，及时制作发布森林火险预警预报信息。

气象主管机构应当无偿提供森林火险天气预报服务。广播、电视、报纸、互联网等媒体应当及时播发或者刊登森林火险天气预报。

（4）森林火灾扑救 任何单位和个人发现森林火灾，应当立即报告。接到报告的当地人民政府或者森林防火指挥机构应当立即派人赶赴现场，调查核实，采取相应的扑救措施，并按照有关规定逐级报上级人民政府和森林防火指挥机构。

组织群众扑救队伍扑救森林火灾的，不得动员残疾人、孕妇和未成年人以及其他不适宜参加森林火灾扑救的人员参加。

民政部门应当及时设置避难场所和救灾物资供应点，紧急转移并妥善安置灾民，开展受灾群众救助工作。公安机关应当维护治安秩序，加强治安管理。商务、卫生等主管部门应当做好物资供应、医疗救护和卫生防疫等工作。

因扑救森林火灾负伤、致残、牺牲的，国家职工由所在单位给予医疗、抚恤；非国家职工由起火单位按照国务院有关主管部门的规定给予医疗、抚恤，起火单位对起火没有责任或者确实无力负担的，由当地人民政府给予医疗、抚恤。

参加森林火灾扑救的人员的误工补贴和生活补助以及扑救森林火灾所发生的其他费用，按照省、自治区、直辖市人民政府规定的标准，由火灾肇事单位或者个人支付；起火原因不清的，由起火单位支付；火灾肇事单位、个人或者起火单位确实无力支付的部分，由当地人民政府支付。误工补贴和生活补助以及扑救森林火灾所发生的其他费用，可以由当地人民政府先行支付。

4. 森林病虫害防治

(1) 森林病虫害防治方针　森林病虫害防治是指对森林、林木、林木种苗及木材、竹材的病害和虫害的预防和除治。森林病虫害防治实行"预防为主，综合治理"的方针，并实行"谁经营、谁防治"的责任制度。《森林病虫害防治条例》对森林病虫害的预防、除治以及奖励和惩罚做出了明确规定。

(2) 森林病虫害施药原则　施药原则是：防止环境污染，保证人畜安全，减少杀伤有益生物。

(3) 对森林经营单位和个人的法律规定　森林经营单位和个人在森林的经营活动中应当遵守下列规定，植树造林应当适地适树，提倡营造混交林，合理搭配树种，依照国家规定选用林木良种，造林设计方案必须有森林病虫害防治措施；禁止使用带有危险性病虫害的林木种苗进行育苗或者造林；对幼龄林和中龄林应当及时进行抚育管理，清除已经感染病虫害的林木；有计划地实行封山育林，改变纯林生态环境；及时清理火烧迹地，伐除受害严重的过火林木;采伐后的林木应当及时运出伐区并清理现场。

发现严重森林病虫害的单位和个人,应当及时向当地人民政府或者林业主管部门报告。当地人民政府或者林业主管部门接到报告后,应当及时组织除治,同时报告所在省、自治区、直辖市人民政府林业主管部门。

(4)森林病虫害防治费用　森林病虫害防治费用,全民所有的森林和林木,依照国家有关规定,分别从育林基金、木竹销售收入、多种经营收入和事业费用解决;集体和个人所有的森林和林木,由经营者负担,地方各级人民政府可以给予适当扶持。对暂时没有经济收入的森林、林木和长期没有经济收入的防护林、水源林、特种用途林的森林经营单位和个人,其所需的森林病虫害防治费用由地方各级人民政府给予适当扶持。发生大面积暴发性或者危险性病虫害,森林经营单位或者个人确实无力负担全部防治费用的,各级人民政府应当给予补助。

5. 森林采伐

森林采伐是从伐区中获取木材的生产作业。指国家根据用材林的消耗量低于生长量的原则,严格控制森林年采伐量。国家制定统一的年度木材生产计划。年度木材生产计划不得超过批准的年采伐限额。

(1)森林采伐更新　森林采伐更新是指在森林采伐后必须及时进行森林更新,并且根据树种的生态特性和不同立地条件采取相应的更新措施,以保证森林的合理采伐,及时更新采伐迹地,实现永续利用。

《森林采伐更新管理办法》规定,采伐林木的单位和个人,应当按照优先发展人工更新,人工更新、人工促进天然更新、天然更新相结合的原则,在采伐后的当年或者次年内必须完成更新造林任务。且更新质量必须达到相应标准。

(2)森林限额采伐　森林限额采伐是指国家根据合理经营、永续利用原则,对森林资源采伐或销毁的总量规定控制指标,作为年合理采伐量,按限定的采伐量进行采伐。

《森林法》规定,国家根据用材林的消耗量低于生长量的原则,严格控制森林年采伐量。国家所有的森林和林木以国有林业企业事业单位、农场、厂矿为单位，集体所有的森林和林木、个人所有的林木以县为单位，制定年采伐限额，由省、自治区、直辖市林业主管部门汇总，经同级人民政府审核后，报国务院批准。国家制定统一的年度木材生产计划。年度木材生产计划不得超过批准的年采伐限额。

采伐森林和林木必须遵守下列规定：成熟的用材林应当根据不同情况，分别采取择伐、皆伐和渐伐方式。皆伐应当严格控制，并在采伐的当年或者次年内完成更新造林；防护林和特种用途林中的国防林、母树林、环境保护林、风景林，只准进行抚育和更新性质的采伐；特种用途林中的名胜古迹和革命纪念地的林木、自然保护区的森林，严禁采伐。

《中华人民共和国森林法实施条例》规定，国务院批准的年森林采伐限额，每五年核定一次。采伐森林、林木作为商品销售的，必须纳入国家年度木材生产计划；但是，农村居民采伐自留山上个人所有的薪炭林和自留地、房前屋后个人所有的零星林木除外。

(3) 森林采伐许可 森林采伐许可是指为了科学合理地采伐利用森林，采伐单位和个人都必须持有林业主管部门或其授权单位核发的《林木采伐许可证》，并在许可范围内采伐，否则属于违法采伐，承担相应法律责任。农村居民采伐自留地和房前屋后个人所有的零星林木除外。

①《林木采伐许可证》管理部门 农村集体经济组织采伐林木，由县级林业主管部门审核发放《林木采伐许可证》。农村居民采伐自留山和个人承包集体的林木，由县级林业主管部门或者其委托的乡、镇人民政府审核发放《林木采伐许可证》。审核发放许可证的部门，不得超过批准的年采伐限额发放《林木采伐许可证》。

采伐以生产竹林为主要目的的竹林，适用以上各款规定。

② 申请《林木采伐许可证》所需材料 申请《林木采伐许可证》，除应当提交申请采伐林木的所有权证书或者使用权证书外，

还应当按照下列规定提交其他有关证明文件：国有林业企业事业单位还应当提交采伐区调查设计文件和上年度采伐更新验收证明；其他单位还应当提交包括采伐林木的目的、地点、林种、林况、面积、蓄积量、方式和更新措施等内容的文件；个人还应当提交包括采伐林木的地点、面积、树种、株数、蓄积量、更新时间等内容的文件。

③ 采伐林木的法律规定　采伐林木的单位或者个人，必须按照《林木采伐许可证》规定的面积、株数、树种、期限完成更新造林任务，更新造林的面积和株数不得少于采伐的面积和株数。对伐区作业不符合规定的单位，发放《林木采伐许可证》的部门有权收缴《林木采伐许可证》，中止其采伐，直到纠正为止。在林区经营（含加工）木材，必须经县级以上人民政府林业主管部门批准。木材收购单位和个人不得收购没有《林木采伐许可证》或者其他合法来源证明的木材（原木，锯材，竹材，木片和省、自治区、直辖市规定的其他木材）。

④ 运输木材的法律规定　从林区运出非国家统一调拨的木材，必须持有县级以上人民政府林业主管部门核发的《木材运输证》。《木材运输证》自木材起运点到终点全程有效，必须随货同行。没有《木材运输证》的，承运单位和个人不得承运。对未取得运输证件或者物资主管部门发给的调拨通知书运输木材的，木材检查站有权制止。

【复习思考题】

1. 森林分为哪些类型？
2. 我国的森林资源归谁所有？
3. 哪些森林、林木、林地使用权可以依法转让？
4. 当单位、个人、单位与个人之间发生林木、林地纠纷怎么办？
5. 植树造林由谁负责？
6. 植树造林权属归谁？
7. 扑救森林火灾负伤、致残或者死亡的人员由谁承担相应费用？
8. 什么是《林木采伐许可证》？
9. 采伐哪些树木不需要办理《林木采伐许可证》？

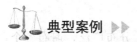 典型案例

法律意识淡薄，盗伐林木被判刑

2007年10月10日，被告人刘某携带手拉锯及砍刀窜到某集体山盗伐松树木12株，次日又窜到相邻的某集体山盗伐松树木5株，后将所盗伐的松树木制成2米长的松原木2.284立方米。10月13日将木材运往某地销售途中，被林业公安人员查获。经林业工程人员勘验，被告人刘某盗伐的松树木17株，立木蓄积量为5.05立方米。

法院认为，被告人刘某以非法占有为目的，盗伐林木，数量较大，其行为已构成盗伐林木罪。为保护集体所有财产不受侵犯，本应重罚，但案发后，被告人能认罪，确有悔罪表现。根据被告人的犯罪情节和社会危害程度，依照《中华人民共和国刑法》第三百四十五条的规定，作出一审判决：被告人刘某犯盗伐林木罪，判处有期徒刑六个月，缓刑一年，并处罚金1000元。

滥伐自种松木，刘某被判刑受罚

广西某县农民李某，在没有办理《采伐许可证》的情况下，便雇用民工将自家种植的25棵松木（活木材蓄积量为59.5立方米）砍伐后锯成模板出售。被群众举报后，李某被公安机关涉嫌滥伐林木罪逮捕。

根据法院《关于审理破坏森林资源刑事案件具体应用法律若干问题的解释》规定，滥伐林木"数量巨大"以50至100立方米或幼树2500至5000株为起点。李某滥伐林木且数量巨大，其行为已触犯了刑律，构成滥伐林木罪。该县人民法院一审以滥伐林木罪，判处李某有期徒刑三年，缓刑三年，并处罚金8000元。

第四节 草原资源利用保护

一、我国草原资源概述

我国有天然草地面积 33 099.55 万公顷，分布广泛，遍布各个省（区、市）。其中，西藏、内蒙古、新疆、青海、四川和甘肃 6 省（区）是我国的六大牧区，草原面积占全国草原总面积的 75.1%。由于超载放牧、乱采、乱挖、乱垦等破坏草原行为，造成草原退化、沙化不断加剧。1985 年 6 月 18 日第六届全国人民代表大会常务委员会第十一次会议通过、2002 年修订的《中华人民共和国草原法》，1993 年 10 月 5 日中华人民共和国国务院令第 130 号公布、2008 年修订的《草原防火条例》等一系列政策法律的制订，对强化草原保护，促进牧区经济发展是十分有利的。

二、草原资源保护政策法规

1. 草原权属

（1）草原所有权和使用权　草原属于国家所有，由法律规定属于集体所有的除外。国家所有的草原，由国务院代表国家行使所有权。任何单位或者个人不得侵占、买卖或者以其他形式非法转让草原。

国家所有的草原，可以依法确定给全民所有制单位、集体经济组织等使用。使用草原的单位，应当履行保护、建设和合理利用草原的义务。依法确定给全民所有制单位、集体经济组织等使用的国家所有的草原，由县级以上人民政府登记，核发使用权证，确认草原使用权；集体所有的草原，由县级人民政府登记，核发所有权证，确认草原所有权。依法改变草原权属的，应当办理草原权属变更登记手续。

（2）草原承包经营权

① 集体经济组织内的家庭或者联户承包经营　《草原法》规定，集体所有的草原或者依法确定给集体经济组织使用的国家所有

的草原，可以由本集体经济组织内的家庭或者联户承包经营。任何组织和个人不得剥夺或者非法限制农村集体经济组织成员承包草原的权利。

在草原承包经营期内，不得对承包经营者使用的草原进行调整；个别确需适当调整的，必须经本集体经济组织成员的村（牧）民会议三分之二以上成员或者三分之二以上村（牧）民代表的同意，并报乡（镇）人民政府和县级人民政府草原行政主管部门批准。

② 本集体经济组织以外的单位或者个人承包经营 《草原法》规定，集体所有的草原或者依法确定给集体经济组织使用的国家所有的草原由本集体经济组织以外的单位或者个人承包经营的，必须经本集体经济组织成员的村（牧）民会议三分之二以上成员或者三分之二以上村（牧）民代表的同意，并报乡（镇）人民政府批准。

③ 草原承包期限 对于草原的承包期限，《农村土地承包法》明确规定草地的承包期为三十年至五十年，发包方和承包方在合同中约定的承包期限只能在这个期限的范围内，不能随意约定。

④ 草原承包经营权转让 草原承包经营权受法律保护，可以按照自愿、有偿的原则依法转让。草原承包经营权转让的受让方必须具有从事畜牧业生产的能力，并应当履行保护、建设和按照承包合同约定的用途合理利用草原的义务。草原承包经营权转让应当经发包方同意。承包方与受让方在转让合同中约定的转让期限，不得超过原承包合同剩余的期限。例如，原草原承包经营合同约定承包期限为五十年，承包人已使用十年，该草原承包经营转让的期限即不得超过四十年。

⑤ 承包经营合同 承包经营草原，发包方和承包方应当签订书面合同。草原承包合同的内容应当包括双方的权利和义务、承包草原四至界限、面积和等级、承包期和起止日期、承包草原用途和违约责任等；承包期届满，原承包经营者在同等条件下享有优先承包权；承包经营草原的单位和个人，应当履行保护、建设和按照承包合同约定的用途合理利用草原的义务。

⑥ 草原所有权和使用权争议解决 草原所有权、使用权的争

议，由当事人协商解决；协商不成的，由有关人民政府处理。单位之间的争议，由县级以上人民政府处理，个人之间、个人与单位之间的争议，由乡（镇）人民政府或者县级以上人民政府处理。当事人对有关人民政府的处理决定不服的，可以依法向人民法院起诉。

在草原权属争议解决前，任何一方不得改变草原利用现状，不得破坏草原和草原上的设施。

2. 草原利用

（1）草畜平衡

草畜平衡，是指为保持草原生态系统良性循环，在一定时间内，草原使用者或承包经营者通过草原和其他途径获取的可利用饲草饲料总量与其饲养的牲畜所需的饲草饲料量保持动态平衡。

① 草畜平衡标准的制定 《草畜平衡管理办法》规定，县级人民政府草原行政主管部门应当根据农业部制定的草原载畜量标准和省级或地（市）级人民政府草原行政主管部门制定的不同草原类型具体载畜量标准，结合草原使用者或承包经营者所使用的天然草原、人工草地和饲草饲料基地前五年平均生产能力，核定草原载畜量，明确草原使用者或承包经营者的牲畜饲养量。

草畜平衡核定每五年进行一次。草原使用者或承包经营者对核定的草原载畜量有异议的，可以自收到核定通知之日起30日内向县级人民政府草原行政主管部门申请复核一次，县级人民政府草原行政主管部门应当在30日内做出复核决定。

② 草畜平衡责任书的签订 县级人民政府草原行政主管部门应当与草原使用者或承包经营者签订草畜平衡责任书，载明以下事项：草原现状（包括草原四至界线、面积、类型、等级，草原退化面积及程度）；现有的牲畜种类和数量；核定的草原载畜量；实现草畜平衡的主要措施；草原使用者或承包经营者的责任；责任书的有效期限；其他有关事项。

③ 实现草畜平衡的措施 牲畜饲养量超过核定载畜量的，草原使用者或承包经营者应当采取以下措施，实现草畜平衡：加强人工饲草饲料基地建设；购买饲草饲料，增加饲草饲料供应量；实行舍饲圈养，减轻草原放牧压力；加快牲畜出栏，优化畜群结构；通

过草原承包经营权流转增加草原承包面积；能够实现草畜平衡的其他措施。

（2）禁牧、休牧、轮牧　禁牧就是把草场封起来禁止放牧，腾出草场休养生息，让它自然恢复；休牧就是让一部分牧民一段时间内不放牧；轮牧就是在几个草场轮流放牧，让草场有季节的休息。

《草原法》规定，牧区的草原承包经营者应当实行划区轮牧，合理配置畜群，均衡利用草原；对严重退化、沙化、盐碱化、石漠化的草原和生态脆弱区的草原，实行禁牧、休牧制度。

国家提倡在农区、半农半牧区和有条件的牧区实行牲畜圈养。草原承包经营者应当按照饲养牲畜的种类和数量，调剂、储备饲草饲料，采用青贮和饲草饲料加工等新技术，逐步改变依赖天然草地放牧的生产方式。在草原禁牧、休牧、轮牧区，国家对实行舍饲圈养的给予粮食和资金补助。

3. 草原保护

（1）基本草原保护制度　国家实行基本草原保护制度。下列草原应当划为基本草原，实施严格管理：重要放牧场；割草地；用于畜牧业生产的人工草地、退耕还草地以及改良草地、草种基地；对调节气候、涵养水源、保持水土、防风固沙具有特殊作用的草原；作为国家重点保护野生动植物生存环境的草原；草原科研、教学试验基地；国务院规定应当划为基本草原的其他草原。

（2）建立草原自然保护区　国务院草原行政主管部门或者省、自治区、直辖市人民政府可以按照自然保护区管理的有关规定在下列地区建立草原自然保护区：具有代表性的草原类型；珍稀濒危野生动植物分布区；具有重要生态功能和经济科研价值的草原。

（3）草原植被保护　禁止开垦草原。对水土流失严重、有沙化趋势、需要改善生态环境的已垦草原，应当有计划、有步骤地退耕还草；已造成沙化、盐碱化、石漠化的，应当限期治理。

禁止在荒漠、半荒漠和严重退化、沙化、盐碱化、石漠化、水土流失的草原以及生态脆弱区的草原上采挖植物和从事破坏草原植被的其他活动。

在草原上从事采土、采砂、采石等作业活动，应当报县级人民政府草原行政主管部门批准；开采矿产资源的，并应当依法办理有关手续。经批准在草原上从事采土、采砂、采石等作业活动的，应当在规定的时间、区域内，按照准许的采挖方式作业，并采取保护草原植被的措施。在他人使用的草原上从事采土、采砂、采石等作业活动的，还应当事先征得草原使用者的同意。

除抢险救灾和牧民搬迁的机动车辆外，禁止机动车辆离开道路在草原上行驶，破坏草原植被；因从事地质勘探、科学考察等活动确需离开道路在草原上行驶的，应当向县级人民政府草原行政主管部门提交行驶区域和行驶路线方案，经确认后执行。

4. 防治草原鼠害、病虫害与草原防火

禁止在草原上使用剧毒、高残留以及可能导致二次中毒的农药。县级以上地方人民政府应当做好草原鼠害、病虫害和毒害草防治的组织管理工作。县级以上地方人民政府草原行政主管部门应当采取措施，加强草原鼠害、病虫害和毒害草监测预警、调查以及防治工作，组织研究和推广综合防治的办法。

《草原防火条例》对草原防火的相关问题做了细致规定。草原防火工作贯彻预防为主、防消结合的方针。我国实行草原防火责任制，草原的经营使用单位和个人，在其经营使用范围内承担草原防火责任。

【复习思考题】

1. 《草原法》规定我国草原的所有权和使用权由谁行使？
2. 什么是禁牧、休牧、轮牧？国家有哪些规定？
3. 草地承包期限为多少？为什么与耕地不同？
4. 怎样保护草原植被？

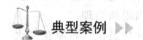
典型案例

草原承包经营权侵权纠纷

刘某于 2004 年 1 月 1 日与某市草业开发管理公司签订《草原

承包合同书》取得 29 公顷草原（四至范围内）承包经营权，并经某市人民政府登记确认取得《草原经营权证》，期限二十五年，至 2028 年 12 月 30 日。四至最初为：东至公路、南至粮库家属房、北至排水沟、西至草原共计 29 公顷。2005 年经某市政府与刘某协商从东侧双齐公路开始让给张某 100 米，归张某的饲料厂使用，后又将四至改为：东距公路 100 米，其余不变。从此，四至范围内的草原承包经营权归刘某所有。且计算承包费的 29 公顷的计算是从东距公路 100 米处向西计算的。有《草原承包合同书》《草原经营权证》及畜牧站的《证明》为证。

张某经营饲料厂，在建筑厂房时，超出了当时刘某答应其使用、市人民政府允许其使用的公路起 100 米的范围，实际使用了 112.3 米。

根据《中华人民共和国草原法》第十二条："依法登记的草原所有权和使用权受法律保护，任何单位和个人不得侵犯。"张某在建筑厂房时，超出了当时刘某答应其使用、市人民政府允许其使用的公路起 100 米的范围，实际使用了 112.3 米，占用了刘某承包草原 12.3 米。显然，侵犯了刘某的土地承包经营权。

根据《土地管理法》第四十四条："建设用地，涉及农用地转为建设用地的，应当办理农用地转用审批手续。涉及农业用地转为建设用地的，由国务院批准。"根据《草原法》第三十八条："进行矿藏开采和工程建设，应当不占或者少占草原；确需征用或者使用草原的，必须经省级以上人民政府草原主管部门审核同意后，依照有关土地管理的法律、行政法规办理建设用地审批手续。"张某在草原上建饲料厂厂房，是由农业草原用地改为建设用地，按照规定应当由省草原部门审核后报请国务院批准。然而，张某在建饲料厂厂房时并没有办理任何审批手续。显然，该建筑物属于非法建筑。

根据《草原法》第六十五条："未经审批或者采取欺骗手段骗取批准，非法使用草原，构成犯罪的，依法追究刑事责任；尚不构成刑事处罚的，由县级以上人民政府草原行政管理部门依据职权责令退还非法使用的草原，刘违反草原保护、建设、利用规划擅自将草原改为建设用地的，限期拆除在非法使用的草地上新建的建筑物和其他设施,恢复草原植被,并处草原植被非法使用前三年平均产值 6 倍以上 12 倍以下的罚款。"

该市草原管理中心和该市人民法院对被告及其饲料厂于 2008 年 5 月 5 日发出《草原违法行为处罚决定书》决定:①限张某公司于 2008 年 5 月 18 日之前拆除违法建筑物,并恢复草原植被。②行政罚款:145 800.00 元。

第五节　渔业资源利用保护

一、我国渔业资源概述

渔业资源,又称为水产资源,是指水域中可以作为渔业生产经营对象以及具有科学研究价值的水生生物的总称。渔业资源主要有鱼类、虾蟹类、贝类、海藻类、淡水食用水生植物类及其他类。按水域不同一般可分为淡水渔业资源和海水渔业资源。我国是世界上渔业资源丰富的国家之一,拥有广阔的渔业水域和丰富的生物资源。随着资源开发力度的盲目加大,一些重要经济种类逐渐减少,使我国渔业资源面临着严重的衰退问题。

二、渔业资源保护政策法规

为了加强渔业资源的保护、增殖、开发和合理利用,促进渔业生产的发展,1986 年第六届全国人民代表大会常务委员会第十四次会议通过了《中华人民共和国渔业法》,后又于 2000 年和 2004 年全国人民代表大会常务委员会两次修正,该法适用于在中华人民共和国的内水、滩涂、领海、专属经济区以及中华人民共和国管辖的一切其他海域从事养殖和捕捞水生动物、水生植物等渔业生产活动。我国又相继制订了《中华人民共和国渔业法实施细则》(1987 年)、《渔业资源增殖保护费征收使用办法》(1988 年制订,2011 年修订)、《水生野生动物保护实施条例》(1993 年)等法律法规。除此之外,在我国《中华人民共和国环境保护法》《中华人民共和国野生动物保护法》以及有关水污染防治、海洋环境保护等的立法中,也对渔业资源生存环境的保护与管理作出了相关规定。

《渔业法》第三条规定:"国家对渔业生产实行以养殖为主,养殖、捕捞、加工并举,因地制宜,各有侧重的方针"。第六条规定:"国务院渔业行政主管部门主管全国的渔业工作。县级以上地方人民政府渔业行政主管部门主管本行政区域内的渔业工作。县级以上人民政府渔业行政主管部门可以在重要渔业水域、渔港设渔政监督管理机构。县级以上人民政府渔业行政主管部门及其所属的渔政监督管理机构可以设渔政检查人员。渔政检查人员执行渔业行政主管部门及其所属的渔政监督管理机构交付的任务。"

1. 养殖业管理

发展渔业养殖是解决渔业资源供需矛盾的重要途径之一。为了发展养殖业,《渔业法》第十条规定:"国家鼓励全民所有制单位、集体所有制单位和个人充分利用适于养殖的水域、滩涂,发展养殖业。"

国家对水域利用进行统一规划,确定可以用于养殖业的水域和滩涂。国家实行《养殖证》制度,确定单位和个人对水面的养殖使用权。

(1)《养殖证》的发放 单位和个人使用国家规划确定用于养殖业的全民所有的水域、滩涂的,使用者应当向县级以上地方人民政府渔业行政主管部门提出申请,由本级人民政府核发《养殖证》,许可其使用该水域、滩涂从事养殖生产。

《水域滩涂养殖发证登记办法》(农发〔2010〕9号)第八条规定,国家所有的水域、滩涂,应当优先用于下列当地渔业生产者从事养殖生产:以水域、滩涂养殖生产为主要生活来源的;因渔业产业结构调整,由捕捞业转产从事养殖业的;因养殖水域滩涂规划调整,需要另行安排养殖水域、滩涂从事养殖生产的。

(2)水域、滩涂的承包 集体所有的或者全民所有由农业集体经济组织使用的水域、滩涂,可以由个人或者集体承包,从事养殖生产。

农民集体所有或者国家所有依法由农民集体使用的水域、滩涂可以以家庭承包方式或以招标、拍卖、公开协商等方式承包用于养殖生产,但均应申请《养殖证》,进行登记。

(3) 收回水域、滩涂承包的法律规定 《水域滩涂养殖发证登记办法》第十六条规定,实行家庭承包的农民集体所有或者国家所有依法由农民集体使用的水域、滩涂,在承包期内出现下列情形之一,发包方依法收回承包的水域、滩涂的,应当由发证机关收回、注销《养殖证》:承包方全家迁入设区的市,转为非农业户口的;承包方提出书面申请,自愿放弃全部承包水域、滩涂的;其他依法应当收回《养殖证》的情形。

(4) 处罚规定 《渔业法》第四十条规定,使用全民所有的水域、滩涂从事养殖生产,无正当理由使水域、滩涂荒芜满一年的,由发放《养殖证》的机关责令限期开发利用;逾期未开发利用的,吊销《养殖证》,可以并处1万元以下的罚款。

未依法取得《养殖证》擅自在全民所有的水域从事养殖生产的,责令改正,补办《养殖证》或者限期拆除养殖设施。

未依法取得《养殖证》或者超越《养殖证》许可范围在全民所有的水域从事养殖生产,妨碍航运、行洪的,责令限期拆除养殖设施,可以并处1万元以下的罚款。

2. 捕捞业管理

为了保护和合理利用渔业资源,维持渔业的可持续发展,国家对渔业捕捞实行特殊管理。《渔业法》第二十一条规定,国家在财政、信贷和税收等方面采取措施,鼓励、扶持远洋捕捞业的发展,并根据渔业资源的可捕捞量,安排内水和近海捕捞力量。

(1) 国家对捕捞业实行捕捞限额制度 国家根据捕捞量低于渔业资源增长量的原则,确定渔业资源的总可捕捞量,实行捕捞限额制度。国务院渔业行政主管部门负责组织渔业资源的调查和评估,为实行捕捞限额制度提供科学依据。

中华人民共和国内海、领海、专属经济区和其他管辖海域的捕捞限额总量由国务院渔业行政主管部门确定,报国务院批准后逐级分解下达;国家确定的重要江河、湖泊的捕捞限额总量由有关省、自治区、直辖市人民政府确定或者协商确定,逐级分解下达。

国务院渔业行政主管部门和省、自治区、直辖市人民政府渔业行政主管部门应当加强对捕捞限额制度实施情况的监督检查,对超过上级下达的捕捞限额指标的,应当在其次年捕捞限额指标中予以核减。

(2) 国家对捕捞业实行《捕捞许可证》制度 海洋大型拖网、围网作业以及到中华人民共和国与有关国家缔结的协定确定的共同管理的渔区或者公海从事捕捞作业的《捕捞许可证》,由国务院渔业行政主管部门批准发放。其他作业的《捕捞许可证》,由县级以上地方人民政府渔业行政主管部门批准发放;但是,批准发放海洋作业的《捕捞许可证》不得超过国家下达的船网工具控制指标,具体办法由省、自治区、直辖市人民政府规定。《渔业法》第四十一条规定,未依法取得《捕捞许可证》擅自进行捕捞的,没收渔获物和违法所得,并处 10 万元以下的罚款;情节严重的,并可以没收渔具和渔船。

《捕捞许可证》不得买卖、出租和以其他形式转让,不得涂改、伪造、变造。《渔业法》第四十三条规定,涂改、买卖、出租或者以其他形式转让捕捞许可证的,没收违法所得,吊销捕捞许可证,可以并处 1 万元以下的罚款;伪造、变造、买卖《捕捞许可证》,构成犯罪的,依法追究刑事责任。

从事捕捞作业的单位和个人,必须按照《捕捞许可证》关于作业类型、场所、时限、渔具数量和捕捞限额的规定进行作业,并遵守国家有关保护渔业资源的规定。大中型渔船应当填写《渔捞日志》。违反以上规定进行作业的,没收渔获物和违法所得,可以并处 5 万元以下的罚款;情节严重的,并可以没收渔具,吊销《捕捞许可证》。

(3) 国家对从事捕捞作业的船舶实行检验制度 制造、更新改造、购置、进口的从事捕捞作业的船舶必须经渔业船舶检验部门检验合格后,方可下水作业。具体管理办法由国务院规定。

3. 渔业资源的增殖和保护

(1) 渔业资源增殖保护费用　为增殖和保护渔业资源,国家实行征收渔业资源增殖保护费制度。《渔业法》第二十八条规定,县级以上人民政府渔业行政主管部门应当对其管理的渔业水域统一规划,采取措施,增殖渔业资源。县级以上人民政府渔业行政主管部门可以向受益的单位和个人征收渔业资源增殖保护费,专门用于增殖和保护渔业资源。渔业资源费的征收和使用,实行取之于渔、用之于渔的原则。

(2) 渔业资源增殖保护措施　为了保护渔业资源不受破坏,国家实行捕捞方法、区域、时间等控制措施。《渔业法》作了相关规定。禁止使用炸鱼、毒鱼、电鱼等破坏渔业资源的方法进行捕捞;禁止制造、销售、使用禁用的渔具;禁止在禁渔区、禁渔期进行捕捞;禁止使用小于最小网目尺寸的网具进行捕捞;捕捞的渔获物中幼鱼不得超过规定的比例。违反以上规定的,没收渔获物和违法所得,处5万元以下的罚款;情节严重的,没收渔具,吊销《捕捞许可证》;情节特别严重的,可以没收渔船;构成犯罪的,依法追究刑事责任。

在禁渔区或者禁渔期内禁止销售非法捕捞的渔获物,违反本规定的,县级以上地方人民政府渔业行政主管部门应当及时进行调查处理。

制造、销售禁用的渔具的,没收非法制造、销售的渔具和违法所得,并处1万元以下的罚款。

禁止捕捞有重要经济价值的水生动物苗种。因养殖或者其他特殊需要,捕捞有重要经济价值的苗种或者禁捕的怀卵亲体的,必须经国务院渔业行政主管部门或者省、自治区、直辖市人民政府渔业行政主管部门批准,在指定的区域和时间内,按照限额捕捞。

为保护渔业资源生存环境,《渔业法》规定,在鱼、虾、蟹洄游通道建闸、筑坝,对渔业资源有严重影响的,建设单位应当建造过鱼设施或者采取其他补救措施;用于渔业并兼有调蓄、灌溉等功能的水体,有关主管部门应当确定渔业生产所需的最低水位线;禁止围湖造田,沿海滩涂未经县级以上人民政府批准,不得围垦;重要的苗种基地和养殖场所不得围垦。

【复习思考题】

1. 我国渔业生产的指导方针是什么?
2. 养鱼需要办理《养殖证》吗?
3. 未取得《捕捞许可证》擅自捕捞应承担什么法律责任?
4. 违反《捕捞许可证》的规定捕捞应承担什么法律责任?
5. 买卖、出租、非法转让《捕捞许可证》应承担什么法律责任?
6. 违反禁渔区、禁渔期、禁用方法进行捕捞应承担什么法律责任?

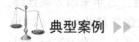

非法电捕鱼案件

某县渔政部门和边防哨所联合行动,破获一起渔船电捕鱼案件。这个渔船上自带一个8千瓦发电机,这套设备可以在水下10米深处进行作业。每电捕一次,作业水域半径10~20米范围,鱼类一周内绝迹,对生态造成极大破坏。同时,船上的工具对人身安全也有危险。相关部门依照法律规定已对此案进行了严肃处理。根据《渔业法》第三十八条规定,使用炸鱼、毒鱼、电鱼等破坏渔业资源方法进行捕捞的,没收渔获物和违法所得,处五万元以下的罚款;情节严重的,没收渔具,吊销捕捞许可证;情节特别严重的,可以没收渔船,构成犯罪的,依法追究刑事责任。据此,相关部门依照法律规定没收了渔具、渔获物和违法所得,并处以三万元的罚款。

第六节 农业环境保护

一、我国农业环境概述

农业环境是指影响农业生物生存和发展的各种天然的和经过人工

改造的自然因素的总体,包括农业用地、用水、大气、生物等,是人类赖以生存的自然环境中的一个重要组成部分。目前,中国已成为世界上使用化肥、农药、农膜数量最大的国家。由于长期的不合理使用农药、化肥、农膜及工业和城市"三废"的超标排放,导致我国大量耕地、水源、大气、城市村镇遭到不同程度的污染,加之水土流失、土地沙漠化日趋发展,严重地阻碍了农业生产可持续发展。

二、农业环境保护政策法规

党中央、国务院对农业环境保护工作高度重视。1989年12月26日第七届全国人民代表大会常务委员会第十一次会议通过《中华人民共和国环境保护法》,对农业环境保护作出基本规定。《农业法》对农业资源与农业环境保护作了专章规定。近年来国务院连续出台《国务院关于落实科学发展观加强环境保护的决定》(2005年)、《国家环境保护"十一五"规划》(2007年)、《关于实行"以奖促治"加快解决突出的农村环境问题的实施方案》(2009年)、《国务院关于加强环境保护重点工作的意见》(2011年)等政策法规,明确提出加强农业环境保护。

(一)保护农业生态环境

《环境保护法》规定,各级人民政府应当加强对农业环境的保护,防治水土流失、土地沙化等现象的发生和发展。《农业法》也规定,发展农业和农村经济必须合理利用和保护土地;发展生态农业,保护和改善生态环境。

1. 防治水土流失法律规定

水土流失是特指水力侵蚀地表土壤的现象,使水土资源和土地生产力受到破坏和损失,影响到人类及其他动植物的生存。人类对土地的利用,特别是对水土资源不合理的开发和经营,使土壤的覆盖物遭受破坏,裸露的土壤受水力冲蚀,流失量大于母质层育化成土壤的量,土壤流失由表土流失、心土流失而至母质流失,终使岩石暴露。

为预防和治理水土流失,保护和合理利用水土资源,改善生态环境,发展生产,1991年第七届全国人民代表大会常务委员会第二十次会议通过 2010 年 12 月 25 日第十一届全国人民代表大会常务委员会第十八次修订的《中华人民共和国水土保持法》（简称《水土保持法》）。该法对防治水土流失进行了明确规定。

(1) 政府职能　地方各级人民政府应当采取封育保护、自然修复等措施，组织单位和个人植树种草，扩大林草覆盖面积，涵养水源，预防和减轻水土流失。禁止毁林、毁草开垦和采集发菜。

(2) 水土流失重点预防区和重点治理区　禁止在该区铲草皮、挖树兜或者滥挖虫草、甘草、麻黄等。违反本规定或采集发菜的，由县级以上地方人民政府水行政主管部门责令停止违法行为，采取补救措施，没收违法所得，并处违法所得 1 倍以上 5 倍以下的罚款；没收违法所得的，可以处 5 万元以下的罚款。

(3) 坡地开垦　禁止在 25°以上陡坡地开垦种植农作物。在 25°以上陡坡地种植经济林的，应当科学选择树种，合理确定规模，采取水土保持措施，防止造成水土流失。

在禁止开垦坡度以下、5°以上的荒坡地开垦种植农作物，应当采取水土保持措施。

已在禁止开垦的陡坡地上开垦种植农作物的，按照国家有关规定退耕，植树种草；耕地短缺、退耕确有困难的，应当修建梯田或者采取其他水土保持措施。在禁止开垦坡度以下的坡耕地上开垦种植农作物的，采取修建梯田、坡面水系整治、蓄水保土耕作或者退耕等措施。

在禁止开垦坡度以上陡坡地开垦种植农作物，或者在禁止开垦、开发的植物保护带内开垦、开发的，由县级以上地方人民政府水行政主管部门责令停止违法行为，采取退耕、恢复植被等补救措施；按照开垦或者开发面积，可以对个人处 2 元/平方米以下的罚款、对单位处 10 元/平方米以下的罚款。

(4) 采伐林木　林木采伐严格控制皆伐；对水源涵养林、水土保持林、防风固沙林等防护林只能进行抚育和更新性质的采伐；对采伐区和集材道应当采取防止水土流失的措施，并在采伐后及时更新造林。

在林区采伐林木的，采伐方案中应当有水土保持措施。违反本规定的,由县级以上地方人民政府林业主管部门、水行政主管部门责令限期改正,采取补救措施;造成水土流失的,由水行政主管部门按照造成水土流失的面积处 2 元/平方米以上 10 元/平方米以下的罚款。

(5) 采矿、取土、挖砂、采石　禁止在崩塌、滑坡危险区和泥石流易发区从事取土、挖砂、采石等可能造成水土流失的活动,预防和减轻水土流失。违反规定的,由县级以上地方人民政府水行政主管部门责令停止违法行为,没收违法所得,对个人处 1 千元以上 1 万元以下的罚款,对单位处 2 万元以上 20 万元以下的罚款。

(6) "四荒地"承包　承包治理"四荒地"和承包水土流失严重地区农村土地的,在依法签订的土地承包合同中应当包括预防和治理水土流失责任的内容。

(7) 生产建设活动　对生产建设活动所占用土地的地表土应当进行分层剥离、保存和利用,做到土石方挖填平衡,减少地表扰动范围;对废弃的砂、石、土、矸石、尾矿、废渣等存放地,应当采取拦挡、坡面防护、防洪排导等措施。生产建设活动结束后,应当及时在取土场、开挖面和存放地的裸露土地上植树种草、恢复植被,对闭库的尾矿库进行复垦。

(8) 易发生水土流失的其他区域　国家鼓励和支持在山区、丘陵区、风沙区以及容易发生水土流失的其他区域采取:免耕、等高耕作等;封禁抚育、轮封轮牧、舍饲圈养;发展沼气、节柴灶,利用太阳能、风能和水能,以煤、电、气代替薪柴等;从生态脆弱地区向外移民或其他有利于水土保持的措施。

(9) 对小流域综合治理的管理规定　《农业法》第五十九条规定,各级人民政府应当采取措施,加强小流域综合治理,预防和治理水土流失。

2. 土地沙化防治

土地沙化是指因气候变化和人类活动所导致的天然沙漠扩张和沙质土壤上植被及覆盖物被破坏,形成流沙及沙土裸露的过程。

《农业法》第五十九条规定,各级人民政府应当采取措施,预防土地沙化,治理沙化土地。国务院和沙化土地所在地区的县级以上地方人民政府应当按照法律规定制定防沙治沙规划，并组织实施。

为预防土地沙化，治理沙化土地，维护生态安全，促进经济和社会的可持续发展，2001年8月31日第九届全国人民代表大会常务委员会第二十三次会议通过《中华人民共和国防沙治沙法》。该法对土地沙化治理工作进行了明确规定。

(1) 预防土地沙化的法律规定

① 沙化土地所在地区防沙治沙措施

a. 沙化土地所在地区的县级以上地方人民政府应当按照防沙治沙规划，划出一定比例的土地，因地制宜地营造防风固沙林网、林带，种植多年生灌木和草本植物。由林业行政主管部门负责确定植树造林的成活率、保存率的标准和具体任务，并逐片组织实施，明确责任，确保完成。除了抚育更新性质的采伐外，不得批准对防风固沙林网、林带进行采伐。在对防风固沙林网、林带进行抚育更新性质的采伐之前，必须在其附近预先形成接替林网和林带。对林木更新困难地区已有的防风固沙林网、林带，不得批准采伐。

b. 禁止在沙化土地上砍挖灌木、药材及其他固沙植物。沙化土地所在地区的县级人民政府，应当制定植被管护制度，严格保护植被，并根据需要在乡（镇）、村建立植被管护组织，确定管护人员。在沙化土地范围内，各类土地承包合同应当包括植被保护责任的内容。

c. 沙化土地所在地区的县级以上地方人民政府，不得批准在沙漠边缘地带和林地、草原开垦耕地；已经开垦并对生态产生不良影响的，应当有计划地组织退耕还林还草。

② 沙化土地封禁保护区的防沙治沙措施

a. 禁止在沙化土地封禁保护区范围内安置移民。对沙化土地封禁保护区范围内的农牧民，县级以上地方人民政府应当有计划地组织迁出，并妥善安置。沙化土地封禁保护区范围内尚未迁出的农牧民的生产生活，由沙化土地封禁保护区主管部门妥善安排。

b. 未经国务院或者国务院指定的部门同意，不得在沙化土地封禁保护区范围内进行修建铁路、公路等建设活动。

c. 在沙化土地封禁保护区范围内从事破坏植被活动的，由县级以上地方人民政府林业、农（牧）业行政主管部门按照各自的职责，责令停止违法行为；有违法所得的，没收其违法所得；构成犯罪的，依法追究刑事责任。

(2) 土地沙化治理

① 对具有土地的使用权人和承包经营权人的法律规定

a. 使用已经沙化的国有土地的使用权人和农民集体所有土地的承包经营权人，必须采取治理措施，改善土地质量；确实无能力完成治理任务的，可以委托他人治理或者与他人合作治理。

委托或者合作治理的，应当签订协议，明确各方的权利和义务。沙化土地所在地区的地方各级人民政府及其有关行政主管部门、技术推广单位，应当为土地使用权人和承包经营权人的治沙活动提供技术指导。

b. 国有土地使用权人和农民集体所有土地承包经营权人未采取防沙治沙措施，造成土地严重沙化的，由县级以上地方人民政府农（牧）业、林业行政主管部门按照各自的职责，责令限期治理；造成国有土地严重沙化的，县级以上人民政府可以收回国有土地使用权。

c. 采取退耕还林还草、植树种草或者封育措施治沙的土地使用权人和承包经营权人，按照国家有关规定，享受人民政府提供的政策优惠。

② 对不具有土地所有权或者使用权的单位和个人的法律规定

a. 不具有土地所有权或者使用权的单位和个人从事营利性治沙活动的，应当先与土地所有权人或者使用权人签订协议，依法取得土地使用权。

b. 在治理活动开始之前，从事营利性治沙活动的单位和个人应当向治理项目所在地的县级以上地方人民政府林业行政主管部门或者县级以上地方人民政府指定的其他行政主管部门提出治理申请。

c. 从事营利性治沙活动的单位和个人，必须按照治理方案进行治理。国家保护沙化土地治理者的合法权益。在治理者取得合法土地权属的治理范围内，未经治理者同意，其他任何单位和个人不得从事治理或者开发利用活动。

d. 进行营利性治沙活动，造成土地沙化加重的，由县级以上地方人民政府负责受理营利性治沙申请的行政主管部门责令停止违法行为，可以并处每公顷 5 千元以上 5 万元以下的罚款。从事营利性治沙活动的单位和个人，不按照治理方案进行治理的，经验收不合格又不按要求继续治理的，由县级以上地方人民政府负责受理营利性治沙申请的行政主管部门责令停止违法行为，限期改正，可以并处相当于治理费用 1 倍以上 3 倍以下的罚款。

3 退耕还林还草

为加强生态环境建设和保护，特别是西部地区生态环境保护，扎实、稳妥、健康推进退耕还林还草工作，国务院分别于 2000 年与 2002 年发布了《国务院关于进一步做好退耕还林还草试点工作的若干意见》（国发［2000］24 号）与《国务院关于进一步完善退耕还林政策措施的若干意见》（国发［2002］10 号）。2002 年 12 月 6 日国务院第 66 次常务会议还通过了《退耕还林条例》，自 2003 年 1 月 20 日起施行。该条例对退耕还林还草作了细致规定。

(1) 退耕还林还草原则　退耕还林必须遵循统筹规划、分步实施、突出重点、注重实效；政策引导和农民自愿退耕相结合，谁退耕、谁造林、谁经营、谁受益；遵循自然规律，因地制宜，宜林则林，宜草则草，综合治理；建设与保护并重，防止边治理边破坏；逐步改善退耕还林者的生活条件五条原则。

(2) 退耕还林还草范围　水土流失严重的耕地，沙化、盐碱化、石漠化严重的耕地，生态地位重要、粮食产量低而不稳的耕地均应纳入退耕还林规划，并根据生态建设需要和国家财力有计划地实施退耕还林。江河源头及其两侧、湖库周围的陡坡耕地以及水土流失和风沙危害严重等生态地位重要区域的耕地，应当在退耕还林规划中优先安排。

《国务院关于进一步完善退耕还林政策措施的若干意见》指出，对需要退耕还林的地方，只要条件具备，应扩大退耕还林规模，能退多少退多少。对生产条件较好，粮食产量较高，又不会造成水土流失的耕地，农民不愿退耕的，不得强迫退耕。

(3) 退耕还林还草土地林木（草）权属　国家保护退耕还林者享有退耕土地上的林木（草）所有权。自行退耕还林的，土地承包经营权人享有退耕土地上的林木（草）所有权；委托他人还林或者与他人合作还林的，退耕土地上的林木（草）所有权由合同约定。

退耕土地还林后，由县级以上人民政府依照《森林法》《草原法》的有关规定发放林（草）权属证书，确认所有权和使用权，并依法办理土地变更登记手续。土地承包经营合同应当作相应调整。

（4）退耕土地还林后的承包经营权期限　退耕土地还林后的承包经营权期限可以延长到七十年。承包经营权到期后，土地承包经营权人可以依照有关法律、法规的规定继续承包。退耕还林土地和荒山荒地造林后的承包经营权可以依法继承、转让。

（5）退耕还林合同内容　县级人民政府或者其委托的乡级人民政府应当与有退耕还林任务的土地承包经营权人签订退耕还林合同。退耕还林合同应当包括下列主要内容：退耕土地还林范围、面积和宜林荒山荒地造林范围、面积；按照作业设计确定的退耕还林方式；造林成活率及其保存率；管护责任；资金和粮食的补助标准、期限和给付方式；技术指导、技术服务的方式和内容；种苗来源和供应方式；违约责任；合同履行期限。退耕还林合同的内容不得与《退耕还林条例》以及国家其他有关退耕还林的规定相抵触。

（6）退耕还林者的管护义务　退耕还林者应当按照作业设计和合同的要求植树种草。禁止林粮间作和破坏原有林草植被的行为。退耕还林者在享受资金和粮食补助期间，应当按照作业设计和合同的要求在宜林荒山荒地造林。退耕还林者应当履行管护义务。禁止在退耕还林项目实施范围内复耕和从事滥采、乱挖等破坏地表植被的活动。

（7）资金与粮食补助　国家按照核定的退耕还林实际面积，向土地承包经营权人提供补助粮食、种苗造林补助费和生活补助费。具体补助标准和补助年限按照国务院有关规定执行。

省、自治区、直辖市人民政府应当根据当地口粮消费习惯和农作物种植习惯以及当地粮食库存实际情况合理确定补助粮食的品种。补助粮食必须达到国家规定的质量标准。不符合国家质量标准的，不得供应给退耕还林者。兑付的补助粮食，不得折算成现金或者代金券。供应补助粮食的企业不得回购退耕还林补助粮食。

种苗造林补助费应当用于种苗采购，节余部分可以用于造林补助和封育管护。退耕还林者自行采购种苗的，县级人民政府或者其委托的乡级人民政府应当在退耕还林合同生效时一次付清种苗造林补助费。集中采购种苗的，退耕还林验收合格后，种苗采购单位应当与退耕还林者结算种苗造林补助费。

退耕土地还林后，在规定的补助期限内，县级人民政府应当组织有关部门及时向持有验收合格证明的退耕还林者一次付清该年度生活补助费。

（8）退耕还林资金管理　退耕还林资金实行专户存储、专款专用，任何单位和个人不得挤占、截留、挪用和克扣。任何单位和个人不得弄虚作假、虚报冒领补助资金和粮食。

国家工作人员在退耕还林活动中，挤占、截留、挪用退耕还林资金或者克扣补助粮食的；弄虚作假、虚报冒领补助资金和粮食的；利用职务上的便利收受他人财物或者其他好处的，依照《刑法》关于贪污罪、受贿罪、挪用公款罪或者其他罪的规定，依法追究刑事责任；尚不够刑事处罚的，依法给予行政处分。

国家工作人员以外的其他人员有弄虚作假、虚报冒领补助资金和粮食的，依照《刑法》关于诈骗罪或者其他罪的规定，依法追究刑事责任；尚不够刑事处罚的，由县级以上人民政府林业行政主管部门责令退回所冒领的补助资金和粮食，处以冒领资金额2倍以上5倍以下的罚款。

（二）防治农业环境污染

1. 防治土壤污染的法律规定

《国务院关于落实科学发展观加强环境保护的决定》（国发[2005]39号）提出，以防治土壤污染为重点，加强农村环境保护。开展全国土壤污染状况调查和超标耕地综合治理，污染严重且难以修复的耕地应依法调整；合理使用农药、化肥，防治农用薄膜对耕地的污染。

2. 防治水污染和法律规定

（1）《关于实行"以奖促治"加快解决突出的农村环境问题的

实施方案》(国办发〔2009〕11号)提出,"以奖促治"政策重点支持农村饮用水水源地保护、生活污水和垃圾处理、畜禽养殖污染和历史遗留的农村工矿污染治理、农业面源污染的整治措施;《国务院关于加强环境保护重点工作的意见》(国发〔2011〕35号)提出,集中整治存在突出环境问题的村庄和集镇,重点治理农村饮用水水源地污染。

(2)《中华人民共和国水污染防治法》规定,使用农药,应当符合国家有关农药安全使用的规定和标准。运输、存贮农药和处置过期失效农药,应当加强管理,防止造成水污染。

(3)国家支持畜禽养殖场、养殖小区建设畜禽粪便、废水的综合利用或者无害化处理设施。畜禽养殖场、养殖小区应当保证其畜禽粪便、废水的综合利用或者无害化处理设施正常运转,保证污水达标排放,防止污染水环境。

(4)从事水产养殖应当保护水域生态环境,科学确定养殖密度,合理投饵和使用药物,防止污染水环境。

(5)向农田灌溉渠道排放工业废水和城镇污水,应当保证其下游最近的灌溉取水点的水质符合农田灌溉水质标准。利用工业废水和城镇污水进行灌溉,应当防止污染土壤、地下水和农产品。

(三)农村人居环境保护

《国家环境保护"十一五"规划》(国发〔2007〕37号)提出,整治农村环境,促进社会主义新农村建设。按照"生产发展、生活宽裕、乡风文明、村容整洁、管理民主"的社会主义新农村建设要求,实施农村小康环保行动计划,开展农村环境综合整治。

1. 农村人居环境保护目标

2006年,按照党中央、国务院的总体要求,国家环保总局联合国家发改委等部门组织编制了《国家农村小康环保行动计划》。该行动计划的目标是准备用十五年左右的时间,基本解决农村"脏、乱、差"问题,有效保护和改善农民的生活与生产环境,为社会主义新农村建设提供可持续发展的环境基础。

2. 农村人居环境保护措施

在实施《国家农村小康环保行动计划》的农村地区，生活垃圾要实现定点存放、统一收集、定时清理、集中处置，提倡资源化利用或纳入镇级以上处置系统集中处理。采取分散或相对集中、生物或土地等多种处理方式，因地制宜开展农村生活污水处理。在人口相对集中、水环境容量相对较小的地区可采用环境工程设施处理；在人口密度较低、水环境容量相对较大的农村区域，可利用湿地、沟塘等自然系统就地处理。结合农村沼气建设与改水、改厕、改厨、改圈，逐步提高生活污水处理率。在我国农村水环境污染较严重的地区及水污染治理重点流域要优先建设一批农村生活污水处理示范工程。

（四）农业环境污染事故的处理

《农业法》规定，县级以上人民政府应当采取措施，督促有关单位进行治理，防治废水、废气和固体废弃物对农业生态环境的污染。排放废水、废气和固体废弃物造成农业生态环境污染事故的，由环境保护行政主管部门或者农业行政主管部门依法调查处理；给农民和农业生产经营组织造成损失的，有关责任者应当依法赔偿。

此外，各省、自治区、直辖市结合本行政区实际情况，制定了《农业环境保护条例》，对本行政区域内农业环境实行特殊保护，并对农业环境污染事故的处理做了详细规定。

【复习思考题】

1. 可以在25°以上陡坡地开垦种植农作物吗？
2. 什么是土地沙化？
3. 哪些耕地应当退耕还林还草？
4. 退耕土地还林后的承包经营权期限可以延长到多少年？
5. 弄虚作假、虚报冒领补助资金和粮食的会受到什么处罚？
6. 因排放"三废"对农业生态环境造成污染事故的，应怎样调查处理？

 典型案例 ▶▶

村长会计私分退耕还林款构成贪污罪

李某、黄某分别系某村民委员会的村长和会计。在退耕还林期间,除村民外,该村民委员会也实施了退耕还林项目110亩。2006~2007年间,乡财政所先后两次将该村的全部退耕还林款汇入李某个人账户。李某、黄某在发放完属村民的退耕还林款后,将属该村委会的退耕还林款11 000元予以私分,且事后用假发票到村财务上予以冲账。根据《退耕还林条例》与《刑法》的相关规定,此行为构成贪污罪。

第七章　农业科学技术教育

> **知识窗**
>
> 1993年7月2日，第八届全国人民代表大会常务委员会第二次会议通过的《中华人民共和国农业法》，对农业科学技术做了明确规定，使农业科学技术发展有法可依。本次会议还通过了《中华人民共和国农业技术推广法》（简称《农业技术推广法》），把农业技术推广纳入了法律轨道。1997年颁布的《中华人民共和国植物新品种保护条例》和2007年12月6日农业部第15次常务会议审议通过《农产品地理标志管理办法》，对植物新品种和农产品进行了保护。这些法律制度的制定，为我国农业科学技术发展起到了保驾护航的作用。

第一节　农业科学技术

一、农业科学技术概述

科学技术是科学和技术的总称。科学要解决的是什么和为什么，是对自然界、社会和技术可能性的解释。技术要回答的是做什么和怎么做，是对自然界的控制和利用。

农业科学技术（简称农业科技）是揭示农业生产领域发展规律的知识体系及其在生产中应用成果的总称。它包括：农业科学和农业技术。农业科学，是指探索农业领域中自然规律和经济规律的经验总结和知识体系，大致可分为：农业基础科学、农业环境科学和农业技术科学。农业技术，是指应用于种植业、林业、畜牧业、渔业的科研成果和实用技术，包括良种繁育、施用肥料、病虫害防治、栽培和养殖技术、农副产品加工、保鲜、储运技术，农业机械技术和农业航空技术,农田水利、土壤改良与水土保持技术,农村供水、农村能源利用和农业环境保护技术,农业气象技术及农业经营管理技术等。

二、新时期农业科技发展的方针、目标与任务

(一) 新时期农业科技发展方针

《农业科技发展规划》(2006—2020年)规定农业科技工作的指导方针是:"自主创新,加速转化,提升产业,率先跨越。"

(二) 新时期农业科技发展目标

1. 新时期农业科技发展总体目标

《农业科技发展规划》(2006—2020年)指出:"到2020年,形成布局合理、功能完备、运转高效、支撑有力的国家农业科技创新体系,我国农业科技整体实力率先进入世界前列。农业科研开发投入占农业GDP的比重提高到1.5%以上,农业科技进步贡献率达到63%,推动以现代农业为核心的创新型农业建设。"

经过15年的努力,在我国农业科技的若干重要方面实现以下目标。

(1) 继续保持水稻、转基因抗虫棉、基因工程疫苗等方面的国际领先优势,带动畜禽水产优良品种、专用特色品种培育取得突破。

(2) 加快优势农产品高效安全生产、耕地质量提升、重大农业生物灾害防控、农产品采后收理与加工和农业生态环境综合整治等核心技术的研发,形成现代农业生产技术体系和管理标准体系。

(3) 突破农业装备的关键部件和设备研制工艺,提高我国大型、成套、智能化农业机械和农业工程装备的技术含量和自给率。

(4) 加快农业高新技术研究和产业化,取得一批重大原始创新成果,在世界农业前沿学科和基础研究领域占有重要位置。

(5) 加强科技基础设施建设,建成若干世界一流的农业科研院所和农业高校,创建具有国际竞争力的龙头企业技术研发中心,建

成稳定高效的创新队伍，完善农业科技推广服务体系，显著提高农业科技创新能力和成果快速转化应用能力。

2. "十二五"时期农业科技发展目标

高产优质、轻简高效、环境友好的技术体系构建取得突破性进展，农业科技成果转化应用水平显著提高，农业科技管理体制机制创新不断深化，农业人才培养与教育培训取得显著成绩，科技对主要农产品有效供给的保障能力、对农民增收的支撑能力、对转变农业发展方式的引领能力明显增强，农业科技进步贡献率超过55%。

（1）具有重大应用价值和自主知识产权的品种培育取得重大突破，农作物种业核心竞争力明显提高。培育一批适应机械化作业、设施化栽培、高产、优质、多抗、广适的主要农作物新品种和主要畜禽、水产养殖新品种（系），企业科技创新能力显著增强。

（2）农机农艺融合关键技术取得明显突破。主要农作物耕种收综合机械化水平达到60%以上，水稻机插和玉米、棉花、油菜、甘蔗机收技术攻关取得突破，主要农作物生产全程机械化、畜牧水产养殖关键环节机械化水平显著提高。

（3）农业科技防灾减灾能力显著增强。突破应对生物灾害和自然灾害重大关键技术，建立起农作物重大病虫害统防统治体系和灾害预警监测体系，提高农业应对灾害的能力，提升农业防灾减灾水平。

（4）农业资源利用和生态环境保护显著加强。主要农作物秸秆综合利用率达到80%以上，畜禽养殖废弃物资源化利用率达60%以上，全国沼气用户占适宜农户的50%以上，农业生态环境显著改善。

（5）自主知识产权总量快速增加。植物新品种权年度申请量和授权量居世界前列。到2015年，品种权年申请量达到1400件、年授权总量达到1000件，农产品地理标志登记保护超过800件。农业领域专利、商标、版权等知识产权数量不断增长。

（6）农业人才队伍建设水平显著提高。选拔培养300名农业科研杰出人才，打造一批农业科研创新团队；培养1万名基层农业技术推广骨干，选拔一批高校涉农专业毕业生充实到基层农技推广队伍，农技人员素质不断提高；培养2500万名职业农民，培育50万名农业规模生产主体和经营服务组织带头人。

（7）科技基础条件显著改善。科研基础设施和仪器装备水平稳步提高，以"学科群"为核心的农业实验室体系逐渐形成，农业科技基础条件平台和试验基地的支撑更加有力。建设30个以上综合性农业部重点实验室，170个以上的专业性（区域性）农业部重点实验室和200个以上农业科学观测实验站。

（8）农业科技体制机制更加完善。农业科技体制改革取得新突破，形成上中下游贯通、产前产中产后衔接的新型农业科技体系。国家现代农业产业技术体系和地方创新团队的引领、支撑作用进一步发挥，农业科研院所和涉农院校的科技创新与社会服务能力明显增强。以公益性农技推广机构为主导的多元化农技推广服务体系进一步完善。

（三）新时期农业科技发展重点任务

1. 中长期重点任务

《农业科技发展规划》（2006—2020年）指出：

（1）重点开展农业生物遗传改良和农业可持续发展等科学问题的基础研究，如重要农业生物基因和功能基因组及相关"组"学，高效规模化农作物、畜禽、水产转基因技术体系，生物多样性与新品种培育的遗传学基础，植物抗逆性及水分养分和光能高效利用机理，农业生物与生态环境的相互作用，农业生物安全与主要病虫害控制原理等。

（2）重点开展事关现代农业发展全局性、战略性、关键性的重大核心技术研究，如种质资源发掘、保存和创新与新品种定向培育，畜禽水产健康养殖与疫病防控，农产品精深加工与现代储运，农业生物质综合开发利用，农业生态安全，环保型肥料、农药创制和生态农业技术，多功能农业装备与设施，农业精准作业与信息化，现代奶业，农产品质量安全、转基因生物新品种培育及主要农作物规模化制种技术等。

2. "十二五"期间农业科技发展工作的重点任务

(1) 农业科技创新 加大公益性行业（农业）科研专项实施力度，强化现代农业产业技术体系支撑，继续实施转基因生物新品种培育重大专项，促进各类科技计划向农业领域倾斜。着力突破良种良法配套重大关键技术，提升种业科技创新水平；突破农机农艺融合重大关键技术，提升农业机械化水平；突破应对农业灾害重大关键技术，提升防灾减灾技术水平；突破节本增效关键技术，提升农业可持续发展水平。

(2) 农业科技推广与应用 深入推进基层农技推广体系改革与建设，加快乡镇农技推广机构条件建设进度，着力加大防灾减灾稳产增产重大技术推广力度，提升基层农技推广服务能力和服务水平。适应生产环节、农时季节需求，开展关键农时、关键环节的技术服务，全面推进农业科技进村入户，提升农业科技成果的入户率、到位率和覆盖率。

(3) 农业人才培养与教育培训 大力实施现代农业人才支撑计划、农村劳动力培训阳光工程、农技人员知识更新培训工程、基层农技推广特岗计划、百万中专生计划等人才培养工程，加强农业科研人才、技术推广人才和农村实用人才等三支人才队伍建设，为现代农业发展提供智力支撑和人才保障。

三、农业科技发展的政策与法规

（一）政府职能作用

《农业法》第四十八条第一款规定，国务院和省级人民政府应当制定农业科技、农业教育发展规划，发展农业科技、教育事业。《农业科技发展"十二五"规划》（2011—2015年）中规定，加强各级政府对农业科技的组织领导。明确各级各类农业科研教学推广单位的责任，强化联合协作，形成工作合力。

《农业法》第四十八条第二款规定，县级以上人民政府应当按照国家有关规定逐步增加农业科技经费和农业教育经费。鼓励社会力量投入农业科技，引导农业龙头企业加大技术研发投入强度。加强经费监管,规范经费使用,提高农业科技经费的使用效益。

(二) 农业知识产权

《农业科技发展"十二五"规划》(2011—2015年)指出:加强《植物新品种保护条例》、《中华人民共和国商标法》、《农产品地理标志管理办法》等科技执法工作。《农业法》第四十九条明确指出:国家保护植物新品种、农产品地理标志等知识产权。

1. 农业植物新品种

《植物新品种保护条例》、《中华人民共和国植物新品种保护条例实施细则》对植物新品种进行了详细的规定。

(1) 植物新品种涵义 植物新品种,是指经过人工培育的或者对发现的野生植物加以开发,具备新颖性、特异性、一致性和稳定性,并有适当命名的植物品种。农业植物新品种包括粮食、棉花、油料、麻类、糖料、蔬菜(含西甜瓜)、烟草、桑树、茶树、果树(干果除外)、观赏植物(木本除外)、草类、绿肥、草本药材、食用菌、藻类和橡胶树等植物的新品种。

(2) 品种权的归属

① 归属确定

a. 职务育种与非职务育种。执行本单位的任务或者主要是利用本单位的物质条件所完成的职务育种,植物新品种的申请权属于该单位;非职务育种,植物新品种的申请权属于完成育种的个人。申请被批准后,品种权属于申请人。

职务育种是指:在本职工作中完成的育种;履行本单位交付的本职工作之外的任务所完成的育种;退职、退休或者调动工作后,三年内完成的与其在原单位承担的工作或者原单位分配的任务有关的育种。

本单位的物质条件是指本单位的资金、仪器设备、试验场地以及单位所有或者持有的尚未允许公开的育种材料和技术资料等。

b. 委托育种或者合作育种。品种权的归属由当事人在合同中约定;没有合同约定的,品种权属于受委托完成或者共同完成育种的单位或者个人。

c. 多人申请同一个品种。一个植物新品种只能授予一项品种权。两个以上的申请人分别就同一个植物新品种申请品种权的，品种权授予最先申请的人；同时申请的，品种权授予最先完成该植物新品种育种的人。（完成新品种育种的人是指完成新品种育种的单位或者个人。完成新品种培育的人员，简称培育人，是指对新品种的培育作出创造性贡献的人。仅负责组织管理工作、为物质条件提供方便或者从事其他辅助工作的人不能被视为培育人。申请品种权的单位或者个人统称为品种权申请人；获得品种权的单位或者个人统称为品种权人。）

② 品种权人的权限

a. 完成育种的单位或者个人对其授权品种，享有排他的独占权。任何单位或者个人未经品种权所有人（以下称品种权人）许可，不得为商业目的生产或者销售该授权品种的繁殖材料，不得为商业目的将该授权品种的繁殖材料重复使用于生产另一品种的繁殖材料。

b. 植物新品种的申请权和品种权可以依法转让。转让申请权或者品种权的，当事人应当订立书面合同，并向审批机关登记，由审批机关予以公告。

c. 利用授权品种进行育种及其他科研活动和农民自繁自用授权品种的繁殖材料可以不经品种权人许可，不向其支付使用费，但是不得侵犯品种权人享有的其他权利。

d. 审批机关可以做出实施植物新品种强制许可的决定，并予以登记和公告。取得实施强制许可的单位或者个人应当付给品种权人合理的使用费，其数额由双方商定；双方不能达成协议的，由审批机关裁决。品种权人对强制许可决定或者强制许可使用费的裁决不服的，可以自收到通知之日起3个月内向人民法院提起诉讼。

e. 不论授权品种的保护期是否届满，销售该授权品种应当使用其注册登记的名称。

(3) 授予品种权的条件　申请品种权的植物新品种应当属于审批机关确定和公布的国家植物品种保护名录中列举的植物属或者种。授予品种权的植物新品种应具备以下性质。

① 新颖性。申请品种权的植物新品种在申请日前该品种繁殖材料未被销售，或者经育种者许可，在中国境内销售该品种繁殖材料未超过一年；在中国境外销售藤本植物、林木、果树和观赏树木品种繁殖材料未超过六年，销售其他植物品种繁殖材料未超过四年。

② 特异性。申请品种权的植物新品种应当明显区别于在递交申请以前已知的植物品种。

③ 一致性。申请品种权的植物新品种经过繁殖，除可以预见的变异外，其相关的特征或者特性一致。

④ 稳定性。申请品种权的植物新品种经过反复繁殖后或者在特定繁殖周期结束时，其相关的特征或者特性保持不变。

(4) 植物新品种命名规定　授予品种权的植物新品种的名称应与相同或者相近的植物属或者种中已知品种的名称相区别。下列名称不得用于品种命名：

①仅以数字组成的；②违反国家法律或者社会公德或者带有民族歧视性的；③对植物新品种的特征、特性或者育种者的身份等容易引起误解的；④以国家名称命名的；⑤以县级以上行政区划的地名或者公众知晓的外国地名命名的；⑥同政府间国际组织或者其他国际国内知名组织及标识名称相同或者近似的；⑦属于相同或相近植物属或者种的已知名称的；⑧夸大宣传的。

(5) 品种权的申请审批程序

① 要求　中国的单位和个人申请品种权的，可以直接或者委托代理机构向审批机关提出申请。中国的单位和个人申请品种权的植物新品种涉及国家安全或者重大利益需要保密的，应当按照国家有关规定办理。中国的单位或者个人将国内培育的植物新品种向国外申请品种权的，应当向审批机关登记。

外国人、外国企业或者外国其他组织在中国申请品种权的，应当按其所属国和中华人民共和国签订的协议或者共同参加的国际条约办理，或者根据互惠原则，依照《中华人民共和国植物新品种保护条例》办理。

② 申请过程　申请品种权的，应当向审批机关提交用中文书

写的和符合规定格式要求的请求书、说明书和该品种的照片，审批机关予以受理，明确申请日、给予申请号，并自收到申请之日起1个月内通知申请人缴纳申请费。对不符合或者经修改仍不符合本条规定的品种权申请，审批机关不予受理，并通知申请人。申请日是指审批机关收到品种权申请文件之日；申请文件是邮寄的，则以寄出的邮戳日为申请日。申请人可以在品种权授予前修改或者撤回品种权申请。

③ 审批过程

（a）初步审查　申请人缴纳申请费后，审批机关应当在受理品种权申请之日起6个月内完成初步审查。对经初步审查合格的品种权申请，审批机关予以公告，并通知申请人在3个月内缴纳审查费。对经初步审查不合格的品种权申请，审批机关应当通知申请人在3个月内陈述意见或者予以修正；逾期未答复或者修正后仍然不合格的，驳回申请。

（b）实质审查　申请人按照规定缴纳审查费后，审批机关对品种权申请的特异性、一致性和稳定性进行实质审查。申请人未按照规定缴纳审查费的，品种权申请视为撤回。

审批机关主要依据申请文件和其他有关书面材料进行实质审查。对经实质审查符合本条例规定的品种权申请的，审批机关应当做出授予品种权的决定，颁发品种权证书，并予以登记和公告。对经实质审查不符合本条例规定的品种权申请，审批机关予以驳回，并通知申请人。

④ 意见处理　对审批机关驳回品种权申请的决定不服的，申请人可以自收到通知之日起3个月内，向植物新品种复审委员会请求复审。植物新品种复审委员会应当自收到复审请求书之日起6个月内作出决定，并通知申请人。

申请人对植物新品种复审委员会的决定不服的，可以自接到通知之日起15日内向人民法院提起诉讼。品种权被授予后，在自初步审查合格公告之日起至被授予品种权之日止的期间，对未经申请人许可，为商业目的生产或者销售该授权品种的繁殖材料的单位和个人，品种权人享有追偿的权利。

(6) 植物新品种期限　自授权之日起,藤本植物、林木、果树和观赏树木为 20 年,其他植物为 15 年。品种权人应当自被授予品种权的当年开始缴纳年费,并且按照审批机关的要求提供用于检测的该授权品种的繁殖材料。

(7) 植物新品种终止和无效规定　在品种权保护期限内,因品种权人以书面声明放弃品种权的、未按照规定缴纳年费的、未按照审批机关的要求提供检测所需的该授权品种的繁殖材料的或经检测该授权品种不再符合被授予品种权时的特征和特性的情形,由审批机关登记和公告,终止其品种权。

自审批机关公告授予品种权之日起,植物新品种复审委员会可以依据职权或者依据任何单位或者个人的书面请求,对不符合"新颖性""稳定性""一致性"、"特异性"的,宣告品种权无效;对不符合命名规定的,予以更名。宣告品种权无效或者更名的决定,由审批机关登记和公告,并通知当事人;被宣告无效的品种权视为自始不存在。对植物新品种复审委员会的决定不服的,可以自收到通知之日起 3 个月内向人民法院提起诉讼。

对在宣告品种权无效的决定前人民法院作出并已执行的植物新品种侵权的判决、裁定,省级以上人民政府农业、林业行政部门作出并已执行的植物新品种侵权处理决定,以及已经履行的植物新品种实施许可合同和植物新品种权转让合同,不具有追溯力;但是,因品种权人的恶意给他人造成损失的,应当给予合理赔偿。

(8) 植物新品种权纠纷处理

① 未经品种权人许可,以商业目的生产或者销售授权品种的繁殖材料的,品种权人或者利害关系人可以请求省级以上人民政府农业、林业行政部门依据各自的职权进行处理。处理时就侵权所造成的损害赔偿可以进行调解,责令侵权人停止侵权行为,没收违法所得,并处违法所得 5 倍以下的罚款。调解未达成协议的,品种权人或者利害关系人可以依照民事诉讼程序向人民法院提起诉讼。

② 假冒授权品种的,由县级以上人民政府农业、林业行政部门依据各自的职权责令停止假冒行为,没收违法所得和植物品种繁

殖材料，并处违法所得1倍以上5倍以下的罚款；情节严重，构成犯罪的，依法追究刑事责任。

③销售授权品种未使用其注册登记的名称的，由县级以上人民政府农业、林业行政部门依据各自的职权责令限期改正，可以处1000元以下的罚款。

④工作人员滥用职权、玩忽职守、徇私舞弊、索贿受贿，构成犯罪的，依法追究刑事责任；尚不构成犯罪的，依法给予行政处分。

2. 农产品地理标志

2001年修改后的《中华人民共和国商标法》第十六条规定："前款所称地理标志，是指标示某商品来源于某地区，该商品的特定质量、信誉或者其他特征，主要由该地区的自然因素或者人文因素所决定的标志。"自然因素包括产地内的环境、气候、区位、水源、土质、物种等；人文因素包括传统配方、工艺、技术、装备、标准、秘诀等。2007年12月6日农业部第15次常务会议审议通过《农产品地理标志管理办法》对农产品地理标志做了明确规定。

（1）农产品地理标志涵义　农产品是指来源于农业的初级产品，即在农业活动中获得的植物、动物、微生物及其产品。农产品地理标志，是指标示农产品来源于特定地域，产品品质和相关特征主要取决于自然生态环境和历史人文因素，并以地域名称冠名的特有农产品标志。

（2）农产品地理标志登记费用　农产品地理标志实行登记制度。农产品地理标志登记不收取费用。农产品地理标志登记证书持有人不得向农产品地理标志使用人收取使用费。

（3）农产品地理标志登记评审程序

① 申请地理标志的农产品具备的条件

a. 称谓由地理区域名称和农产品通用名称构成；b. 产品有独特的品质特性或者特定的生产方式；c. 产品品质和特色主要取决于独特的自然生态环境和人文历史因素；d. 产品有限定的生产区域范围；e. 产地环境、产品质量符合国家强制性技术规范要求。符合以上条件的农产品可以进行申请农产品地理标志。

② 申请人条件及申请材料

a. 申请人条件　县级以上地方人民政府择优确定的具有监督和管理农产品地理标志及其产品能力，具有为地理标志农产品生产、加工、营销提供指导服务能力，具有独立承担民事责任能力的农民专业合作经济组织、行业协会等组织。

b. 申请材料　登记申请书；申请人资质证明；产品典型特征特性描述和相应产品品质鉴定报告；产地环境条件、生产技术规范和产品质量安全技术规范；地域范围确定性文件和生产地域分布图；产品实物样品或者样品图片；其他必要的说明性或者证明性材料。

③ 评审过程　农业部负责全国农产品地理标志的登记工作，农业部农产品质量安全中心负责农产品地理标志登记的审查和专家评审工作。省级人民政府农业行政主管部门负责本行政区域内农产品地理标志登记申请的受理和初审工作。农业部设立的农产品地理标志登记专家评审委员会，负责专家评审。农产品地理标志登记专家评审委员会由种植业、畜牧业、渔业和农产品质量安全等方面的专家组成。

省级人民政府农业行政主管部门自受理农产品地理标志登记申请之日起，应当在45个工作日内完成申请材料的初审和现场核查，并提出初审意见。符合条件的，将申请材料和初审意见报送农业部农产品质量安全中心；不符合条件的，应当在提出初审意见之日起10个工作日内将相关意见和建议通知申请人。

农业部农产品质量安全中心应当自收到申请材料和初审意见之日起20个工作日内，对申请材料进行审查，提出审查意见，并组织专家评审。专家评审工作由农产品地理标志登记评审委员会承担。农产品地理标志登记专家评审委员会应当独立做出评审结论，并对评审结论负责。经专家评审通过的，由农业部农产品质量安全中心代表农业部对社会公示。

有关单位和个人有异议的，应当自公示截止日起20日内向农业部农产品质量安全中心提出。公示无异议的，由农业部做出登记决定并公告，颁发《中华人民共和国农产品地理标志登记证书》，公布登记产品相关技术规范和标准。

专家评审没有通过的,由农业部做出不予登记的决定,书面通知申请人,并说明理由。

(4) 农产品地理标志有效期　农产品地理标志登记证书长期有效。但是登记证书持有人或者法定代表人发生变化的和地域范围或者相应自然生态环境发生变化的情况,登记证书持有人应当按照规定程序提出变更申请。

(5) 农产品地理标志图案　农产品地理标志实行公共标识与地域产品名称相结合的标注制度。有统一的标志图案。

(6) 农产品地理标志使用者的法律责任　已取得登记农产品相关的生产经营资质、经营的农产品产自登记确定的地域范围、严格按照规定的质量技术规范组织开展生产经营活动和具有地理标志农产品市场开发经营能力的单位和个人,可以向登记证书持有人申请使用农产品地理标志,并签订载明使用的数量、范围及相关的责任义务的农产品地理标志使用协议。

农产品地理标志使用人可以在产品及其包装上使用农产品地理标志,也可以使用登记的农产品地理标志进行宣传和参加展览、展示及展销。但还要正确规范地使用农产品地理标志,自觉接受登记证书持有人的监督检查,保证地理标志农产品的品质和信誉。

县级以上人民政府农业行政主管部门应当加强农产品地理标志监督管理工作,定期监督检查。违反规定的,由县级以上人民政府农业行政主管部门依照《中华人民共和国农产品质量安全法》有关规定处罚。

(三) 农业转基因技术

基因工程是用人工方法改组 DNA,从而培育新型生物品种生物的技术。农业转基因技术是现代农业科学技术发展的基础,是保障粮食安全与农业可持续发展的重要措施。2010 年"中央一号文件"中指出,为了提高农业科技创新和推广能力,要继续实施转基因生物新品种培育科技重大专项,抓紧开发具有重要应用价值和自主知识产权的功能基因和生物新品种，在科学评估、依法管理基础上，推进转基因新品种产业化。

为了加强农业转基因生物安全管理，保障人体健康和动植物、微生物安全，保护生态环境，促进农业转基因生物技术研究，2001年5月9日国务院第38次常务会议通过，2001年5月23日起施行《农业转基因生物安全管理条例》，2002年3月20日农业部颁发的《农业转基因生物安全评价管理办法》《农业转基因生物进口安全管理办法》《农业转基因生物标识管理办法》等共同构成了我国农业转基因生物安全管理的法规体系。

1997和1998年，农业部批准了5种转基因植物的商业化生产，包括抗虫棉花、改变花色的矮牵牛、延熟番茄、抗病毒甜椒和番茄。之后，还批准了转基因木瓜和转基因杨树的商品化生产。2009年11月27日中国经营报报道农业部批准了两种转基因水稻、一种转基因玉米的安全证书。目前我国种植的转基因农作物主要是抗虫棉。

1. 农业转基因生物涵义

农业转基因生物，是指利用基因工程技术改变基因组构成，用于农业生产或者农产品加工的动植物、微生物及其产品，主要包括：①转基因动植物（含种子、种畜禽、水产苗种）和微生物；②转基因动植物、微生物产品；③转基因农产品的直接加工品；④含有转基因动植物、微生物或者其产品成分的种子、种畜禽、水产苗种、农药、兽药、肥料和添加剂等产品。

农业转基因生物安全，是指防范农业转基因生物对人类、动植物、微生物和生态环境构成的危险或者潜在风险。

2. 农业转基因生物安全管理机构

国务院农业行政主管部门负责全国农业转基因生物安全的监督管理工作。县级以上地方各级人民政府农业行政主管部门负责本行政区域内的农业转基因生物安全的监督管理工作。县级以上各级人民政府卫生行政主管部门依照《中华人民共和国食品卫生法》的有关规定，负责转基因食品卫生安全的监督管理工作。

3. 农业转基因生物等级

国家对农业转基因生物安全实行分级管理评价制度。农业转基因生物按照其对人类、动植物、微生物和生态环境的危险程度,分为Ⅰ、Ⅱ、Ⅲ、Ⅳ四个等级。具体划分标准由国务院农业行政主管部门制定。

4. 农业转基因生物生产与加工

(1) 单位和个人从事农业转基因生物生产、加工的,应当由国务院农业行政主管部门或者省、自治区、直辖市人民政府农业行政主管部门批准。具体办法由国务院农业行政主管部门制定。

(2) 生产转基因植物种子、种畜禽、水产苗种,应当取得国务院农业行政主管部门颁发的种子、种畜禽、水产苗种《生产许可证》。同时,还应当符合下列条件:①取得农业转基因生物安全证书并通过品种审定;②在指定的区域种植或者养殖;③有相应的安全管理、防范措施;④国务院农业行政主管部门规定的其他条件。

(3) 生产转基因植物种子、种畜禽、水产苗种的单位和个人,应当建立生产档案,载明生产地点、基因及其来源、转基因的方法以及种子、种畜禽、水产苗种流向等内容。

(4) 农民养殖、种植转基因动植物的,由种子、种畜禽、水产苗种销售单位依照上述第(1)条的规定代办审批手续。审批部门和代办单位不得向农民收取审批、代办费用。

(5) 从事农业转基因生物生产、加工的单位和个人,应当按照批准的品种、范围、安全管理要求和相应的技术标准组织生产、加工,并定期向所在地县级人民政府农业行政主管部门提供生产、加工、安全管理情况和产品流向的报告。

5. 农业转基因生物经营

(1) 经营转基因植物种子、种畜禽、水产苗种的单位和个人,应当取得国务院农业行政主管部门颁发的种子、种畜禽、水产苗种《经营许可证》。同时,还应当符合下列条件:①有专门的管理人员和经营档案;②有相应的安全管理、防范措施;③国务院农业行政主管部门规定的其他条件。

(2) 经营转基因植物种子、种畜禽、水产苗种的单位和个人,应当建立经营档案，载明种子、种畜禽、水产苗种的来源、贮存、运输和销售去向等内容。

（3）在中华人民共和国境内销售列入农业转基因生物目录的农业转基因生物，应当有明显的标识。农业转基因生物标识应当载明产品中含有转基因成分的主要原料名称；有特殊销售范围要求的，还应当载明销售范围，并在指定范围内销售。

（4）列入农业转基因生物目录的农业转基因生物，由生产、分装单位和个人负责标识；未标识的，不得销售。经营单位和个人在进货时，应当对货物和标识进行核对。经营单位和个人拆开原包装进行销售的，应当重新标识。

（5）农业转基因生物的广告，应当经国务院农业行政主管部门审查批准后，方可刊登、播放、设置和张贴。

6. 生产、加工、经营者的法律责任

（1）未经批准生产、加工农业转基因生物或者未按照批准的品种、范围、安全管理要求和技术标准生产、加工的，由国务院农业行政主管部门或者省、自治区、直辖市人民政府农业行政主管部门依据职权，责令停止生产或者加工，没收违法生产或者加工的产品及违法所得；违法所得10万元以上的，并处违法所得1倍以上5倍以下的罚款；没有违法所得或者违法所得不足10万元的，并处10万元以上20万元以下的罚款。

（2）转基因植物种子、种畜禽、水产苗种的生产、经营单位和个人，未按照规定制作、保存生产、经营档案的，由县级以上人民政府农业行政主管部门依据职权，责令改正，处1000元以上1万元以下的罚款。

（3）转基因植物种子、种畜禽、水产苗种的销售单位，不履行审批手续代办义务或者在代办过程中收取代办费用的，由国务院农业行政主管部门责令改正，处2万元以下的罚款。

（4）违反关于农业转基因生物标识管理规定的，由县级以上人民政府农业行政主管部门依据职权，责令限期改正，可以没收非法销售的产品和违法所得，并可以处1万元以上5万元以下的罚款。

(5) 假冒、伪造、转让或者买卖农业转基因生物有关证明文书的，由县级以上人民政府农业行政主管部门依据职权，收缴相应的证明文书，并处2万元以上10万元以下的罚款；构成犯罪的，依法追究刑事责任。

（四）农业技术推广

我国基本形成了以政府农业技术推广机构为主体，以农民自办的服务组织为重要补充的中央、省、市、县、乡、村多层次、多功能的农业技术推广体系。

近年来，出现了一些地方农业科研成果转化率偏低、农技推广服务效率不高、推广不适用的技术给农民造成损失。针对当前农技推广工作中出现的新情况和新问题，2012年4月24日，提请十一届全国人大常委会第二十六次会议审议的《农业技术推广法修正案草案》，对现行农技推广法作了相应修改，不久即将出台。

1. 农业技术推广涵义与原则

（1）农业技术推广涵义　农业技术推广，是指通过试验、示范、培训、指导以及咨询服务等，把农业技术普及应用于农业生产产前、产中、产后全部过程的活动。

（2）农业技术推广原则　农业技术推广应当遵循以下原则：①有利于农业的发展；②尊重农业劳动者的意愿；③因地制宜，经过试验、示范；④国家、农村集体组织扶持；⑤实行科研单位、有关学校、推广机构与群众性科技组织、科技人员、农业劳动者相结合；⑥讲求农业生产的经济效益、社会效益和生态效益。

2. 农业技术推广主体

农业技术推广行政部门是指依其职责负责农业技术推广工作的行政部门。根据《农业技术推广法》第九条的规定，国务院农业、林业、畜牧业、渔业、水利等行政部门按照各自职责，负责全国范围内的有关的农业技术推广工作；县级以上的地方各级人民政府农业技术推广行政部门在同级人民政府的领导下，按照各自职责，负责本行政区域内有关的农业技术推广工作；同级人民政府科学技术行政部门对农业技术推广工作进行指导。

3. 农业技术推广方法

（1）农业和技术部门按制定的推广项目推广农业技术。向农业劳动者推广经过实验证明具有先进性和实用性的农业技术。

（2）农业科研单位和有关学校应研究生产上急需解决的问题，其成果可自己推广，也可通过农业技术推广机构推广。

（3）农业劳动者根据自愿的原则应用农业技术。任何组织和个人不得强制农业劳动者应用农业技术。

（4）国家农业技术推广机构向农业劳动者推广农业技术实行无偿服务。农业技术推广机构、农业科研单位、有关学校及科技人员，以技术转让、技术服务和技术承包等形式提供农业技术的，可实行有偿服务，其合法收入受法律保护。

4. 农业技术推广体系及其职责

我国农业技术推广体系由农业技术推广机构、农业推广服务机构、农业科研单位、有关学校、群众性科技组织、农民技术人员构成。它是农业社会化服务体系和国家对农业支持和保护体系的重要组成部分，是实施科教兴农的重要载体。

（1）**农业技术推广机构** 农业技术推广机构指乡、民族乡、镇以上设立的专门从事农业技术推广的各级国家农业技术推广事业单位。例如县级农业技术推广中心、乡镇农业技术推广站等。

《农业技术推广法》第十一条规定了其职责是：参与制定农业技术推广计划并组织实施；组织农业技术的专业培训；提供农业技术、信息服务；对确定推广的农业技术进行试验、示范；指导下级农业技术推广机构、群众性科技组织和农民技术人员的农业技术推广活动。其专业科技人员应具有中等以上有关专业学历，或经县级以上人民政府有关部门主持的专业考核培训，达到相应的专业技术水平。

（2）**农业技术推广服务机构** 农业技术推广服务机构指在村一级设立的，在农业技术推广机构的指导下，宣传农业技术知识，落实农业技术推广措施，为农业劳动者提供技术服务的集体组织。

（3）**提供农业技术推广或服务的其他机构和人员** 《农业技术推广法》第十条规定，国家鼓励和支持供销合作社、其他企业事业单位、社会团体以及社会各界的科技人员，到农村开展农业技术推广服务活动。其他机构包括农业科研、教学单位。其他人员包括供销合作社、其他企事业单位、社会团体、农业集体经济组织、其他社会力量、社会各界科技人员。

(4) 群众性科技组织　群众性科技组织是由农民或其他科技人员自愿设立的、民间性的农业科技组织。如农民专业技术协会、研究会等。《农业技术推广法》第十六条规定："国家鼓励和支持发展农村中的群众性科技组织，发挥它们在农业技术推广中的作用。"群众性科技组织是农业技术推广体系的基础，上联农业技术推广站，下联千家万户，补充现阶段我国农业技术队伍力量的不足。它能够成为一个推广普及农业科学知识的二传手，加大农业科学知识的推广普及的力度和广度。它能通过开展形式多样的科技培训、定期举办科技学习班，在一定程度上提高农民的科学文化素质和劳动技能。

(5) 农民技术人员　农民技术人员，是指在农村生产第一线从事种植业、畜牧业、渔业、养殖业、农副产品加工业、农业机械化、农业财会与经营管理、农村能源、农业环境保护等行业的农民技术人员。在农业技术推广机构的指导下，农民技术员宣传农业技术知识，落实农业技术推广措施，为农业劳动者提供技术服务。他们是先进技术的"推广员"科学知识的"宣传员"传递信息的"情报员"、千家万户的"辅导员"，在农业技术推广工作中发挥着不可替代的积极作用。

5. "十二五"期间我国农业科技推广重点工程

(1) 粮棉油糖高产创建工程。着眼于粮棉油糖等大宗农作物大面积平衡增产，围绕不同作物的区域目标产量要求，组装集成高产生产技术模式，在各县继续开展万亩高产创建示范片的基础上，逐步开展整乡、整县的整建制高产创建，促进粮棉油糖作物高产稳产和平衡增产。

(2) 园艺作物标准园创建工程。着力推进园艺产品生产育苗、配方施肥、病虫害防控、绿色产品生产等技术的普及和应用，继续开展园艺作物标准园创建，逐步建立可追溯体系，进一步提升园艺产品的品质与安全水平。在全国选择若干个典型的设施蔬菜、露地蔬菜生产基地县，通过强化技术服务，促进其实现统一供苗、统一栽培、统一施肥施药、统一采收与销售，实现规模化、标准化生产。

（3）畜禽水产健康养殖关键技术与产业示范工程。按照畜禽良种化、养殖设施化、生产规范化、防疫制度化、粪污处理无害化和监管常态化要求，启动畜禽标准化关键技术与产业示范工程，建立健全并推广畜禽生产、养殖场所生物安全标准体系；对饲料、饲料添加剂和兽药等投入品使用，畜禽养殖档案建立和畜禽标识使用实施有效监管，从源头上保障畜产品质量安全。加强水产养殖关键技术及渔药、饲料等技术和产品的推广应用，提高水产养殖的专业化、规范化水平。

（4）病虫害统防统治工程。针对病虫害发生的区域性、集中性等特点，着力完善植物病虫害预测预报体系，大力推进生物农药、绿色生物制剂的应用，强化公共植保的职能。在全国不同区域选择若干个县建立统防统治工程试点，强化农作物病虫草鼠害专业化统防统治，做到统一组织、统一行动、统一用药，提高防治效率。

（5）农业信息服务工程。加强农业生产过程信息管理与服务，加快建立农产品物流信息平台、农业科技服务信息平台，畅通农产品供求信息与农业科技服务渠道，有效发挥信息化的作用，使政府和管理部门及时了解农业生产情况和农产品供求等动态，使农民能及时得到农技指导。开展基于3G等现代信息技术的基层农技推广服务试点，继续扩大农业科技网络书屋的范围。在东南沿海地区选择一批基础较好县的乡镇开展农业信息服务工程试点，建立相应的服务平台，引导所在区域现代农业发展。

（6）主要农作物机械化生产综合示范工程。选择东北平原、华北平原、长江中下游平原、四川盆地以及西南山地丘陵区等代表性区域，选择若干个典型县的乡镇，建立粮棉油糖等主要农作物机械化生产示范点，集成融合作物品种、栽培制度和机械化等技术，对比不同技术适应性和经济性，总结区域技术路线和模式，形成全国主要区域农作物机械化生产技术体系，加快实现农作物生产从种植、耕作、施肥与施药到收割、加工等过程的全程机械化。

(7) 农业生物安全体系建设工程。在主要农作物病虫害高发区、主要动物疫病高发区、外来入侵生物频发区、外来疫病传入高风险区等，选择若干个县的乡镇开展区域化管理试点和示范，重点强化农业外来生物入侵安全评价与监测体系建设、转基因生物安全评价与监测体系建设，示范相关防控技术，有效降低外来生物入侵、生物灾害等风险，确保农业生物安全。

(8) 农村沼气建设工程。建设户用沼气、小型沼气工程和大中型沼气工程，健全沼气服务体系，加快沼气科技创新，加强沼气原料多元化、沼气沼渣沼液农业利用等技术的研发与示范应用，强化沼气管护，提高产气效率，减少废弃物排放，实现农村沼气又好又快发展。

(9) 农村清洁工程。在东南丘陵区、西南高原山区、黄淮海平原区、东北平原区、西北干旱区等五个区域选择若干个自然村开展农村清洁工程建设。项目完成后，所在村实现生活垃圾和污水的处理利用率达到 90% 以上，农作物秸秆资源化利用率达到 90% 以上，人畜粪便处理利用率达到 90% 以上。

【复习思考题】

1. 在《农业科技发展规划》(2006—2020 年) 中，我国农业科技发展的总体目标是什么？
2. 什么叫植物新品种？
3. 植物新品种的命名有什么规定？
4. 本人在某种子公司工作时，利用公司物质条件培育的玉米种子品种权归谁呢？
5. 授予品种权的植物新品种应该具有哪些性质？
6. 植物新品种品种权的保护有期限吗？
7. 什么是农产品地理标志？
8. 在进行农产品地理标志登记时和使用时收费吗？
9. 怎样进行农业技术推广？
10. 农业技术推广体系由什么构成？

11. "十二五"期间我国农业科技推广重点工程有哪些？

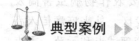 **典型案例** ▶▶

之一：A种业公司诉某市农科所侵犯植物新品种权纠纷案

2000年5月1日，由某市农业科学院自行培育的"XN2号"玉米杂交种被国家农业部授予植物新品种权。2001年1月15日农科院将"XN2号"玉米杂交种品种权转让给了A种业公司，该变更申请已在2001年第2期《植物新品种权保护》中予以公告，并于2001年4月6日缴纳了品种权维持年费，即A种业公司享有"XN2号"玉米杂交种的品种权。

某市农科所于2001年5月25日经某自治区种子管理站批准，申请生产（繁殖）名为"××号"的玉米品种，制种田在某区王村，并与该村村委会主任签订了农作物种子预约生产合同。其中"××号"玉米杂交种的生产面积为400亩，并办理了主要农作物《种子生产许可证》。

A种业公司发现后，将某市农科所告上法庭。

在法院审理过程中，某市农科所辩称其种植行为不构成对A种业公司"XN2号"玉米杂交种品种权的侵犯，并要求对其在王村生产（繁殖）的玉米品种（名为"××号"玉米杂交种）进行技术鉴定。

经农业部植物新品种保护办公室推荐，并征得原、被告双方当事人同意，法院依法委托某市农林科学院玉米研究中心利用DNA指纹技术、酯酶同工酶等电聚焦电泳和蛋白质电泳三种方法对诉前从被告制种田保全的玉米杂交种进行技术鉴定。鉴定结论认为：送检样品中，有54%的籽粒与"XN2号"杂交种没有差异，可以认定是"XN2号"杂交种；有46%的籽粒与"XN2号"杂交种不一样（经分析是制种过程中母本抽雄不彻底，造成自交结实和接受外来花粉而引起）。审理期间，原告A种业公司提供了本单位有关成本计算清单，被告某市农科所生产的400亩种子以每亩350公斤

(1公斤=1千克，后同)计算，扣除生产成本和经营成本，原告因被告的侵权行为直接损失为431 200元。

法院审理认为：植物新品种是经过人工培育的或者对发现的野生植物加以开发，具有新颖性、特异性、一致性和稳定性，并有适当命名的植物品种。完成育种的单位或者个人对其授权品种，享有排他的独占权，任何单位或个人未经品种权人许可，不得以商业目的将该授权品种的繁殖材料重复使用于生产另一品种的繁殖材料。本案中原告A种业公司于2001年1月15日通过转让的方式取得了"XN2号"玉米杂交种的品种权，享有排他的独占权，应受法律保护。被告某市农科所未经品种权人许可，以生产（繁殖）"××号"玉米杂交种的名义，擅自生产"XN2号"玉米杂交种，所生产的玉米品种经鉴定为"XN2号"。被告种植行为为制种，即生产种子，而非科研活动。对此被告某市农科所应承担侵权的法律责任。

之二：库尔勒某包装有限责任公司侵犯"库尔勒香梨"驰名商标案

当事人库尔勒某包装有限责任公司，在未要求委托印制方提供库尔勒香梨地理标志《商标注册证》《中国驰名商标认定书》《库尔勒香梨地理标志商标准用证》的情况下，于2008年3月19日～8月13日期间，先后给六名客户印制香梨包装纸箱4.5万个，生产经营额共计23.35万元，每个香梨纸箱版面上均标有"库尔勒香梨"地理标志商标（和注册人的商标完全相同）和"中国驰名商标"字样。当事人的上述行为违反了《商标法》第五十二条第（五）项的规定及《商标法实施条例》第五十条第（二）项的规定，构成侵犯注册商标专用权的行为。同时还违反了《农产品地理标志管理办法》的相关规定。

依据相关法律对当事人做出以下处罚：①责令立即停止侵权行为；②没收、销毁香梨纸箱上"库尔勒香梨"地理标志商标标示和"中国驰名商标"字样；③处以人民币10 000元的罚款。

之三：香槟与地理标志

1997年，某市工商局处理了该市某葡萄酿酒公司香槟酒公司非法使用"香槟"案,工商行政管理机关通知其停止销售。1996年2月至1997年2月间,该市某葡萄酿酒公司香槟酒公司通过市糖酒副食品总公司食品饮料公司等单位,在该市销售大中小规格的带有"香槟"字样的加汽葡萄酒共计2316箱零30瓶,全部经营额为人民币262 729.05元。

市工商局依法对该公司的违法行为进行了查处。工商局认为该葡萄酿酒公司香槟酒公司的行为违反了《商标法》第十条第二款的规定,即"县级以上行政区划的地名或者公众知晓的外国地名,不得作为商标,但是,地名具有其他含义的除外;已经注册的使用地名的商标继续有效"。同时,也违反了《农产品地理标志管理办法》的相关规定。工商局要求停止使用"香槟"字样,以保护《巴黎公约》缔约国的原产地名称在我国的合法权益。

之四:新农业技术推广模式,带来高效益农业

某地区,近年来在农技推广中大胆探索:鼓励农业科技人员以资金入股、技术入股、技术承包等形式,与农民结成"风险共担,利益共享"的利益共同体,以加快科技成果转化。

某面粉公司自2004年创办以来,公司与2个专业合作社、3个专业协会公司和5.5万家农户签约,订单面积45万亩,鼓励农民种植市场销售好的优良品种。从育苗、播种、施肥,到喷药、收割,农技人员一年四季泡在农田里,按照标准化生产的流程,手把手地教农民科学种稻。迄今为止,该公司先后引进、推广新品种69个,亩产值净增400余元。这种"公司+科技特派员+农机合作组织"模式使科技成果得到及时地推广、转化,农民得利,科技人员受益,政府满意。

第二节 农业教育

1995年我国颁布了《中华人民共和国教育法》,2006年第十届全国人民代表大会常务委员会第二十二次会议修订完成的《中华人民共和国义务教育法》(以下简称《义务教育法》),为农村义务教

育提供了法律保障。2002年12月28日修订通过的《农业法》对教育法律制度进行了补充、修改和完善。2010年我国又相继制定了《国家中长期教育改革和发展规划纲要》(2010—2020年)和《全国农民教育培训"十二五"发展规划》等相关的农业政策。分别于2007年和2009年起在全国实施的《国务院关于建立健全普通本科高校高等职业学校和中等职业学校家庭经济困难学生资助政策体系的意见》和财教〔2009〕442号《关于中等职业学校农村家庭经济困难学生和涉农专业学生免学费工作的意见》，为农村贫困学生教育提供了必要的经济保障。这些政策法规的出台，使我国农业教育的政策法律制度日臻完善。

一、农村学前教育

2010年5月5日，国务院总理温家宝主持召开国务院常务会议，审议并通过《国家中长期教育改革和发展规划纲要（2010—2020年）》，提出：把发展学前教育纳入城镇、社会主义新农村建设规划。建立政府主导、社会参与、公办民办并举的办园体制，大力发展公办幼儿园，积极扶持民办幼儿园。采取多种形式扩大农村学前教育资源，改扩建、新建幼儿园，充分利用中小学布局调整富余的校舍和教师举办幼儿园（班），发挥乡镇中心幼儿园对村幼儿园的示范指导作用。加大政府投入，完善成本合理分担机制，支持贫困地区发展学前教育，对家庭经济困难幼儿入园给予补助，着力保证留守儿童入园。到2020年，普及学前一年教育，基本普及学前二年教育，有条件的地区普及学前三年教育。重视0至3岁婴幼儿教育。

二、农村义务教育

1995年颁布的《中华人民共和国教育法》第十八条规定："国家实行九年制义务教育制度。各级人民政府采取各种措施保障适龄儿童、少年就学。适龄儿童、少年的父母或者其他监护人以及有关社会组织和个人有义务使适龄儿童、少年接受并完成规定年限的义务教育。"

1986年制订、2006年第十届全国人民代表大会常务委员会第二十二次会议修订完成的《中华人民共和国义务教育法》(以下简称《义务教育法》),为农村义务教育提供了法律保障。

(一) 关于教育制度的规定

《义务教育法》第二条第一款规定:"国家实行九年义务教育制度。"

第五条规定:"各级人民政府及其有关部门应当履行本法规定的各项职责,保障适龄儿童、少年接受义务教育的权利"。"适龄儿童、少年的父母或者其他法定监护人应当依法保证其按时入学接受并完成义务教育。"

第五十三条第二款规定:"县级人民政府教育行政部门或者乡镇人民政府未采取措施组织适龄儿童、少年入学或者防止辍学的,依照前款规定追究法律责任。"

第五十八条规定:"适龄儿童、少年的父母或者其他法定监护人无正当理由未依照本法规定送适龄儿童、少年入学接受义务教育的,由当地乡镇人民政府或者县级人民政府教育行政部门给予批评教育,责令限期改正。"

(二) 关于费用的规定

《义务教育法》规定,实施义务教育,不收学费、杂费。各级人民政府对家庭经济困难的适龄儿童、少年免费提供教科书并补助寄宿生生活费。对困难儿童、少年应采取必要措施,确保他们不因家庭经济困难、就学困难、学习困难等原因而失学,努力消除辍学现象。

(三) 关于农村学校建设的规定

1. 学校设立

依据《义务教育法》和《国家中长期教育改革和发展规划纲要》(2010—2020年)规定如下。

县级以上地方人民政府按照国家有关规定,制定、调整学校设置规划。适应城乡发展需要,合理规划学校布局,办好必要的教学点,方便学生就近入学。

学校建设,应当符合国家规定的选址要求和建设标准,确保学生和教职工安全。还要加快农村寄宿制学校建设,优先满足留守儿童住宿需求。

2. 教育资源配置

国务院和县级以上地方人民政府应当合理配置教育资源,促进义务教育均衡发展,采取措施,保障农村地区实施义务教育。

加快缩小城乡差距,建立城乡一体化义务教育发展机制,在财政拨款、学校建设、教师配置等方面向农村倾斜,率先在县(区)域内实现城乡均衡发展,逐步在更大范围内推进。

加强优质教育资源开发与应用。继续推进农村中小学远程教育,使农村和边远地区师生能够享受优质教育资源,促进优质教育资源普及共享。重点加强农村学校信息基础建设,缩小城乡数字化差距。

3. 办学原则

《义务教育法》明确规定如下。

(1) 县级以上人民政府及其教育行政部门不得将学校分为重点学校和非重点学校,学校不得分设重点班和非重点班,不得以任何名义改变或者变相改变公办学校的性质。学校不得违反国家规定收取费用,不得以向学生推销或者变相推销商品、服务等方式谋取利益。

县级以上人民政府或者其教育行政部门将学校分为重点学校和非重点学校,或改变或者变相改变公办学校性质的情形,由上级人民政府或者其教育行政部门责令限期改正、通报批评;情节严重的,对直接负责的主管人员和其他直接责任人员依法给予行政处分。

(2) 学校拒绝接收具有接受普通教育能力的残疾适龄儿童、少年随班就读的;分设重点班和非重点班的;违反本法规定开除学生的;选用未经审定的教科书的。有上述情形之一的,由县级人民政府教育行政部门责令限期改正;情节严重的,对直接负责的主管人员和其他直接责任人员依法给予处分。

(3) 各级人民政府及其有关部门依法维护学校周边秩序,定期检查校舍安全并及时维修改造;学校应当建立、健全安全制度和应急机制,对学生进行安全教育。

(四) 关于教师的规定

《义务教育法》对教师做了如下法律规定。

(1) 教师在教育教学中应当平等对待学生,尊重学生的人格,不得歧视学生,不得对学生实施体罚、变相体罚或者其他侮辱人格尊严的行为,不得侵犯学生合法权益。

1991年9月4日第七届全国人民代表大会常务委员会第二十一次会议通过,2006年12月29日第十届全国人民代表大会常务委员会第二十五次会议修订的《中华人民共和国未成年人保护法》第二十一条也有相关规定:"学校、幼儿园、托儿所的教职员工应当尊重未成年人的人格尊严,不得对未成年人实施体罚、变相体罚或者其他侮辱人格尊严的行为。"

(2) 严禁开除学生的规定 《义务教育法》二十七条规定:"对违反学校管理制度的学生,学校应当予以批评教育,不得开除"。

(3) 国家鼓励和支持城市学校教师和高等学校毕业生到农村地区、民族地区从事义务教育工作;鼓励高等学校毕业生以志愿者的方式到农村地区、民族地区缺乏教师的学校任教。县级人民政府教育行政部门依法认定其教师资格,其任教时间计入工龄。

《国家中长期教育改革和发展规划纲要》(2010—2020年)第五十三条也提出:以农村教师为重点,提高中小学教师队伍整体素质。创新农村教师补充机制,完善制度政策,吸引更多优秀人才从教。积极推进师范生免费教育,实施农村义务教育学校教师特设岗位计划,完善代偿机制,鼓励高校毕业生到艰苦边远地区当教师。完善教师培训制度,将教师培训经费列入政府预算,对教师实行每五年一周期的全员培训。对长期在农村基层和艰苦边远地区工作的教师,在工资、职务(职称)等方面实行倾斜政策,完善津贴补贴标准。建设农村艰苦边远地区学校教师周转宿舍。

(4) 学校或者教师在义务教育工作中违反法律规定的，依照《教育法》《教师法》的有关规定处罚。

(五) 关于农村学生的规定

1. 农村学生上学年龄

适龄年龄为满 6 周岁，条件不具备的地区的儿童，可以推迟到 7 周岁。

适龄儿童、少年因身体状况需要延缓入学或者休学的，其父母或者其他法定监护人应当提出申请，由当地乡镇人民政府或者县级人民政府教育行政部门批准。

2. 农村学生上学地点

(1)《义务教育法》规定，适龄儿童、少年免试入学。地方各级人民政府应当保障适龄儿童、少年在户籍所在地学校就近入学。建立健全政府主导、社会参与的农村留守儿童关爱服务体系和动态监测机制。加快农村寄宿制学校建设，优先满足留守儿童住宿需求。

(2) 进城务工人员随迁子女，坚持以输入地政府管理为主、以全日制公办中小学为主，确保他们平等接受义务教育，研究制定他们接受义务教育后在当地参加升学考试的办法。

3. 农村学生营养

《国家中长期教育改革和发展规划纲要》(2010—2020 年) 第八条第四款提出：提倡合理膳食，改善学生营养状况，提高贫困地区农村学生营养水平。保护学生视力。

2011 年秋季学期起，我国启动《实施农村义务教育学生营养改善计划》。具体规定如下：

(1) 在集中连片特殊困难地区开展试点，中央财政按照每生每天 3 元的标准为试点地区农村义务教育阶段学生提供营养膳食补助。试点范围包括 680 个县 (市)、约 2600 万在校生。初步测算，国家试点每年需资金 160 多亿元，由中央财政负担。

(2) 鼓励各地以贫困地区、民族和边疆地区、革命老区等为重点，因地制宜开展营养改善试点。中央财政给予奖补。

(3) 统筹农村中小学校舍改造，将学生食堂列为重点建设内容，切实改善学生就餐条件。

(4) 将家庭经济困难寄宿学生生活费补助标准每生每天提高1元，达到小学生每天4元、初中生每天5元。中央财政按一定比例奖补。

(5) 补助资金严格用于为学生提供食品，严禁直接发放给学生和家长，严防虚报冒领。

4. 保障学生安全的有关规定

(1) 校园安全 学校建设，应当符合国家规定的选址要求和建设标准，确保学生和教职工安全。各级人民政府及其有关部门依法维护学校周边秩序，定期检查校舍安全并及时维修改造；学校应当建立、健全安全制度和应急机制，对学生进行安全教育。

(2) 校车安全 《校车安全管理条例》已于2012年3月28日国务院第197次常务会议通过并公布。该条例规定如下。

① 校车标准 校车是指依照本条例取得使用许可，用于接送接受义务教育的学生上下学的7座以上的载客汽车。接送小学生的校车应当是按照专用校车国家标准设计和制造的小学生专用校车。

② 校车安全保障

a. 国务院教育、公安、交通运输以及工业和信息化、质量监督检验检疫、安全生产监督管理等部门，负责校车安全管理的有关工作。国务院教育、公安部门会同国务院有关部门建立校车安全管理工作协调机制，统筹协调校车安全管理工作中的重大事项，共同做好校车安全管理工作。

b. 县级以上地方人民政府制定、调整学校设置规划，保障学生就近入学或者在寄宿制学校入学。合理规划、设置公共交通线路和站点，为需要乘车上下学的学生提供方便。对确实难以保障就近入学，并且公共交通不能满足学生上下学需要的农村地区，应采取措施，保障接受义务教育的学生获得校车服务。

c. 县级以上地方人民政府对本行政区域的校车安全管理工作负总责。县级以上地方人民政府教育、公安、交通运输、安全生产监督管理等有关部门履行校车安全管理的相关职责。

d. 生产校车的企业应当建立健全产品质量保证体系，保证所生产的校车符合校车安全国家标准；不符合标准的，不得出厂、销售。

e. 配备校车的学校和校车服务提供者应当建立健全校车安全管理制度，配备安全管理人员，加强校车的安全维护，定期对校车驾驶人进行安全教育，组织校车驾驶人学习道路交通安全法律法规以及安全防范、应急处置和应急救援知识，并对学生进行安全教育，保障学生乘坐校车安全。

③ 提供校车服务者

a. 学校可以配备校车。

b. 依法设立的道路旅客运输经营企业、城市公共交通企业，以及依照规定设立的校车运营单位。

c. 县级以上地方人民政府可以制定管理办法，组织依法取得道路旅客运输经营许可的个体经营者提供校车服务。

④ 对校车要求

a. 应取得载明本车的号牌号码、车辆的所有人、驾驶人、行驶线路、开行时间、停靠站点以及校车标牌发牌单位、有效期等事项的校车标牌。车辆达到报废标准或者不再作为校车使用的，应当将校车标牌交回公安机关交通管理部门。

b. 应配备统一的校车标志灯和停车指示标志。

c. 校车应当配备逃生锤、干粉灭火器、急救箱等安全设备和具有行驶记录功能的卫星定位装置。

d. 校车服务提供者应当做好校车的安全维护，建立安全维护档案，每半年进行一次机动车安全技术检验，保证校车处于良好技术状态。

e. 校车不得以任何理由超员。学校和校车服务提供者不得要求校车驾驶人超员、超速驾驶校车。

f. 载有学生的校车在高速公路上行驶的最高时速不得超过80公里❶，在其他道路上行驶的最高时速不得超过60公里（道路交通安全法律法规规定或者道路上限速标志、标线标明的除外）；在

---

❶ 1公里＝1千米，后同。

急弯、陡坡、窄路、窄桥以及冰雪、泥泞的道路上行驶,或者遇有雾、雨、雪、沙尘、冰雹等低能见度气象条件时,最高时速不得超过 20 公里。

g. 校车运载学生,可以在公共交通专用车道以及其他禁止社会车辆通行但允许公共交通车辆通行的路段行驶。校车上下学生,应当在校车停靠站点停靠;未设校车停靠站点的路段可以在公共交通站台停靠。

⑤ 乘车安全

a. 照管人员　受过安全教育的照管人员随校车全程照管乘车学生。如学生上下车时,在车下引导、指挥,维护上下车秩序;检查驾驶人驾驶情况、清点乘车学生人数;帮助、指导学生安全落座、系好安全带;确认车门关闭后示意驾驶人启动校车;制止学生在校车行驶过程中离开座位等危险行为;核实学生下车人数,确认乘车学生已经全部离车后本人方可离车;发生交通事故时,学生继续留在校车内有危险的,随车照管人员应当将学生撤离到安全区域,并及时与学校、校车服务提供者、学生的监护人联系处理后续事宜。校车的副驾驶座位不得安排学生乘坐。禁止除驾驶人、随车照管人员以外的人员乘坐。

b. 校车安检　校车上道路行驶前,驾驶人应当对校车的制动、转向、外部照明、轮胎、安全门、座椅、安全带等车况是否符合安全技术要求进行检查,不得驾驶存在安全隐患的校车上道路行驶。不得在校车载有学生时给车辆加油,不得在校车发动机引擎熄灭前离开驾驶座位。校车发生交通事故,驾驶人、随车照管人员应当立即报警,设置警示标志。

三、农业职业教育

1. 加快农业职业教育发展

(1)《农业法》第五十五条规定:"国家发展农业职业教育。国务院有关部门按照国家职业资格证书制度的统一规定,开展农业行业的职业分类、职业技能鉴定工作,管理农业行业的职业资格证书。"

(2)《国家中长期教育改革和发展规划纲要》(2010—2020年)第十六条规定,加快发展面向农村的职业教育,把加强职业教育作为服务社会主义新农村建设的重要内容;加强基础教育、职业教育和成人教育统筹,促进农科教结合;强化职业教育资源的统筹协调和综合利用,推进城乡、区域合作,增强服务"三农"能力;强化省、市(地)级政府发展农村职业教育的责任,扩大农村职业教育培训覆盖面,根据需要办好县级职教中心。

2. 加强涉农院校建设

(1)《国家中长期教育改革和发展规划纲要》(2010—2020年)第十六条规定,加强涉农专业建设,加大培养适应农业和农村发展需要的专业人才力度。

(2)《农业科技发展"十二五"规划》第十一条规定,引导涉农院校在专业设置、课程选择、人才培养等方面与现代农业产业发展的需求紧密结合,促使涉农院校培养专业知识和能力符合现代农业发展需求的高等人才。

强化农业职业教育行业指导,促进中高等农业职业院校立足产业发展需求改善人才培养模式,探索校企联合、校地联合等多种人才培养方式,加大实训力度,提高农业职业院校学生动手实践能力。

3. 建立健全家庭经济困难学生资助政策体系

2007年秋季开学起,在全国实施的《国务院关于建立健全普通本科高校高等职业学校和中等职业学校家庭经济困难学生资助政策体系的意见》中规定相关政策如下。

(1)完善国家奖学金制度

① 中央继续设立国家奖学金,用于奖励普通本科高校和高等职业学校全日制本专科在校生中特别优秀的学生,每年奖励5万名,奖励标准为每生每年8000元,所需资金由中央负担。

② 中央与地方共同设立国家励志奖学金,用于奖励资助普通本科高校和高等职业学校全日制本专科在校生中品学兼优的家庭经济困难学生,资助面平均约占全国高校在校生的3%,资助标准为每生每年5000元。国家励志奖学金适当向国家最需要的农林水地

矿油核等专业的学生倾斜。

中央部门所属高校国家励志奖学金所需资金由中央负担。地方所属高校国家励志奖学金所需资金根据各地财力及生源状况由中央与地方按比例分担。其中，西部地区，不分生源，中央与地方分担比例为8:2；中部地区，生源为西部地区的，中央与地方分担比例为8:2，生源为其他地区的，中央与地方分担比例为6:4；东部地区，生源为西部地区和中部地区的，中央与地方分担比例分别为8:2和6:4，生源为东部地区的，中央与地方分担比例根据财力及生源状况等因素分省确定。人口较少民族家庭经济困难学生资助资金全部由中央负担。鼓励各地加大资助力度，超出中央核定总额部分的国家励志奖学金所需资金由中央给予适当补助。省（区、市）以下分担比例由各地根据中央确定的原则自行确定。

(2) 完善国家助学金制度

中央与地方共同设立国家助学金，用于资助普通本科高校、高等职业学校全日制本专科在校生中家庭经济困难学生和中等职业学校所有全日制在校农村学生及城市家庭经济困难学生。

① 普通本科高校和高等职业学校。国家助学金资助面平均约占全国普通本科高校和高等职业学校在校生总数的20%。财政部、教育部根据生源情况、平均生活费用、院校类别等因素综合确定各省资助面。平均资助标准为每生每年2000元，具体标准由各地根据实际情况在每生每年1000～3000元范围内确定，可以分为2～3档。

② 中等职业学校。国家助学金资助所有全日制在校农村学生和城市家庭经济困难学生。资助标准为每生每年1500元，国家资助两年，第三年实行学生工学结合、顶岗实习。

国家助学金所需资金由中央与地方按照国家励志奖学金的资金分担办法共同承担。

有条件的地区可以试行运用教育券发放国家助学金的办法。

(3) 进一步完善和落实国家助学贷款政策　大力开展生源地信用助学贷款。生源地信用助学贷款是国家助学贷款的重要组成部分，与国家助学贷款享有同等优惠政策。对普通本科高校和高等职业学校全日制本专科生,在校期间获得国家助学贷款、毕业后自愿到艰苦地区基层单位从事第一线工作且服务达到一定年限的,国家实行国家助学贷款代偿政策。

(4) 实行部分师范生免费教育 从 2007 年起,对教育部直属师范大学新招收的师范生,实行免费教育。

(5) 加强学校助学体制建设 学校要按照国家有关规定从事业收入中足额提取一定比例的经费,用于学费减免、国家助学贷款风险补偿、勤工助学、校内无息借款、校内奖助学金和特殊困难补助等。

(6) 鼓励社会力量捐资助学 要进一步落实、完善鼓励捐资助学的相关优惠政策措施,充分发挥中国教育发展基金会等非营利组织的作用,积极引导和鼓励地方政府、企业和社会团体等面向各级各类学校设立奖学金、助学金。

4. 重点支持农业中等职业教育

财教 [2009] 442 号《关于中等职业学校农村家庭经济困难学生和涉农专业学生免学费工作的意见》规定相关政策如下。

(1) 免学费的范围 从 2009 年秋季学期起,对公办中等职业学校全日制正式学籍一、二、三年级在校生中农村家庭经济困难学生和涉农专业学生逐步免除学费(艺术类相关表演专业学生除外)。西藏自治区和新疆维吾尔自治区喀什、和田、克孜勒苏柯尔克孜三地州农村户籍的学生全部享受免学费政策;其他地区享受免学费政策的农村家庭经济困难学生分地区按以下比例确定:西部地区按在校生的 25% 确定;中部地区按在校生的 15% 确定;东部地区按在校生的 5% 确定。中央财政参照上述比例安排中央补助资金。各地可根据实际,合理确定行政区域内农村家庭经济困难学生的比例。

(2) 免学费的涉农专业 2000 年教育部发布的《中等职业学校专业目录》(教职成 [2000] 8 号)❶ 中的农林类所有专业,具体包括:种植、农艺、园艺、蚕桑、养殖、畜牧兽医、水产养殖、野

---

❶ 最新文件为"教职成 [2010] 4 号"。但本文是财教 [2009] 442 号文件规定之内容,故本文仍引用"教职成 [2000] 8 号"文件。

生动物保护、农副产品加工、棉花检验加工与经营、林业、园林、木材加工、林产品加工、森林资源与林政管理、森林采运工程、农村经济管理、农业机械化、航海捕捞,以及能源类的农村能源开发与利用专业和土木水利工程类的农业水利技术专业 21 类专业。

四、农业继续教育

《农业法》第五十三条规定:"国家建立农业专业技术人员继续教育制度。县级以上人民政府农业行政主管部门会同教育、人事等有关部门制定农业专业技术人员继续教育计划,并组织实施"。1989 年我国出台的《农业专业技术人员继续教育暂行规定》中指出了农业继续教育的相关要求。

1. 对象

具有中专以上文化程度或初级以上专业技术职务,从事农业生产、技术推广、科研、教育、管理及其他专业技术工作的在职人员。重点是具有中级以上(含中级)专业技术职务的中、青年骨干。

2. 培养目标

初级农业专业技术人员主要是学习专业基本知识和进行实际技能的训练,以提高岗位适应能力,为继续深造,加快成长打好基础。

中级农业专业技术人员主要是更新知识和拓宽知识面,结合本职工作学习新理论、新技术、新方法,了解国内外科技发展动态,培养独立解决复杂技术问题的能力。

高级农业专业技术人员要熟悉和掌握本专业、本学科新的科技和管理知识,研究解决重大技术课题,成为本行业的技术专家和学术(学科)带头人。

3. 组织实施

农业继续教育根据统筹规划、专业对口的原则,分级组织实施。农业部各有关业务司、局、站、院负责所属行业(或单位)高级专业技术人员的继续教育。省(区、市)农业部门负责中级和部分高级专业技术人员的继续教育。地(市)县农业部门负责初级和部分中级专业技术人员的继续教育。

4. 内容和形式

农业继续教育的内容要紧密结合农业技术进步，技术成果推广以及管理现代化的需要，按照不同专业，不同职务，不同岗位的知识结构和业务水平要求，注重新颖、实用，力求做到针对性、实用性、科学性和先进性四统一。农业继续教育以短期培训和业余自学为主，广开学路，采取多渠道、多层次、多形式进行。可以参加高等院校、科研单位、学术团体或继续教育部门举办的各类进修（培训、研究）班；到教学、科研、生产单位边工作、边学习；参加科研部门举办的学术报告会、专题研讨会，听学术讲座；有计划、有指导的自学；结合本职工作或研究项目，进行专题调研和考察；出国进修、考察，参加学术会议；在职攻读硕士、博士学位；通过广播、函授、电视、录像、刊授等途径接受远距离教育等。

《国家中长期教育改革和发展规划纲要》（2010—2020年）规定：加快发展继续教育。构建灵活开放的终身教育体系。加强城乡社区教育机构和网络建设，开发社区教育资源。大力发展现代远程教育，建设以卫星、电视和互联网等为载体的远程开放继续教育及公共服务平台，为学习者提供方便、灵活、个性化的学习条件。到2020年，基本建成覆盖城乡各级各类学校的教育信息化体系。

五、农业科技教育培训

《国家中长期教育改革和发展规划纲要》（2010—2020年）第十六条规定，支持各级各类学校积极参与培养有文化、懂技术、会经营的新型农民，开展进城务工人员、农村劳动力转移培训。逐步实施农村新成长劳动力免费劳动预备制培训。2011年我国制定了《全国农民教育培训"十二五"发展规划》。

1. 全国农民教育培训

（1）基本原则　政府主导原则；服务产业原则；因地制宜原则；需求导向原则。

（2）发展目标　农民教育培训工作环境不断优化，多元化农民教育培训体系更加健全，农民教育培训的覆盖面和规模进一步扩大,农民教育培训条件不断优化、能力不断增强,农民教育培训质量逐步提高,农村劳动力知识和能力结构明显改善,职业农民队伍不断壮大,农业农村发展的人才支撑和智力保障能力大幅提升。

(3) 主要任务

① 大力开展多层次农民教育培训工作

a. 广泛开展农民科学素质提升培训。充分利用广播、电视、互联网等媒体手段和农业科技直通车、宣传栏、明白纸等对农民进行培训,努力使农民掌握新知识,引导农民树立新观念,增强质量安全、资源环境保护和依法维权等意识,提高农民科学素质,形成相信科技、学习科技、运用科技和依靠科技增收致富的风尚。

b. 深入开展农业实用技术培训。围绕粮棉油糖高产创建、菜篮子工程、园艺作物标准园创建、草原建设与保护、现代农业公共服务能力建设、农机购置补贴政策、农村生态能源等重大农业工程项目,结合主导品种和主推技术,因地制宜向广大农民推广普及农业新成果新技术。结合农时季节,综合运用现场培训、集中办班、入户指导等多种方式,面向农业产前、产中、产后各个环节,开展高产优质新品种、高产高效种养技术、防灾减灾技术、节本增效技术、农机化新技术、节水灌溉技术、农作物病虫害防治技术、农产品产地初加工技术等培训,提高农业科技成果转化率,提高农民农业生产水平和产业发展能力。

c. 系统开展农民职业技能培训。依托相关农民培训项目,重点对从事农业和农村生产经营服务的职业农民,开展系统的职业技能培训,优化劳动力素质和结构,增强农民在农业领域和农村就业的能力与生产经营服务水平,推动农业生产经营专业化、标准化、规模化、集约化发展,推动农村二、三产业健康发展。

d. 扎实开展农民创业培训。对有一定产业基础、文化水平较高、有创业愿望的农民和返乡农民工等开展创业培训,通过技术指导、政策扶持和跟踪服务,使其树立创业理念、增强创业意识、掌握创业方法、提高创业能力,促进其提高经营水平、扩大经营规模、领办农民专业合作经济组织、创办农业企业。

e. 积极开展农民学历教育。针对农村初高中毕业生、村组干部、农业经纪人、种养大户、农民专业合作经济组织骨干、复转军人等,开展现代农业生产技术、农产品加工与营销、农村经济管理、农村土地承包纠纷调解等专业的中高等职业教育,改善农业劳动者学历结构,提高他们的综合素质,使他们成为发展现代农业和建设新农村的带头人。

② 着力构建多渠道农民教育培训体系　充分发挥农业广播电视学校等农民教育培训机构的主渠道作用,强化各级农民科技教育培训中心、中高等农业职业院校、农业技术推广机构和农业科研院所在农民教育培训中的主导地位,鼓励和支持符合条件的涉农企业、农民专业合作经济组织及其他培训机构参与农民培训工作,逐步构建起从中央到省、地、县、乡相互衔接、上下贯通、社会各界广泛参与的农民教育培训体系。

③ 加强农民教育培训能力建设　积极争取各级政府和有关部门的重视与支持,不断加大投入力度,改善农民教育培训条件,增强服务县域经济发展能力。推进教学资源建设,及时把农业新技术、新品种、新肥料、新农药、新机具等新成果转化为浅显、通俗、形象、易懂的教学资源。加强教师队伍建设,完善师资培训制度,不断提高教师教学能力和工作水平。

④ 积极推进农民教育培训立法　大力推广有关省市制定实施《农民教育培训条例》的经验和做法,在广泛调研基础上,推动地方性农民教育培训法规的制定,促进农民教育培训工作逐步走上规范化、法制化发展轨道。

(4)"十二五"期间重点实施重大工程　为确保全面实现农民教育培训目标任务,"十二五"期间重点实施以下五大工程。

① 农村劳动力职业技能培训工程　以农业部、财政部联合实施的农村劳动力培训阳光工程为主要依托,组织具备条件的培训机构,以农业生产技术、农村能源与环境、农业经营、农村社会管理和农村特色产业为主要内容,对种植业、畜牧和渔业、兽医、农机、农业经营管理和农村社会管理人员、涉农企业和休闲农业从业人员开展职业技能培训,同时开展农产品质量安全等知识的引导性培训,切实提高农民从事农业生产经营、服务的专业化和规范化

水平。

② 农民创业培训工程 依托条件较好的培训机构，以现代农业发展对人才的需求为导向，以增强农民创业意识为重点，以提升农民创业能力为核心，对农民开展创业培训，帮助农民掌握创业方法、提高经营水平、扩大经营规模、领办农民专业合作经济组织、创办农业企业。以创业带动就业，以创业促进增收。

③ 农民学历提升工程 依托农业广播电视学校、农业职业院校等教育机构，继续实施"农村实用人才培养百万中专生计划"，采用送下下乡、工学交替、分段学习、强化实践、学分管理、跟踪服务等方式，解决工学矛盾，确保教育质量。引导和鼓励有条件的地方面向农业一线生产经营者和有志于从事农业的"两后生"，探索农业中高等教育免试入学、免费教育、弹性学制、定向使用的机制和模式，培养大批具有中高等学历的农村实用人才和职业农民。

④ 农民教育培训条件建设工程 积极争取各级政府支持，将农民教育培训条件建设列入农业基本建设计划，安排专项建设资金，完善教育培训设施，重点改善县级农业广播电视学校和乡镇或区域农技推广机构设施设备条件，加强实训基地建设。开发教育培训资源，提高教学资源建设质量。加强中央和省、县、村三级农民教育培训平台建设，提升中央和省级平台的资源开发、管理和传播能力，提升县级平台的接收、加工转化和传播能力，提升村级平台的应用和辐射能力。

⑤ 农民教育培训师资队伍建设工程 以提升能力为核心，对专兼职教师开展教育培训方式方法和专业知识培训，着力打造熟悉农民教育培训特点和农民需求、掌握现代知识技术、具有丰富实践经验的"双师型"教师队伍，提高农民培训质量。建立各级农民教育培训师资库，开展教学竞赛等活动，采取各种有效措施调动教师教学积极性，提升教学能力。

2. 新型农民科技培训

党的十七大报告指出，要发挥亿万农民建设新农村的主体作用，就要培育"有文化、懂技术、会经营"的新型农民。只有培育新型农民，社会主义新农村建设的各项目标才能实现。因此，2007

年农业部、财政部下发的《新型农民科技培训工程项目管理办法》，对新型农民培训工作做了如下规定。

(1) 组织单位　新型农民科技培训工程由农业部、财政部共同组织实施，主要对务农农民开展农业科技知识和实用技术培训，提高农民务农技能，培养新型农民，为社会主义新农村建设提供智力支撑和人才保障。

(2) 培训机构　新型农民科技培训项目县农业、财政部门根据批复下达的补助资金额度，结合示范村提出的培训内容和要求，面向社会公开招标确定培训机构。各级各类农业院校和教育培训机构、农业科研院所和技术推广服务机构、农民专业合作组织、农业产业化龙头企业等，都可以根据自身的技术力量和培训条件，向县级项目办公室申请承担培训任务。

(3) 培训要求

① 培训项目　培训工程项目结合优势农产品区域布局规划，按照"围绕主导产业，培训专业农民，进村办班指导，发展'一村一品'"的思路，以村为基本单元组织培训。其项目实施必须围绕示范村的主导产业开展，按照生产周期，进村办班指导，方便农民参加培训学习。

② 培训对象　培训对象主要是从事农业生产的专业农民。每个示范村的培训工作要在实行整村推进的基础上，确定40名以上主要从事农业生产和经营、农业生产经营收入作为家庭主要收入的专业农民，作为新型农民科技培训工程的基本学员，登记注册，开展系统培训。

③ 培训内容　培训内容主要是专业农民从事主导产业的产前、产中、产后的生产技能及相关知识。具体培训内容和培训要求由村提出，在各村自愿申报的基础上，县农业和财政部门评审确定培训示范村。各县确定的示范村应有一定的产业基础，农民有强烈的培训需求，村里有基本的培训场地，能组织农民参加培训。

④ 培训教材（讲义）　培训机构要加强培训教材建设，编写或选用适合农民技能培训、经营管理、政策法规等方面的教材（讲义），确保受训专业农民有与培训内容相关的培训教材（讲义）。农

民培训教材要通俗易懂、实际、实用。

⑤ 形式　采取集中培训、现场指导和技术服务相结合，实现培训、指导、服务三位一体。集中培训由村里提供教室，组织农民参加。现场指导由培训教师在田间地头对农民进行面对面、手把手的技术指导。

⑥ 培训时间　培训机构每年对示范村进村开展集中培训的时间不得少于15天。根据农时季节进村指导不得少于15次。

⑦ 培训目标　新型农民科技培训工程要与绿色证书培训、实用人才培养计划紧密结合。通过实施新型农民科技培训，使示范村的基本学员能够基本掌握从事主导产业的生产技术及其相关知识，不断提高生产技能，增加收入。

(4) 培训实施管理

① 各级农业、财政主管部门要加强项目监督检查，保证培训质量和效果。项目县要成立新型农民科技培训工程项目领导小组，由县分管农业的领导任组长，农业、财政、畜牧、水产等单位负责人为成员，并设立办公室，具体负责项目日常管理工作。培训机构按照项目合同，组织教师和科技人员开展培训工作。

② 每次参加集中培训和技术指导的登记注册基本学员，各县项目办公室发放标明"记录培训时间"、"培训内容"和"培训教师"的培训卡。

③ 承担项目的培训机构必须按培训方案开展培训并建立写明每次"办班时间"、"培训内容"、"培训方式"、"参加培训人员"及"培训教师"的培训台账。培训结束后，培训台账由培训教师、村负责人和学员代表三方签字，培训台账一式两份，分别由培训机构和示范村保管。

3. 常见农民培训工程

(1) 绿色证书培训　为了提高我国广大农民的科技文化素质，加快农业科技进步，促进农村经济发展，使我国农民职业技术教育逐步走向法制化和规范化道路，农业部从1990年开始在全国组织实施绿色证书制度试点工作。根据国务院办公厅1994年转发农业部《关于实施绿色证书工程的意见》的精神，农业部从1994年开始在全国全面组织实施绿色证书工程。

绿色证书是农民需要参加学习和培训，达到从事某项工作岗位要求具备相应基本知识和技能后，由地方政府或授权机关认可并颁发农业部统一印制的证书。绿色证书制度就是农民技术资格证书制度，是通过立法、行政等手段，把农民的技术资格要求、培训、考核、发证等规定下来，并制定相关配套政策，作为农民从业和培训的规程，确保从业人员的技术素质。绿色证书制度是我国农民科技培训的一项基本制度。

绿色证书工程主要是按"工程"的组织形式，对广大农民开展绿色证书培训，逐步建立和完善符合中国国情的绿色证书制度，培养千百万农民技术骨干，并通过他们的示范作用，将农业科技成果辐射到千家万户。

为了加强绿色证书制度建设，1997年，农业部印发了《"绿色证书"制度管理办法》，并先后颁发了21个绿色证书岗位规范。绿色证书工程得到了各级教育、科技、财政、计划、科协、妇联、团委等部门和团体的大力支持。农业部先后与教育部、总政治部、总后勤部联合下发了《关于在农村普通中学试行"绿色证书"教育的指导意见》和《关于在全军和武警部队副食品生产基地及从事农副业生产人员中开展"绿色证书"培训的通知》，将绿色证书培训扩展到农村普教和军队后勤系统。

(2) 阳光工程　为贯彻落实党中央、国务院的要求和部署，加强农村劳动力转移培训工作，农业部、财政部、劳动和社会保障部、教育部、科技部、建设部从2004年起，共同组织实施农村劳动力转移培训阳光工程（简称"阳光工程"）。

阳光工程是由政府公共财政支持，主要在粮食主产区、劳动力主要输出地区、贫困地区和革命老区开展的农村劳动力转移到非农领域就业前的职业技能培训示范项目。制定有农民创业培训、农作物病虫害专业化防治人员培训、休闲农业与乡村旅游服务员培训、渔业船员培训、农机手（农机使用）培训、农机手（农机维修）培训、农民专业合作社负责人培训等规范。培训内容主要有引导性培训和职业技能培训。

引导性培训主要是通过集中办班、咨询服务、印发资料以及利用广播、电视、互联网等手段多形式、多途径灵活开展基本权益保护、法律知识、城市生活常识、寻找就业岗位等方面知识的培训，目的在于提高农民工遵守法律法规和依法维护自身权益的意识，树立新的就业观念。引导性培训要开展。

职业技能培训是根据国家职业标准和不同行业、不同工种、不同岗位对从业人员基本技能和技术操作规程的要求，安排培训内容，设置培训课程。职业技能培训以定点和定向培训为主，当前的培训重点是家政服务、餐饮、酒店、保健、建筑、制造等行业的职业技能。职业技能培训主要是在各级政府的引导和支持下，由各类教育培训机构、行业和用人单位开展。鼓励和支持社会力量尤其是一些具有特色的民办培训机构开展职业技能培训。对具备相应条件并有创业意向的农民工开展创业培训，提供创业指导。

阳光工程按照"政府推动、学校主办、部门监管、农民受益"的原则组织实施。旨在提高农村劳动力素质和就业技能，促进农村劳动力向非农产业和城镇转移，实现稳定就业和增加农民收入，推动城乡经济社会协调发展，加快全面建设小康社会的步伐。

（3）雨露计划　为进一步提高贫困人口素质，增加贫困人口收入，加快扶贫开发和贫困地区社会主义新农村建设、构建和谐社会的步伐，国务院扶贫开发领导小组办公室决定在贫困地区实施"雨露计划"。"雨露计划"以政府主导、社会参与为特色，以提高素质、增强就业和创业能力为宗旨，以中职（中技）学历职业教育、劳动力转移培训、创业培训、农业实用技术培训、政策业务培训为手段，以促成转移就业、自主创业为途径，帮助贫困地区青壮年农民解决在就业、创业中遇到的实际困难，最终达到发展生产、增加收入，最终促进贫困地区经济发展。

"雨露计划"的对象主要有三类：一是扶贫工作建档立卡的青壮年农民（16～45岁）；二是贫困户中的复员退伍士兵（含技术军士）；三是扶贫开发工作重点村的村干部和能帮助带动贫困户脱贫的致富骨干。

（4）万名巾帼家政服务计划　家庭服务业是妇女创业就业的优

势产业,当前我国家政服务从业人员中90%以上是女性。各级妇联应积极争取发展家庭服务业促进就业的政策资源,加大家庭服务职业技能培训力度,推进巾帼家政服务企业实现规模化、产业化发展。2009年全国妇联开始计划用三年时间,培训20万名巾帼家政服务员,建立100个全国巾帼家政培训示范基地,扶持31个全国家政服务劳务对接基地。

近年来,各级妇联组织发挥网络健全、覆盖城乡的优势,加大家庭服务职业技能培训力度,推进巾帼家政服务企业实现规模化、产业化发展。在全国31个省区市建立了各级家政服务机构,累计对280多万人次妇女开展家政服务技能培训。

(5) 农民星火科技培训计划　星火计划是党中央、国务院批准实施的依靠科技进步、振兴农村经济,普及科学技术、带动农民致富的指导性科技计划,是我国国民经济和社会发展计划及科技发展计划的一个重要组成部分。国家星火计划通过项目引导,继续实施"百万农民科技培训工程"和星火科技培训"五项工程",继续加强星火科技培训能力建设。

星火计划的宗旨是:坚持面向农业、农村和农民;坚持依靠技术创新和体制创新,促进农业和农村经济结构的战略性调整和农民增收致富;推动农业产业化、农村城镇化和农民知识化,加速农村小康建设和农业现代化进程。星火计划的主要任务是:以推动农村产业结构调整、增加农民收入,全面促进农村经济持续健康发展为目标,加强农村先进适用技术的推广,加速科技成果转化,大力普及科学知识,营造有利于农村科技发展的良好环境。围绕农副产品加工、农村资源综合利用和农村特色产业等领域,集成配套并推广一批先进适用技术,大幅度提高我国农村生产力水平。

【复习思考题】

1. 儿童几岁才允许上学?
2. 如果接受义务教育的孩子在学校犯了错误,应该被学校开除吗?
3. 教师瞧不起农村孩子,甚至打骂孩子,这样做违法吗?

4. 允许学校设重点班吗?

5. 我国在哪些地区开始实行"农村义务教育学生营养改善计划"了?是怎么补助营养膳食费的?

6. 国家发放了营养膳食补助,我们家长怎么没有收到?

7. 哪些学生可以享受寄宿生生活补助费?

8. 我家孩子户口在农村,我现在市里打工,孩子要到市内借读上高中,享受免费上学吗?

9. 农村贫困学生上大学,能申请奖学金吗?

10. 农村贫困学生上大学,能申请助学金吗?

11. 农村贫困学生上大学,能申请助学贷款吗?

12. 我想报首都师范大学,它是免学费的吗?

13. 我是农村学生,家里贫困,想上中职学校学习,有什么优惠政策?

14. 学校只对个别中职农村学生发放国家助学金违法吗?

15. 什么是"新型农民"?

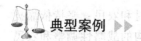

典型案例 ▶▶

之一:政府告家长,让孩子辍学有违《义务教育法》

2012年某乡各中小学开学之际,有40余名初中学生未按时来校报到。乡党委、政府立即组织干部及部分老师进行家访,仍有43名学生的父母就是不愿送子女读书。

我国《未成年人保护法》第十三条规定,父母或其他监护人应当尊重未成年人接受并完成教育的权利,必须使适龄未成年人按照规定接受并完成义务教育,不得使在校接受教育的未成年人辍学。各级人民政府实施义务教育的管理,既是其法定的权利又是法定义务,在未成年人不提起诉讼的情况下,各级政府可以依职权提起民事诉讼。《义务教育法》第二条还规定:实施义务教育,不收学费、杂费。不送子女读书,侵犯了未成年人受教育的权利,是违反《义务教育法》的行为。经过向有关部门咨询后,乡政府决定起诉这些不履行法定义务的学生父母,通过法律途径解决辍学问题。

3月3日,乡政府向市人民法院递交了诉状。3月30日上午9时30分,法庭开始审理这43起案件中的第一件。

原告该乡乡长到庭参加诉讼,同时还聘请了律师。坐在被告席上的曹某一脸愧色和茫然。他认为,家里困难,农村里的孩子读那么多书也没太大的用,不如帮着父母干点农活或到外面打工赚点钱。孩子是自己的,送不送也是自己的事情。

经过两个多小时的法庭调查、辩论,经法庭合议,最后当庭做出判决:责令被告曹某在判决生效之日起3日内,送其未成年子女到原就读学校继续完成九年制义务教育。其余学生家长也同意送子女继续读书。

之二:体罚学生何时了

为"促使学生进步",某乡小学一教师张某出"奇招":90分以下就算不及格,不及格的人要从座位处跪着上讲台领卷子。之后,张站在讲台念姓名和成绩,被念到没上90分的,在一声"跪"的命令下,就当众跪下行走,其他人哄堂大笑。

《义务教育法》第二十九条明确规定,禁止体罚学生。《未成年人保护法》第二十一条规定:"学校、幼儿园、托管所的教职员应当尊重未成年人的人格尊严,不得对未成年人实施体罚、变相体罚或者其他侮辱人格尊严的行为"。可惜的是,老师体罚学生的现象从未杜绝过,不知体罚学生何时了。

之三:为找上网费,九留守娃结伙偷盗

某县9名辍学的留守儿童为找上网费,组成小偷团伙。盗窃目标瞄准一些日杂副食店和水果店。半年盗窃22起。他们什么东西都偷,大到摩托车、照相机、DVD,小到香烟、水果、方便面、火腿肠、饼干,甚至口香糖也不放过,偷来的东西又低价转卖给网吧。据统计,这9个小偷盗窃财物总价值12 450元。网吧老板因涉嫌收购赃物罪被起诉,偷盗团伙17岁的头目被劳动教养。

之四:某市电子厂被曝非法雇佣童工

某市一电子厂被曝非法雇佣童工,其中年龄最小的仅9岁半,每天连加班在内要工作近12个小时,引起广泛关注。雇佣童工被曝光后,工厂所在街道和市区劳动监察大队都介入调查并进行了处理。根据中国《禁止使用童工规定》,对该企业进行处罚。凡用人单位使用童工的,由劳动保障行政部门按照每使用一名童工每月处5000元罚款的标准给予处罚;用人单位在规定期限内仍不改正的,将按照每使用一名童工每月处1万元罚款的标准给予处罚,并吊销营业执照或撤销民办企业单位登记。同时,该电子厂还违反了《义务教育法》第十四条规定:禁止用人单位招用应当接受义务教育的适龄儿童、少年。

之五:让农村寄宿制学生不再营养"贫困"

现在,某小学六年级学生王小丽只要放假回家,就会想念学校里可口的饭菜以及每天一个鸡蛋、一袋牛奶的免费"营养早餐"。王小丽说她有一个愿望:希望自己每顿饭都能在学校吃。然而,就在三年前,王小丽每天吃的还都是从家里带来的腌菜、干菜。即便周末回家,也难得吃上一回鸡蛋。

2007年,"营养计划"启动后,作为国家级山区贫困县的某县将实施重点放在解决寄宿生的吃菜问题上。在有寄宿学生的农村中小学逐步建立和完善学生食堂,学校炊事员工资纳入财政预算。学生在校生活总体达到有热水、热饭、热菜、热汤的"四热"标准。考虑到国家"一补"资金只能保证贫困家庭学生,覆盖面有限,该县采取"填平补齐,统筹使用"的办法,由县财政按照"一补"标准将义务教育阶段所有寄宿生生活费纳入到当地财政预算,由学校统筹使用。

之六:某村非法挪用农村义务教育经费

某村原党支部书记、村委会主任林某,于2005—2006年间,利用职务之便,截留上级财政拨付该村困难学生书杂费减免款和困难学生生活补助款,合计 1.14 万元,用于支付其本人学习培训费、村计生费、春节慰问费等,余款 6000 多元还由他本人保管。

该案件是新的侵害农民权益行为,今后要加强此类乱侵占、乱挪用农村义务教育经费行为的打击力度,从根本上维护农民权益,确保各项强农惠农政策、民生政策的落实。

之七:某省明确 2014 年前试行外来工子女在该省高考

某省政府办公厅下发《深入推进基本公共服务均等化综合改革工作方案(2012—2014 年)》(简称《方案》),《方案》提出,逐步将异地务工人员随迁子女接受义务教育全面纳入教育发展规划和财政预算,确保与户籍学生平等接受义务教育;加大学前教育的投入和管理,切实解决异地务工人员子女就读幼儿园的实际困难;试行异地务工人员子女在输入地就读学校参加中考、高考;探索省内高职高专院校接受外省户籍考生的入学申请;鼓励外省籍高职高专学生毕业后,在该省就业和入户。

之八:某市中职招生,农村户籍学生免费

某市 2012 年中职学校招收 12 500 人,凡就读于该市属中等职业学校(含民办)的学生,均可享受各项优惠政策。凡本市户籍的贫困家庭子女、残疾学生、孤儿,免除在读期间的全部费用。本省非本市户籍的特困生,免除在读期间的学费、住宿费。所有全日制在校农村及城市家庭经济困难的一、二年级学生,均可享受国家助学金,标准为每生每年 1500 元。第三年起,学生工学结合、顶岗实习。所有全日制在籍涉农专业一、二年级学生免除学费。

第八章 农业金融、税收与保险

第一节 农业金融

一、我国农村金融体系

我国已经建立了以合作金融、商业性金融和政策性金融为主的多层次农村金融体系,具有以正规性金融为主导、非正规性金融为补充的体系结构,共同为农民、农业和农村经济发展提供服务。我国农村金融体系主要有四类九种,分别是政策性银行中的农业发展银行,商业银行中的农业银行和邮政储蓄银行,农村合作金融机构中的农村信用合作社、农村商业银行和农村合作银行,以及新型农村金融机构中的村镇银行、贷款公司、农村资金互助社。此外还有农村民间信贷。

农村合作金融机构(包括农村信用合作社、农村商业银行和农村合作银行)、农业银行、邮政储蓄银行、村镇银行、贷款公司等都属于商业性银行业金融机构,主要是按照商业原则依据监管部门核定的业务范围为"三农"提供各类农村金融服务。其中,依据有关法律法规规定,贷款公司不能吸收社会公众存款。

农村资金互助社是按照银监会调整放宽农村地区银行业金融机构准入政策试点组建的合作性金融组织,主要是为入股的社员提供金融服务。

按照有关法律规定,上述金融机构营业时必须在固定营业场所显著位置同时张贴或悬挂国务院银行业监管管理机构颁发的金融业务经营许可证和工商行政管理部门颁发的营业执照。

我国制定了《中华人民共和国银行业监督管理法》《中华人民共和国商业银行法》《中华人民共和国公司法》《贷款公司管理规定》《农村资金互助社管理暂行规定》等相关法律法规，规范农村金融工作。经2008年3月4日中国银行业监督管理委员会第67次主席会议通过、2008年6月27日公布施行的《中国银行业监督管理委员会农村中小金融机构行政许可事项实施办法》，对我国新型农村中小金融机构进行了统一规定，使我国农村金融法律更加健全，对促进"三农"的发展起到了重要的作用。

1. 中国农业发展银行

中国农业发展银行（简称农发行）是根据中华人民共和国国务院1994年4月19日发出的《关于组建中国农业发展银行的通知》（国发［1994］25号）成立的国有农业政策性银行，直属国务院领导。它是中国农业领域的唯一一家政策性银行，主要面向粮食收储企业、农业产业化龙头企业等企业客户提供融资服务，而不对个人提供金融服务。其主要任务是：按照国家的法律、法规和方针、政策，以国家信用为基础，筹集农业政策性信贷资金，承担国家规定的农业政策性和经批准开办的涉农商业性金融业务，代理财政性支农资金的拨付，为农业和农村经济发展服务。中国农业发展银行在业务上接受中国人民银行和中国银行业监督管理委员会（简称银监会）的指导和监督。

1998年3月，国务院决定将中国农业发展银行承办的农村扶贫、农业综合开发、粮棉企业经营业务等项贷款业务划转到有关国有商业银行，中国农业发展银行主要集中精力加强粮棉油收购资金封闭管理，专司粮棉收购、调销、储备贷款业务。2004年以来，中国农业发展银行业务范围逐步拓展。一是根据国务院粮食市场化改革的意见，将传统贷款业务的支持对象由国有粮棉油购销企业扩大到各种所有制的粮棉油购销企业。二是2004年9月，银监会批准农发行开办粮棉油产业化龙头企业和加工企业贷款业务。三是2006年7月，银监会批准农发行扩大产业化龙头企业贷款业务范围和开办农业科技贷款业务。四是2007年1月，银监会批准农发行开办农村基础设施建设贷款、农业综合开发贷款和农业生产资料贷款业务。目前，中国农业发展银行已形成了以粮棉油收购信贷为主体，以农业产业化信贷为一翼，以农业和农村中长期信贷为另一翼的"一体两翼"业务发展格局。

2. 中国农业银行

中国农业银行支持农业生产和农产品销售，既经营商业性业务，又经营政策性业务，从上个世纪80年代起开始进行商业化改革，成为国有商业银行，是以经营农村商业信贷业务为主的国有商业银行。中国农业银行的职责：按照国家法律、法规、方针、政策，以国家信用为基础，按照现代商业银行的经营运行机制，综合经营商业性信贷业务，讲究经济效益，在为农村经济发展提供金融服务过程中谋求自身的发展壮大。

3. 农村邮政储蓄银行

农村邮政储蓄银行是中国邮政储蓄银行设在县以下农村集镇、办理邮政储蓄业务的机构。它可以吸收储蓄，再把储蓄资金转存入中央银行，开展存贷业务。

4. 农村信用合作社

农村信用合作社（简称农村信用社、农信社），是指经中国人民银行批准设立、由社员入股组成、实行民主管理、主要为社员提供金融服务的农村合作金融机构。是我国农村金融体系的重要组成部分。农村信用合作社除了具有组织上的群众性、管理上的民主性和经营上的灵活性，还有作为合作金融组织的特殊性，即信贷资金的有偿性、资金的互助性、对农村经济活动的调节性。

农村信用社是独立的企业法人，以其全部资产对农村信用社债务承担责任，依法享有民事权利。其财产、合法权益和依法开展的业务活动受国家法律保护。其主要任务是筹集农村闲散资金，为农业、农民和农村经济发展提供金融服务。依照国家法律和金融政策规定，组织和调节农村基金，支持农业生产和农村综合发展，支持各种形式的合作经济和社员家庭经济，限制和打击高利贷。

有些地区农村信用合作社相互结合形成联合社。在一些县（市、区）在农村信用合作社及其联合社全部自愿的基础上，以发起方式重组改制设立了农村信用合作联社,要求注册资本为实缴资本,最低限额为 300 万元人民币;在经济发达、城乡一体化、农业产业化程度较高、农业产值占比较低,或当地经济欠发达、经济总量小、产业单一的地市,在农村信用合作社及其联合社全部自愿的基础上,以发起方式重组改制的方式设立的农村信用合作联社,注册资本为实缴资本,最低限额为 1 亿元人民币。

5. 农村商业银行

农村商业银行是由辖内农民、农村工商户、企业法人和其他经济组织共同入股组成的股份制的地方性金融机构。是农村金融体系中的一种新的形式。

在经济比较发达、城乡一体化程度较高的地区,"三农"的概念已经发生很大的变化,农业比重很低,有些只占 5% 以下,作为信用社服务对象的农民,虽然身份没有变化,但大都已不再从事以传统种养耕作为主的农业生产和劳动,对支农服务的要求较少。对这些地区的信用社,可以实行股份制改造,组建农村商业银行。农村商业银行与其他商业银行一样,依法开展业务,不受任何单位和个人的干涉,其经营机制是"自主经营,自担风险,自负盈亏,自我约束"。

当前,农村信用社体制改革正在稳步推进,实行股份制改造、商业化经营是深化农村信用社的主流方向,也是顺应当前国际经济形势,应对复杂金融环境的大势所趋。

6. 农村合作银行

农村合作银行是指经中国银行业监督管理委员会依据有关法律、法规批准,由辖区内农民、农村工商户、企业法人和其他经济组织入股组成的股份合作制社区性地方金融机构。主要任务是为农民、农业和农村经济发展提供金融服务。股份合作制是在合作制的基础上,吸收股份制运作机制的一种企业组织形式。它是在农村信用合作社及其联合社基础上以新设合并方式发起设立,注册资本为实缴资本,最低限额为 2000 万元人民币。

2010 年 7 月 3 日起,全国 32 家农信机构已全部加入农信银资金清算中心。从此,农村信用社、农村商业银行、农村合作银行的个人结算户可以实现全国通存通兑。

7. 村镇银行

村镇银行是指经中国银行业监督管理委员会依据有关法律、法规批准，由境内外金融机构、境内非金融机构企业法人、境内自然人出资，在农村地区设立的主要为当地农民、农业和农村经济发展提供金融服务的银行业金融机构。其发起人或出资人应符合法律规定的条件，且发起人或出资人中应至少有1家银行业金融机构；注册资本为实缴资本，在县（市）设立的，最低限额为300万元人民币；在乡（镇）设立的，最低限额为100万元人民币。

村镇银行主要为当地农民、农业和农村经济发展提供金融服务。它可经营吸收公众存款，发放短期、中期和长期贷款，办理国内结算，办理票据承兑与贴现，从事同业拆借，从事银行卡业务，代理发行、代理兑付、承销政府债券，代理收付款项，代理保险业务以及经银行业监督管理机构批准的其他业务。按照国家有关规定，村镇银行还可代理政策性银行、商业银行和保险公司、证券公司等金融机构的业务。在规模方面，村镇银行是真正意义上的"小银行"。在经营范围方面，村镇银行的功能相当齐全。村镇银行虽小，却是独立法人，区别于商业银行的分支机构，村镇银行信贷措施灵活、决策快。

8. 贷款公司

贷款公司这种称谓仅局限在我国境内，与国内商业银行、财务公司、汽车金融公司、信托公司这种可以办理贷款业务的金融机构公司在定义和经营范围都有所不同。2007年1月22日中国银行业监督管理委员会下发《贷款公司管理暂行规定》的通知，2009年8月11日下发了修订后《贷款公司管理规定》（银监发[2009] 76号），进一步规范了我国农村贷款公司的行为。

（1）贷款公司的涵义　贷款公司是指经中国银行业监督管理委员会依据有关法律、法规批准，由境内商业银行或农村合作银行在农村地区设立的专门为县域农民、农业和农村经济发展提供贷款服务的非银行业金融机构。贷款公司是由境内商业银行或农村合作银行全额出资的有限责任公司。

(2) 贷款公司的经营范围　①办理各项贷款；②办理票据贴现；③办理资产转让；④办理贷款项下的结算；⑤经中国银行业监督管理委员会批准的其他资产业务。贷款公司开展业务，必须坚持为农民、农业和农村经济发展服务的经营宗旨，贷款的投向主要用于支持农民、农业和农村经济发展。贷款公司不得吸收公众存款，信贷额度较高，贷款方式灵活。

(3) 设立贷款公司应当符合的条件　①有符合规定的章程；②注册资本不低于 50 万元人民币，为实收货币资本，由投资人一次足额缴纳；③有具备任职专业知识和业务工作经验的高级管理人员；④有具备相应专业知识和从业经验的工作人员；⑤有必需的组织机构和管理制度；⑥有符合要求的营业场所、安全防范措施和与业务有关的其他设施；⑦中国银行业监督管理委员会规定的其他条件。

(4) 设立贷款公司投资人应符合的条件　①投资人为境内商业银行或农村合作银行；②资产规模不低于 50 亿元人民币；③公司治理良好，内部控制健全有效；④主要审慎监管指标符合监管要求；⑤银监会规定的其他审慎性条件。

9. 农村资金互助社

(1) 农村资金互助社的涵义　农村资金互助社是指经银行业监督管理机构批准，由乡镇、行政村农民和农村小企业自愿入股组成，为社员提供存款、贷款、结算等业务的社区互助性银行业金融业务。农村资金互助社是独立的法人，对社员股金、积累及合法取得的其他资产所形成的法人财产，享有占有、使用、收益和处分的权利，并以上述财产对债务承担责任。

(2) 农村资金互助社设立条件　①有符合监管部门规定要求农村资金互助社金融许可证的章程；②有 10 名以上符合规定要求的发起人；③注册资本为实缴资本，在乡（镇）设立的，最低限额为 30 万元人民币；在行政村设立的，最低限额为 10 万元人民币；④有符合任职资格的理事、经理和具备从业条件的工作人员；⑤有符合条件的营业场所，安全防范设施和与业务有关的其他设施；⑥有符合规定的组织机构和管理制度；⑦银行业监管部门规定的其他条件。

(3) 农村资金互助社入股条件　①具有完全民事行为能力（完全民事行为能力是指法律赋予农村资金互助社入股达到一定年龄和智力状态正常的公民通过自己独立的行为进行民事活动的能力）；②户口所在地或经常居住地（本地有固定住所且居住满三年）在入股资金互助社所在乡镇或行政村内；③入股资金为自有资金且来源合法，达到规定的入股金额起点；④诚实守信，声誉良好。

单个农民或单个农村小企业向资金互助社入股，其持股比例不得超过资金互助社股金总额的10%，超过5%的应经银行业监管部门批准。社员入股必须以货币出资，不得以实物、贷款或其他方式入股。

10. 农村民间借贷

目前，农村借贷主要有两个方面，一个是以银行和信用社为主体的正规借贷机构发生的借贷，另一个是相对于官方借贷而言的民间借贷。作为社会主义市场经济融资功能的补充，农村民间借贷在我国的存在由来已久。新中国成立以来，我国农村民间借贷一直处于虽不禁止，但也不鼓励的状态。随着农村商品经济的蓬勃发展，农村多种经济成分的崛起和农村金融体制改革的深入，民间借贷逐渐活跃，形式也趋向多样化，融资的范围和内容也不断扩大。

(1) 民间借贷涵义　民间借贷，是指那些没有被官方监管、控制的民间金融活动。农村民间借贷是体制外的民间金融的组织，是一种低层次、无组织的民间借贷关系。

(2) 民间借贷种类　农村民间借贷按利息高低不同，分为有偿无息借贷、低息借贷和高息借贷三种。按其偿还形式不同，可分为货币型和实物型两类四种形式。借货币还货币、借货币还实物、借实物还货币、借实物还实物。其形式多种多样，其中有和会、私人钱庄、民间集资、民间自由借贷等几种形式。

(3) 当前农村民间借贷的特点　当前农村民间借贷的特点主要有五个方面。

① 农村民间借贷规模逐步扩大。

② 农村民间借贷方式的多样化。一是口头约定型。这种情况

大都是在亲戚朋友、同乡、同事、邻居等熟人中进行。他们完全靠个人间的感情及信用行事，无任何手续。二是简单履约型。这种借贷形式较为常见，双方只是简单履行一下手续，大都是仅凭一张借条或一个中间证明人即可成交。借款期限或长或短，借款利率或高或低，凭双方关系的深浅而定。三是高利贷型。在利率下调和开征利息税的情况下，个别富裕农民把目光投向了民间借贷，他们以比银行贷款利率高出许多的利率将款项借给急需资金的人或企业，从而获取高额回报。

③ 农村民间借贷服务对象复杂，以个体工商户、私营业主为主。由于商业银行对个体工商业贷款审批非常严格，而农村信用社又以农户小额信用贷款为主，导致个体工商户和私营业主基本上成为信贷支持的盲区，因此，只有从民间寻求支持，这也是民间借贷主要倾向个体工商户和私营业主的主要原因之一。

④ 农村民间借贷的资金用途为以生产经营为主，生活消费为辅。原来因缺衣少食、用于生活消费的民间借款已经很少，主要用于解决企业、各种农村专业户、个体工商户等生产经营资金的不足。

⑤ 农村民间借贷的借贷利率差别较大，高利贷现象突出。借贷利率由借贷双方自行协商确定，一般据借款的主体、借款的用途、借款的缓急程度、借款的时间长短而定。民间借贷除了亲戚、朋友之间不计算利息或者极少部分参照银行的贷款利率外，利率一般随行就市，比一般商业银行贷款利率要高出很多。

民间借贷对社会和经济发展有一定的积极和消极双重作用。因此，对民间借贷应采取"积极引导、加强管理、趋利避害"的政策，使之有效、规范的运行，在农村经济发展中更好地发挥其积极的作用。

二、我国农业金融政策

随着农村经济不断增长，我国农村金融政策逐年放宽。2004年和2005年连续两个"中央一号文件"，要求进行"多种所有制形式的农村金融体制创新"。2005年，中国人民银行率先开放了"只贷不存"的小额信贷试点。

2006年,"中央一号文件"直接明确提出:"鼓励在县域内设立多种所有制的社区金融机构,允许私有资本、外资等参股。大力培育由自然人、企业法人或社团法人发起的小额贷款组织,有关部门要抓紧制定管理办法,引导农户发展资金互助组织,规范民间借贷。"社区金融、外资入股、资金互助等满足农村融资问题的新型金融组织,已在农村金融新体系的设计考虑之中。2006年12月,银监会发布了《关于调整放宽农村地区银行业金融机构准入政策,更好支持社会主义新农村建设的若干意见》,为新型农村金融组织的设立开了绿灯。

2007年的"中央一号文件"指出了改革方向:"加快制定农村金融整体改革方案,努力形成商业金融、合作金融、政策性金融和小额贷款组织互为补充、功能齐备的农村金融体系。"同年,三种新型农村金融组织,在全国部分省市先行试点,并扩大到全国范围。为了遏制高耗能高污染产业的盲目扩张,2007年7月30日环保总局、人民银行、银监会三部门联合提出的一项全新的信贷政策《关于落实环境保护政策法规防范信贷风险的意见》。对不符合产业政策和环境违法的企业和项目进行信贷控制,各商业银行要将企业环保守法情况作为审批贷款的必备条件之一,也就是指"绿色信贷"。

2008年的"中央一号文件"在农信社要"维护和保持县级联社的独立法人地位"、"通过批发或转贷等方式解决部分农村信用社及新型农村金融机构资金来源不足的问题"、扩大和创新抵押担保机制等方面,进行了一些具体的安排。

2009年的"中央一号文件"要求增强农村金融服务能力,指出"鼓励和支持金融机构创新农村金融产品和金融服务,大力发展小额信贷和微型金融服务,农村微小型金融组织可通过多种方式从金融机构融入资金。"

2010年的"中央一号文件"强调加强财税政策与农村金融政策的有效衔接;拓展政策性金融的支农领域;要求商业金融做好支农服务;加快培育新型农村金融机构;有序发展小额贷款组织;引导社会资金投资设立适应"三农"需要的各类新型农村金融组织等,旨在通过政策扶持和市场引导，逐步构建完善的农村金融供给体系。

2011年《全国农业和农村经济发展第十二个五年规划》加强农村金融服务要求，鼓励县域银行业金融机构将新吸收存款主要用于当地发放贷款。加大政策性金融对农业的支持力度。加快建立村镇银行等新型农村金融组织，扶持有条件的农民专业合作社开展信用合作，完善登记和管理办法。完善涉农贷款税收优惠、农村金融机构定向费用补贴和县域金融机构涉农贷款增量奖励等政策。扶持农业信贷担保组织发展，扩大农村有效抵押物范围。

三、我国农业贷款政策

农业贷款亦称农业放款，简称"农贷"。它是指金融机构针对农业生产的需要，提供给从事农业生产的企业和个人的贷款。在现代农业中，随着农工一体化的发展，许多国家把为农业生产前生产资料供应、生产后农产品加工和运销等提供的贷款也归入农业贷款，还有的把银行为农村信用合作组织提供的贷款也归入农业贷款对象。农业生产周期长，其资金周转也比工商业慢，农业贷款的期限也比工商业贷款期限长。农业贷款比工商业贷款利息也低。

1. 农业贷款对象

(1) 国有农业企业　包括农垦、农业、林业、畜牧、水产、水利、华侨、劳改、农机、气象、解放军总后勤部、国防科工委以及其他系统所属的国有农林牧渔场；国有农办工业、商业、物资供销、服务业、交通运输业、建筑业、采矿业、农机修造业等企业；各种农业的企业集团、租赁企业、股份企业、中外合资企业以及实行企业化经营的全民所有制事业单位。

(2) 农业生产集体经济组织　包括农村从事农、林、牧、副、渔业及为农业产前、产中、产后服务的集体经济组织。

(3) 农村生产合作经济组织　包括各种形式，各种规模的经济联合体。

(4) 农户　包括农业承包户，自营户和从事农、林、牧、副、渔、工商业经营的农村居民。

(5) 农村信用合作社。

2. 农业贷款类型

(1) 农业短期贷款　贷款期限在一年以内（含一年）的短期农业流动资金贷款，这类贷款主要用于农业生产费用、农副产品加工及运销和农业科技活动等方面。

(2) 农业中长期贷款　贷款期限在一年以上的贷款，主要是用于农业固定资产投资方面的贷款。

3. 农业贷款申请条件

(1) 借款单位应是经济实体，具有法人资格。借款个人应具有合法身份的证明文件。

(2) 借款单位从事的生产经营项目，要符合国家的法令、政策及农业区域归划；物资、能源、交通等条件落实，具有相应的管理水平；产品符合社会需要，预测经济效益好，能按期归还贷款本息。

(3) 借款单位是自主经营、自负盈亏、独立核算的经济组织，有健全的财务会计制度，有合理的收益分配办法，能独立自主承担对外债权债务关系。

(4) 借款单位和个人应有符合规定比例的自有资金，大额贷款还要有相应的经济体担保，或有足够清偿贷款的财产作抵押。

(5) 借款单位要在农业银行和信用社开立账户，恪守信用，接受银行和信用社的监督和检查，并按规定向银行和信用社提交有关生产经营活动的财务会计报表及其他经济资料。

4. 农业贷款基本程序

(1) 受理借款申请　借款人按照贷款规定的要求，向所在地开户银行提出书面借款申请，并附有关资料。如有担保人的，包括担保人的有关资料。

(2) 贷款审查　开户银行受理贷款申请后，对借款人进行可行性全面审查，包括填列借款户基本情况登记簿，或个人贷款基本情况登记簿和借款户财务统计分析表等所列项目。

(3) 贷款审批　对经过审查评估符合贷款条件的借款申请，按照贷款审批权限规定进行贷款决策，并办理贷款审批手续。

(4) 签订借款合同　对经审查批准的贷款，借款双方按照《借款合同条例》和有关规定签订书面借款合同。

(5) 贷款发放　根据借贷双方签订的借款合同和生产经营、建设的合理资金需要，办理借贷手续。

(6) 建立贷款登记簿及贷款档案　按借款人分别设立，档案上要记载借款人的基本情况、生产经营情况、贷款发放、信用制裁、贷款检查及经济活动分析等情况。

(7) 贷款监督检查　贷款放出后，对借款人在贷款政策和借款合同的执行情况进行监督检查，对违反政策和违约行为要及时纠正处理。

(8) 按期收回贷款　要坚持按照借款双方商定的贷款期限收回贷款。贷款到期前，书面通知借款人准备归还借款本息的资金。借款人因正当理由不能按期偿还的贷款，可以在到期前申请延期归还，经银行审查同意后，按约定的期限收回。

四、新型农村金融贷款业务

1. 小额贷款

(1) 小额贷款涵义　小额贷款，是以个人或家庭为核心的经营类贷款，其主要的服务对象为广大工商个体户、小作坊、小业主。贷款的金额一般为20万元以下、1000元以上。小额贷款是微小贷款在技术和实际应用上的延伸。我国主要是服务于"三农"、中小企业。小额贷款公司的设立，合理地将一些民间资金集中了起来，规范了民间借贷市场，同时也有效地解决了"三农"、中小企业融资难的问题。

(2) 还款方式　一是贷款期限在一年（含一年）以内的个人创业贷款，实行到期一次还本付息，利随本清。二是贷款期限在一年以上的个人创业贷款，贷款本息偿还方式可采用等额本息还款法或等额本金还款法，也可按双方商定的其他方式偿还。

(3) 种类

① 农户小额贷款

a. 发放对象　一是具有中华人民共和国国籍，年龄在18周岁以上（含18周岁）、60周岁以下，在农村区域有固定住所，身体健康，具有完全民事行为能力和劳动能力，持有有效身份证件；二是农村家庭的户主或户主书面指定的本家庭其他成员，且已经申请获得金穗惠农卡；三是从事农、林、牧、渔等农业生产经营或工业、商业、建筑业、运输业、服务业等非农业生产经营活动。

b. 期限、利率和额度　一是农户小额贷款的授信期限一般不超过一年，最长不超过三年。额度内的单笔贷款期限不得超过一年。二是农户小额贷款的具体利率请咨询当地经营行。三是农户小额贷款的额度为 3 000～30 000 元。

② 个人小额贷款

a. 申请条件　一是在中国境内有固定住所、有当地城镇常住户口（或有效居住证明）、具有完全民事行为能力的中国公民；二是有正当的职业和稳定的经济收入（月工资性收入需在 1000 元以上），具有按期偿还贷款本息的能力；三是借款人所在单位必须是由贷款人认可的并与贷款人有良好合作关系的行政及企、事业单位且需由贷款人代发工资；四是遵纪守法，没有违法行为及不良信用记录；五是贷款人规定的其他条件。

b. 贷款申请　借款人申请贷款时，应向贷款人提供以下资料：贷款申请审批表；本人有效身份证件；有效的住址证明；稳定的收入证明。

c. 一般流程　向银行提出贷款申请；银行受理后，对抵押房产价值进行评估，根据评估值核定贷款金额；签定借款合同等；办理房地产抵押登记事宜；银行放款。

③ 个人无抵押小额贷款

a. 个人无抵押小额贷款涵义　无抵押小额贷款即小额信用贷款，是以个人或家庭为核心的经营类贷款，其主要的服务对象为广大工商个体户、小作坊、小业主。贷款的金额一般为 10 万元以下、1000 元以上。小额信用贷款是微小贷款在技术和实际应用上的延伸。

其特征是借款人不需要提供抵押品或第三方担保，仅凭自己的信誉就能取得贷款，并以借款人信用程度作为还款保证。由于这种贷款方式风险较大，一般要对借款方的经济效益、经营管理水平、发展前景等情况进行详细的考察，以降低风险。

b. 贷款基本条件　在中国境内有固定住所、有当地城镇常住户口（或有效居住证明）、具有完全民事行为能力的中国公民；有正当的职业和稳定的经济收入（月工资性收入须在2000元以上），具有按期偿还贷款本息的能力；借款人所在单位必须是由贷款人认可的并与贷款人有良好合作关系的行政及企、事业单位且需由贷款人代发工资；遵纪守法，没有违法行为及不良信用记录。

c. 贷款的期限、利率和金额　个人小额短期信用贷款期限在1~2年（含）以下。个人小额短期信用贷款利率按照中国人民银行规定的短期贷款利率执行；个人小额短期信用贷款额度起点为2000元，贷款金额不超过借款人月均工资性收入的6倍，且最高不超过2万元。

d. 贷款申请　借款人申请贷款时，应向贷款人提供以下资料：贷款申请审批表；本人有效身份证件；有效的住址证明；稳定的收入证明。

e. 贷款的手续　申请这种贷款，大体上需要的手续如下：因工作、留学而贷款的申请者，需要身份证明、工作证明、收入证明和住址证明；辅助资料如房产证、本科以上学历证等。

中小企业及私营业主申请者：身份证明；营业执照；最近半年公司对公流水账或个人银行流水账；经营场所租赁合同，及最近3个月的租金单。

2. 农村产业金融业务"千百工程"

为进一步提升"强农、惠农、富农"金融服务水平，中国农业银行制定出台了《关于实施"十二五"期间农村产业金融业务"千百工程"的意见》。"千百工程"是指在"十二五"期间农村产业金融业务以千、百为单位的一系列发展目标、市场策略和推进措施的统称，是指导和推动"十二五"期间县域对公业务发展的行动纲领和主要依据。

中国农业银行今后将优先支持千家国家级农业产业化龙头企业发展，重点拓展千个大企业或大项目建设，全面服务千个县域大型商品流通市场，积极介入千家县域重点商场和大型连锁经营商业企业,大力扶持千所优质县级综合医院发展,稳步推进五百个县(市)城镇化建设,跟进服务三百个县域省级(含)以上工业园区,深度营销两百个县域优势产业集群,探索支持百个国家级农业科技园区,着力发展百个4A级(含)以上旅游景区。

3. 金穗惠农金融服务"村村通"工程

中国农业银行金穗惠农金融服务"村村通"工程以惠农卡为载体,以电子渠道为平台,以流动服务为补充,努力实现金融服务全国行政村基本覆盖,为广大农村地区惠农卡持卡客户提供足不出村、方便快捷的基础性金融服务。在实际工作中,农业银行各分支机构结合当地实际,深入推进"村村通"金融服务,受到农户及政府的肯定。

(1) 办理惠农卡条件 具有农业户口,或居住在取消二元户口制地区农村,主要从事农村土地耕作或其他与农村经济发展有关的生产经营活动的住户。

(2) 惠农卡可以享受的优惠

①惠农卡主卡享受以下费用优惠:a. 免收惠农卡账户小额账户服务费;b. 免收惠农卡和对账折的工本费(包括换卡和补卡);c. 减半收取惠农卡年费;d. 在开办了农民工特色服务的地区,通过农村信用社办理异地取款业务,按照人民银行农民工银行卡特色服务的收费标准实施交易手续费优惠。目前具体标准是:异地取款每笔手续费为取款总额的0.8%,最高不超过20元。

② 惠农卡附属卡不享受以上优惠措施。

(3) 主卡与附属卡的申领条件

① 主卡申领条件:a. 申领人必须是年满18周岁具有完全民事行为能力的个人。b. 申领人必须为农村家庭户口簿上登记的户主或户主指定的其他家庭成员,每户限领一张。c. 申领时须填写申请表,并凭户口簿和居民身份证办理。

② 附属卡申领条件:a. 附属卡的申请人必须是主卡持卡人的家庭成员,且由主卡持卡人为其向银行当地网点提出申请。b. 申领时须填写申请表,提供主卡持卡人和附属卡申请人的居民身份证和户口簿。

4. 农村青年创业小额贷款

2008年12月，共青团中央和中国银监会联合颁布了《关于实施农村青年创业小额贷款的指导意见》，为创业青年获得资金来源打开了方便之门。2010年4月19共青团中央、中国农业银行联合下发《关于全面推进农村青年创业小额贷款工作的指导意见》，决定按照《支持农村青年创业就业合作协议》，在全国开展农村青年创业小额贷款工作。

(1) 工作目标　以小额信贷为载体，每年发放50亿元以上农村青年创业小额贷款；每年向农村青年发放100万张惠农卡；每年重点扶持20万名申请小额贷款农村青年自主创业；每年对50万农村青年开展金融知识培训；每年创建10万个农村青年信用示范户。视工作推进情况，可逐步增加指标额度。

(2) 小额贷款担保方式　各地要积极探索创新自然人担保、联保、有经济功能的组织担保等多种担保方式，探索发展农用生产设备、林权、水域滩涂使用权等抵押贷款，规范发展应收账款、股权、仓单等权利质押贷款。鼓励各类信贷担保机构通过再担保、联合担保等多种方式，对农村青年创业小额贷款进行担保。积极推动"公司＋农户"、"公司＋中介组织＋农户"、"公司＋专业市场＋农户"、"农民专业合作社＋社员"等信贷模式。有条件的地方，要加强与保险公司合作，积极推动保证保险贷款。

(3) 工作模式　在前期农村青年创业小额贷款项目试点过程中，团组织和银行双方充分发挥各自优势，积极探索创新工作方法，形成了许多可供借鉴的典型模式。

① 贷前审查环节　一是评议小组模式，以村或乡为单位，由村干部、团干部、青年代表等组成信用评定小组，对申请贷款农村青年进行信用初步评定，评定合格的推荐给银行。二是公推公示模式，以村为单位召开村民代表会议，对申请贷款青年进行集体评议，推出拟推荐贷款人选并张榜公示，公示期满无异议的，由团组织向银行推荐。三是团银联评模式。团组织与银行联合成立贷款审核小组，共同对农村青年贷款申请进行审核，审核合格直接进入银行贷款审批程序。

② 贷款发放环节　一是整镇整村推进模式，团组织和银行联合选择信用度高、有产业支撑、创业青年集中连片的乡镇、村，集中开展贷前调查，批量审批，批量放贷。二是集中审贷模式，团组织和银行根据农业生产周期，在农忙季节，集中开展贷款申报和审批。三是随到随审模式，团组织将贷款申请受理日常化，农村青年可以随时向团组织递交贷款申请，团组织审查合格后每月向银行推荐。

③ 贷后服务环节　一是基地示范模式，团组织与银行联合建立农村青年小额贷款创业示范基地，发挥贷款创业成功青年的示范作用，影响和带动农村青年创业发展。二是导师指导模式，团组织联合劳动、农业、科技、金融等部门，成立农村青年创业导师团，按农村创业青年的需求配备导师，提供政策、信息、技术、金融等指导。三是协助贷后检查模式，团组织协助银行做好农村青年创业贷款的日常跟踪管理、贷款客户回访、到期还款提示等工作。

5. 中国邮政储蓄银行"好借好还"农户小额贷款业务

中国邮政储蓄银行"好借好还"农户小额贷款包括农户联保小额贷款和农户保证小额贷款两种。

(1) 贷款对象主要为具有完全民事行为能力，身体健康，具备劳动生产经营能力、能恪守信用的农户或农村个体经营户，城镇个人从事农业相关的经营活动的，拥有稳定的经营场所。

(2) 贷款金额　农户小额贷款最低额度 1 万元，最高额度 5 万元。

(3) 贷款期限　农户小额贷款期限以月为单位。普通小额贷款产品的期限最短为 1 个月，最长为 12 个月。联保贷款协议有效期为二年，贷款申请日与到期日必须在联保协议有效期内。

(4) 贷款利率　农户小额贷款年利率为 14.4%，月利率为 12‰。

(5) 还款方式　一是一次性还本付息法（适用于 1~3 个月的贷款，到期一次性还清贷款本息）；二是等额本息还款法（适用于 1~12 个月的贷款，逐月偿还相等的本金和利息）；三是阶段性等额本息还款法（适用于 1~12 月的贷款）实行贷款宽限期内只偿还贷款利息,超过宽限期后按照等额本息还款法偿还贷款,贷款宽限期最长10个月。

【复习思考题】

1. 当前农村银行类金融机构主要有哪些?
2. 农村中小金融机构包括哪些?其注册资金是多少?
3. 哪些单位或个人可以申请农业贷款?
4. 什么是小额贷款?其主要的服务对象是谁?其贷款的金额是多少?
5. 什么是金穗惠农金融服务"村村通"工程
6. 金穗惠农金融服务"村村通"工程的惠农卡主卡可享受什么优惠?
7. 农村青年创业小额贷款工作有哪些模式?

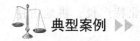

典型案例

数十农民"被贷款",无端信用不良无法享受补贴

A县不少农村合作银行的"一折通"用户发现自己的名下突然出现了贷款,总计达到一百余万,而他们本人都没有向银行申请过贷款。

由于这些来路不明的贷款,他们拿不到国家的各种补贴,不少农民甚至出现了不良信用记录。

一位农民杨先生在查看了当时办理贷款的存根资料后得知,原来一个叫张某的人以自己的名义在该行办理过1万元的个人贷款,因为到期没有归还,于是不仅有了不良信用记录,也导致其他业务都无法办理,而这个张某正是原A县农村合作银行B乡分理处主任。

和杨先生情况相同的还有B乡的几十位农民,他们也都是A县农村合作银行的"一折通"用户,对于贷款一事,他们纷纷表示毫不知情,直到银行通知他们还款。

农民们找到了冒用杨先生等人名义办理贷款的具体经办人员。经办人员透露,这些都是根据 B 乡分理处主任张某的要求办理的,而张某因为贷款质量不行,违规违法的贷款多,已经被银行方面开除了。

第二节 农业税收

农业税是国家对一切从事农业生产、有农业收入的单位和个人征收的一种税,俗称"公粮"。2004 年 12 月 31 日《中央国务院关于进一步加强农村工作提高农业综合生产能力若干政策的意见》中提出,继续加大"两减免、三补贴"等政策实施力度。减免农业税、牧业税、取消除烟叶以外的农业特产税,对种粮农民实行直接补贴,对部分地区农民实行良种补贴和农机具购置补贴。2006 年 1 月 1 日起废止《农业税条例》,在全国范围内取消农业税。农业税分四种:农业税(包括牧业税)、农业特产税、耕地占用税、契税。

取消农业税,只是取消了专门对从事农业生产取得收入的单位和个人(主要是农民)征收的税种,不能把全面取消农业税简单理解为从此农民不缴税了。根据宪法及有关税收实体法的规定,农民作为公民在生产生活中与城镇居民一样具有依法纳税的义务。比如,农民从事生产经营、日常消费,都要按税法规定缴纳增值税、消费税等相关税收。

一、涉农城镇土地使用税优惠政策

2006 年 12 月 30 日国务院第 163 次常务会议通过,自 2007 年 1 月 1 日起实施的国务院《关于修改〈中华人民共和国城镇土地使用税暂行条例〉的决定》对涉农城镇土地使用税优惠政策进行了明确规定。

1. 土地使用税每平方米年税额

大城市 1.5~30 元;中等城市 1.2~24 元;小城市 0.9~18 元;县城、建制镇、工矿区 0.6~12 元。

2. 免征城镇土地使用税条件

在城镇土地使用税征收范围内经营采摘、观光农业的单位和个人，其直接用于采摘、观光的种植、养殖、饲养的土地，根据《中华人民共和国城镇土地使用税暂行条例》第六条中"直接用于农、林、牧、渔业的生产用地"的规定，免征城镇土地使用税。

3. 新征用的耕地

新征用的耕地，自批准征用之日起一年内，免征土地使用税。

二、耕地占用税优惠政策

1987年国务院发布《中华人民共和国耕地占用税暂行条例》（简称《耕地占用税暂行条例》），2007年12月1日国务院修订并通过了《耕地占用税暂行条例》（修订案），并于2008年1月1日起施行。本条例规定，占用耕地建房或者从事非农业建设的单位或者个人，为耕地占用税的纳税人，应当依照本条例规定缴纳耕地占用税。单位，包括国有企业、集体企业、私营企业、股份制企业、外商投资企业、外国企业以及其他企业和事业单位、社会团体、国家机关、部队以及其他单位；所称个人，包括个体工商户以及其他个人。耕地占用税以纳税人实际占用的耕地面积为计税依据，按照规定的适用税额一次性征收。

1. 耕地占用税征税范围

该条例规定，耕地是指用于种植农作物的土地。2007年8月10日发布实施的《土地利用现状分类》（GB/T 21010—2007）中关于耕地的定义："耕地是指种植农作物的土地，包括熟地，新开发、复垦、整理地，休闲地（含轮歇地、轮作地）；以种植农作物（含蔬菜）为主，间有零星果树、桑树或其他树木的土地；平均每年能保证收获一季的已垦滩地和海涂。耕地中还包括南方宽度＜1.0米，北方宽度＜2.0米的沟、渠、路和地坎（埂）；临时种植药材、草皮、花卉、苗木等的耕地，以及其他临时改变用途的耕地。"

（1）占用耕地　是指用于种植农作物的土地。

（2）占用林地　包括有林地、灌木林地、疏林地、未成林地、迹地、苗圃等，不包括居民点内部的绿化林木用地，铁路、公路征地范围内的林木用地,以及河流、沟渠的护堤林用地。

(3) 占用牧草地 包括天然牧草地和人工牧草地。

(4) 占用农田水利用地 包括农田排灌沟渠及相应附属设施用地。

(5) 占用养殖水面 包括人工开挖或者天然形成的用于水产养殖的河流水面、湖泊水面、水库水面、坑塘水面及相应附属设施用地。

(6) 占用渔业水域滩涂 包括专门用于种植或者养殖水生动植物的江、河、湖水潮浸地带和滩地。

(7) 园地建房或者从事非农业建设的 视同占用耕地征收耕地占用税。占用园地,包括花圃、果园、场院、城镇草坪绿地、农村居民房前屋后超出规定宅基地面积范围的园田地。

占用林地、牧草地、农田水利用地、养殖水面以及渔业水域滩涂等其他农用地建房或者从事非农业建设的,比照本条例的规定征收耕地占用税。纳税人临时占用耕地,应当依照本条例的规定缴纳耕地占用税。纳税人在批准临时占用耕地的期限内恢复所占用耕地原状的,全额退还已经缴纳的耕地占用税。

2. 耕地占用税的税额

(1) 人均耕地不超过 1 亩的地区(以县级行政区域为单位,下同),每平方米为 10~50 元;

(2) 人均耕地超过 1 亩但不超过 2 亩的地区,每平方米为 8~40 元;

(3) 人均耕地超过 2 亩但不超过 3 亩的地区,每平方米为 6~30 元;

(4) 人均耕地超过 3 亩的地区,每平方米为 5~25 元。

(5) 特殊规定。国务院财政、税务主管部门根据人均耕地面积和经济发展情况确定各省、自治区、直辖市的平均税额。各省、自治区、直辖市人民政府核定的适用税额的平均水平,不得低于平均税额。经济特区、经济技术开发区和经济发达且人均耕地特别少的地区,适用税额可以适当提高,但是提高的部分最高不得超过当地适用税额的 50%。占用基本农田的,适用税额应当在当地适用税额的基础上提高50％。

3. 免减耕地占用税

（1）免征条件

①军事设施占用耕地；②学校、幼儿园、养老院、医院占用耕地；③农村烈士家属、残疾军人、鳏寡孤独以及革命老根据地、少数民族聚居区和边远贫困山区生活困难的农村居民，在规定用地标准以内新建住宅缴纳耕地占用税确有困难的，经所在地乡（镇）人民政府审核，报经县级人民政府批准后，可以免征或者减征耕地占用税；④建设直接为农业生产服务的生产设施占用农用地的，不征收耕地占用税。

（2）减征条件

①铁路线路、公路线路、飞机场跑道、停机坪、港口、航道占用耕地，减按每平方米2元的税额征收耕地占用税；②农村居民占用耕地新建住宅，按照当地适用税额减半征收耕地占用税。

免征或者减征耕地占用税后，纳税人改变原占地用途，不再属于免征或者减征耕地占用税情形的，应当按照当地适用税额补缴耕地占用税。

4. 征收机关

耕地占用税由地方税务机关负责征收。

土地管理部门在通知单位或者个人办理占用耕地手续时，应当同时通知耕地所在地同级地方税务机关。获准占用耕地的单位或者个人应当在收到土地管理部门的通知之日起30日内缴纳耕地占用税。土地管理部门凭耕地占用税完税凭证或者免税凭证和其他有关文件发放建设用地批准书。

5. 纳税义务发生时间

经批准占用耕地的，耕地占用税纳税义务发生时间为纳税人收到土地管理部门办理占用农用地手续通知的当天。未经批准占用耕地的，耕地占用税纳税义务发生时间为纳税人实际占用耕地的当天。

6. 滞纳金规定

根据《中华人民共和国税收征收管理法》第三十二条的规定：

"纳税人未按照规定期限缴纳税款的,扣缴义务人未按照规定期限解缴税款的,税务机关除责令限期缴纳外,从滞纳税款之日起,按日加收滞纳税款万分之五的滞纳金。"

三、涉农项目增值税税收优惠政策

1993年12月13日中华人民共和国国务院令第134号发布《中华人民共和国增值税暂行条例》,2008年11月5日国务院第34次常务会议通过了对该条例的修订,并于2009年1月1日起施行修订后的《中华人民共和国增值税暂行条例》。根据该条例我国又制定了《中华人民共和国增值税暂行条例实施细则》(财政部 国家税务总局第50号令),2001年1月1日起执行的《财政部 国家税务总局关于若干农业生产资料征免增值税政策的通知》(财税[2001]113号),对涉农项目增值税税收做了明确规定。规定指出:纳税人销售或者进口粮食、食用植物油等实行13%的低税率。增值税由税务机关征收,进口货物的增值税由海关代征。

1. 油及饲料

(1)食用植物油 是指从植物根、茎、叶、果实、花或胚芽组织中加工提取的油脂。

① 征收增值税的范围 食用植物油仅指芝麻油、花生油、豆油、菜籽油、米糠油、葵花籽、棉籽油、玉米胚油、茶油、胡麻油,以及以上述油为原料生产的混合油。对粮油加工业务,一律照章征收增值税13%。《国家税务总局关于花椒油增值税适用税率问题的公告》(国家税务总局公告2011年第33号)明确:从2011年7月1日起,花椒油按照食用植物油13%的税率征收增值税。自2011年8月1日起,《国家税务总局关于环氧大豆油氢化植物油增值税适用税率问题的公告》(国家税务总局公告2011年第43号)明确:对环氧大豆油、氢化植物油按17%税率征收增值税。

② 免征增值税范围 政府储备食用植物油的销售继续免征增值税。

(2)饲料 是指用于动物饲养的产品或其加工品。

自2000年6月1日起,饲料产品分为征收增值税和免征增值税两类。进口和国内生产的饲料，一律执行同样的征税或免税政策。

① 征税饲料产品范围　自2000年6月1日起，豆粕属于征收增值税的饲料产品，进口或国内生产的豆粕，均按13％的税率征收增值税（其他粕，属于免税饲料产品，免征增值税，已征收入库的税款做退库处理）。直接用于动物饲养的粮食、饲料添加剂，不属于本货物的范围。宠物饲料产品不属于免征增值税的饲料，应按照饲料产品13％的税率征收增值税。

② 免税饲料产品范围

a. 单一大宗饲料　是指以一种动物、植物、微生物或矿物质为来源的产品或其副产品。其范围仅限于糠麸、酒糟、鱼粉、草饲料、饲料及磷酸氢钙及除豆粕以外的菜籽粕、棉籽粕、向日葵粕、花生粕等粕类产品。

b. 混合饲料　是指由两种以上单一大宗饲料、粮食、粮食及粮食副产品及产品添加剂按照一定比例配置，其中单一大宗饲料、粮食及粮食副产品的掺兑比例不低于95％的饲料。

c. 配合饲料　是指根据不同的饲养对象、饲养对象的不同生长发育阶段的营养需要，将多种饲料原料按饲料配方经工业生产后，形成的能满足饲养动物全部营养需要（除水分外）的饲料。

d. 复合预混料　是指能够按照国家有关饲料产品的标准要求量，全面提供动物饲养相应阶段所需微量元素（4种或以上）、维生素（8种或以上），由微量元素、维生素、氨基酸和非营养性添加剂中任何两类或两类以上的组分与载体或稀释剂按一定比例配置的均匀混合物。

e. 浓缩饲料　是指由蛋白质、复合预混料及矿物质等按一定比例配制的均匀混合物。

自2003年1月1日起，对饲用鱼油产品按照现行"单一大宗饲料"的增值税政策规定，免征增值税。矿物质微量元素舔砖，是以四种以上微量元素、非营养性添加剂和载体的原料，经高压浓缩制成的块状预混物，可供牛、羊等牲畜直接食用，应按照"饲料"免征增值税。自2007年1月1日起，对饲料级磷酸二氢钙产品可按照现行"单一大宗饲料"的增值税政策规定，免征增值税。

原有的饲料生产企业及新办的饲料生产企业，应凭省级税务机关认可的饲料质量检测机构出具的饲料产品合格证明，向所在地主管税务机关提出免税申请，经省级国家税务局审核批准后，由企业所在地主管税务机关办理免征增值税手续。饲料生产企业饲料产品需检测品种由省级税务机关根据本地区的具体情况确定。

2. 农业生产资料

2009年9月21日国家工商行政管理总局颁布《农业生产资料市场监督管理办法》（工商总局令第45号）规定，农业生产资料（简称农资）是指种子、农药、肥料、农业机械及零配件、农用薄膜等与农业生产密切相关的农业投入品。批发和零售的种子、种苗、化肥、农药、农机，免征增值税。具体规定如下。

（1）部分进口种资 "十二五"期间部分进口种资免收进口环节增值税。《财政部 海关总署 国家税务总局关于种子（苗）种畜（禽）鱼种（苗）和种用野生动植物种源免征进口环节增值税政策及2011年进口计划的通知》（财关税〔2011〕36号）规定，"十二五"期间我国对进口以下种子（苗）、种畜（禽）、鱼种（苗）和种用野生动植物种源（简称"种子种源"）免征进口环节增值税：①与农、林业生产密切相关的进口种子（苗）、种畜（禽）、鱼种（苗），以及具备研究和培育繁殖条件的动植物科研院所、动物园、专业动植物保护单位、养殖场和种植园进口的用于科研、育种、繁殖的野生动植物种源；②军队、武警、公安、安全部门（含缉私警察）进口的警用工作犬以及繁育用的工作犬精液及胚胎。

（2）农药 农药是指用于农林业防治病虫害、除草及调节植物生长的药剂。农药包括农药原药和农药制剂。如杀虫剂、杀菌剂、除草剂、植物生长调节剂、植物性农药、微生物农药、卫生用药，以及其他农药原药、制剂等。

生产销售的阿维菌素、胺菊酯、百菌清、苯噻酰草胺、苄嘧磺隆、草除灵、吡虫啉、丙烯菊酯、哒螨灵、代森锰锌、稻瘟灵、敌百虫、丁草胺、啶虫脒、多抗霉素、二甲戊乐灵、二嗪磷、氟乐灵、高效氯氰菊酯、炔螨特、甲多丹、甲基硫菌灵、甲基异柳磷、甲（乙）基毒死蜱、甲（乙）基嘧啶磷、精噁唑禾草灵、精喹禾灵、井冈霉素、咪鲜胺、灭多威、灭蝇胺、苜蓿银纹夜蛾核型多角体病毒、噻磺隆、三氟氯氰菊酯、三唑磷、三唑酮、杀虫单、杀虫双、顺式氯氰菊酯、涕灭威、烯唑醇、辛硫磷、辛酰溴苯精、异丙甲草胺、乙阿合剂、乙草胺、乙酰甲胺磷、莠去津共48种农药，免收增值税。

（3）肥料　泛指经化学和机械加工制成的各种化学肥料。其范围包括：氮肥，主要品种有尿素和硫酸铵、硝酸铵、碳酸氢铵、氯化铵、石灰氮、氨水等。磷肥，主要品种有磷矿粉、过磷酸钙（包括普通过磷酸钙和重过磷酸钙两种）、钙镁磷肥、钢渣磷肥等。钾肥，主要品种有硫酸钾、氯化钾等。复合（混）肥料，是指用化学方法合成或混配制成含有氮、磷、钾中的两种或两种以上的营养元素的肥料。含有两种的称二元复合肥，含有三种的称三元复合肥料，含三种元素和某些其他元素的称多元复合肥料。主要产品有硝酸磷肥、磷酸铵、磷酸二氢钾肥、钙镁磷钾肥、磷酸一铵、磷粉二铵、氮磷钾复合肥等。微量元素肥，只指含有一种或多种植物生长所必需的，但需要量又极少的营养元素的肥料，如硼肥、锰肥、锌肥、铜肥、钼肥等。其他肥，是指上述列举以外的其他化学肥料。

① 征税肥料产品范围　纳税人生产销售的尿素、磷酸二铵。

② 免税肥料产品范围

a. 化肥　生产销售的除尿素以外的氮肥、除磷酸二铵以外的磷肥、钾肥以及以免税化肥为主要原料的复混肥（企业生产复混肥产品所用的免税化肥成本占原料中全部化肥成本的比重高于70%）。

b. 有机肥　纳税人生产销售和批发、零售有机肥产品免征增值税。

享受上述免税政策的有机肥产品是指有机肥料、有机-无机复混肥料和生物有机肥。有机肥料指来源于植物和（或）动物，施于土壤以提供植物营养为主要功能的含碳物料。有机-无机复混肥料指由有机和无机肥料混合和（或）化合制成的含有一定量有机肥料的复混肥料。生物有机肥指特定功能微生物与主要以动植物残体

（如禽畜粪便、农作物秸秆等）为来源并经无害化处理、腐熟的有机物料复合而成的一类兼具微生物肥料和有机肥效应的肥料。

免税要求：纳税人销售免税的有机肥产品，应按规定开具普通发票，不得开具增值税专用发票。单独核算有机肥产品的销售额。未单独核算销售额的，不得免税。纳税人申请免征增值税，应向主管税务机关提供以下资料，凡不能提供的，一律不得免税。

生产有机肥产品的纳税人：第一，由农业部或省、自治区、直辖市农业行政主管部门批准核发的在有效期内的肥料登记证复印件，并出示原件；第二，由肥料产品质量检验机构一年内出具的有机肥产品质量技术检测合格报告原件。出具报告的肥料产品质量检验机构须通过相关资质认定；第三，在省、自治区、直辖市外销售有机肥产品的，还应提供在销售使用地省级农业行政主管部门办理备案的证明原件。

批发、零售有机肥产品的纳税人：第一，生产企业提供的在有效期内的肥料登记证复印件；第二，生产企业提供的产品质量技术检验合格报告原件；第三，在省、自治区、直辖市外销售有机肥产品的，还应提供在销售使用地省级农业行政主管部门办理备案的证明复印件。

(4) 农机 农机，是指用于农业生产（包括林业、牧业、副业、渔业）的各种机器和机械化和半机械化农具，以及小农具。根据相关政策享受免收增值税农机的范围包括：

① 拖拉机 是指以内燃机为驱动牵引机具从事作业和运载物资的机械，包括轮拖拉机、履带拖拉机、手扶拖拉机和机耕船。

② 土壤耕整机械 是指对土壤进行耕翻整理的机械，包括机引犁、机引耙、旋耕机、镇压器、联合整地器、合壤器和其他土壤耕整机械。

③ 农田基本建设机械 是指从事农田基本建设的专用机械，包括开沟筑埂机、开沟铺管机、铲抛机、平地机和其他农田基本建设机械。

④ 种植机械 是指将农作物种子或秧苗移植到适于作物生长的苗床机械，包括播作机、水稻插秧机、栽植机、地膜覆盖机、复

式播种机和秧苗准备机械。

⑤ 植物保护和管理机械　是指农作物在生长过程中的管理、施肥、防治病虫害的机械,包括机动喷粉机、喷雾机(器)、弥雾喷粉机、修剪机、中耕除草机、播种中耕机、培土机具和施肥机。

⑥ 收获机械　是指收获各种农作物的机械,包括粮谷、棉花、薯类、甜菜、甘蔗、茶叶、油料等收获机。

⑦ 场上作业机械　是指对粮食作物进行脱粒、清选、烘干的机械设备,包括各种脱粒机、清选机、粮谷干燥机和种子精选机。

⑧ 排灌机械　是指用于农牧业排水、灌溉的各种机械设备,包括喷灌机、半机械化提水机具和打井机。

⑨ 农副产品加工机械　是指对农副产品进行初加工,加工后的产品仍属农副产品的机械,包括茶叶机械、剥壳机械、棉花加工机械(包括棉花打包机)、食用菌机械(培养木耳、蘑菇等)和小型粮谷机械。

⑩ 农业运输机械　是指农业生产过程中所需的各种运输机械,包括人力车、畜力车和拖拉机挂车。

⑪ 畜牧业机械　是指畜牧业生产中所需的各种机械,包括草原建设机械、牧业收获机械、饲料加工机械、畜禽饲养机械和畜产品采集机械。

⑫ 渔业机械　是指捕捞、养殖水产品所用的机械,包括捕捞机械、增氧机和饵料机。

⑬ 林业机械　是指用于林业的种植、育林的机械,包括清理机械、育林机械和树苗栽植机械。

⑭ 小农具　包括畜力犁、畜力耙、锄头和镰刀等农具属"农机",不带动力的手扶拖拉机(也称"手扶拖拉机底盘")和三轮农用运输车(指以单缸柴油机为动力装置的三个车轮的农用运输车辆)也属于"农机"。

以农副产品为原料加工工业产品的机械、三轮运货车、农用汽车、机动渔船、森林砍伐机械、集材机械、农机零部件等不属于农机的范围应当征收增值税。

(5)农膜　农膜,是指用于农业生产的各种地膜、大棚膜。免征增值税。

3. 农业产品

从1994年5月1日起,农业产品的增值税税率由17%调整为13%。农业产品是指种植业、养殖业、林业、牧业和水产业生产的各种植物、动物的初级产品。农业产品的征税范围如下。

(1) 种植业

① 粮食 是指各种主食食科植物果实的总称。

a. 征收增值税的范围 粮食企业经营粮食包括小麦、稻谷、玉米、高粱、谷子和其他杂粮(如大麦、燕麦等),以及经碾磨、脱壳等工艺加工后的粮食(如面粉、米、玉米面、渣等)。切面、饺子皮、混沌皮、面皮、米粉等粮食复制品,也属于本货物的征税范围。以粮食为原料加工的速冻食品、方便面、副食品和各种熟食品,不属于本货物的征税范围。对粮油加工业务,一律照章征收增值税。

b. 免征增值税范围 一是对承担粮食收储任务的国有粮食购销企业销售的粮食免征增值税。免征增值税的国有粮食购销企业,由县(市)国家税务局会同同级财政、粮食部门审核确定。

二是以下粮食企业经营粮食:军队用粮,是指凭军用粮票和军粮供应证按军价供应中国人民解放军和中国人民武装警察部队的粮食。救灾救济粮,是指经县(含)以上人民政府批准,凭救灾救济粮票(证)按规定的销售价格向需救助的灾民供应的粮食。水库移民口粮,是指经县(含)以上人民政府批准,凭水库移民口粮票(证)按规定的销售价格供应给水库移民的粮食。

审批享受免税优惠的国有粮食购销企业时,税务机关应按规定缴销其《增值税专用发票领购簿》,并收缴其库存未用的增值税专用发票予以注销;兼营其他应税货物的,须重新核定其增值税专用发票用量。属于增值税一般纳税人的生产、经营单位从国有粮食购销企业购进的免税粮食,可依据购销企业开具的销售发票注明的销售额按13%的扣除率计算抵扣进项税额。

三是财政部、国家税务总局《关于粮食企业增值税征免问题的通知》(财税字[1999]198号);国家税务总局《关于退耕还林还草补助粮免征增值税问题的通知》（国税发［2001］131号）规定，对粮食部门经营的退耕还林还草补助粮，凡符合国家规定标准的，比照"救灾救济粮"免征增值税。

② 蔬菜　是指可作副食的草本、木本植物的总称。

财税［2011］137号关于免征增值税规定，自2012年1月1日起，免征219种蔬菜流通环节增值税，即对从事蔬菜批发、零售的纳税人销售的蔬菜免征增值税。本货物的征税范围包括根菜类、薯芋类、葱蒜类、白菜类、叶菜类、豆类、食用菌类等14个类别219个品种的蔬菜。经挑选、清洗、切分、晾晒、包装、脱水、冷藏、冷冻等工序加工的蔬菜，属于免征范围。

各种蔬菜罐头（罐头，是指以金属罐、玻璃瓶和其他材料包装，经排气密封的各种食品）不属于免征范围。

纳税人既销售蔬菜又销售其他增值税应税货物的，应分别核算蔬菜和其他增值税应税货物的销售额。未分别核算的，不享受蔬菜增值税免税政策。

③ 烟叶　是指各种烟草的叶片和经过简单加工的叶片。本货物的征税范围包括晒烟叶、晾烟叶和初烤烟叶。晒烟叶，是指利用太阳能露天晒制的烟叶；晾烟叶，是指在晾房内自然干燥的烟叶；初烤烟叶，是指烟草种植者直接烤制的烟叶，不包括专业复烤厂烤制的复烤烟叶。

④ 茶叶　是指从茶树上采摘下来的鲜叶和嫩芽（即茶青），以及经吹干、揉拌、发酵、烘干等工序初制的茶。本货物的征税范围包括各种毛茶（如红毛茶、绿毛茶、乌龙毛茶、白毛茶、黑毛茶等）。精制茶、边销茶及掺兑各种药物的茶和茶饮料，不属于本货物的征税范围。

⑤ 园艺植物　是指可供食用的果实，如水果、果干（如荔枝干、桂圆干、葡萄干等）、干果、果仁、果用瓜（如甜瓜、西瓜、哈密瓜等），以及胡椒、花椒、大料、咖啡豆等；经冷冻、冷藏、包装等工序加工的园艺植物，也属于本货物的征税范围。各种水果罐头，果脯，蜜饯、炒制的果仁、坚果，碾磨后的园艺植物（如胡椒粉、花椒粉等），不属于本货物的征税范围。

⑥ 药用植物　是指用作中药原药的各种植物的根、茎、皮、叶、花、果实等；利用上述药用植物加工制成的片、丝、块、段等中药饮片，也属于本货物的征税范围；中成药，不属于本货物的征税范围。

⑦ 油料植物　是指要用作榨取油脂的各种植物的根、茎、叶、果实、花或者胚芽组织等初级产品，如菜籽（包括芥菜籽、花生、大豆、葵花籽、蓖麻籽、芝麻籽、胡麻籽、茶籽、桐籽、橄榄仁、棕榈仁、棉籽等）；提取芳香油的芳香油料植物，也属于本货物的征税范围。

⑧ 纤维植物　是指利用其纤维作纺织、造纸原料或者绳索的植物，如棉（包括籽棉、皮棉、絮棉）、大麻、黄麻、槿麻、苎麻、苘麻、亚麻、罗布麻、蕉麻、剑麻等；棉短绒和麻纤维经脱胶后的精干（洗）麻，也属于本货物的征税范围。

⑨ 糖料植物　是指主要用作制糖的各种植物，如甘蔗、甜菜等。

⑩ 林业产品　是指乔木、灌木和竹类植物，以及天然树脂、天然橡胶。林业产品的征税范围包括：a. 原木，是指将砍伐倒的乔木去其枝芽、梢头或者皮的乔木、灌木，以及锯成一定长度的木段；锯材，不属于本货物的征税范围。b. 原竹，是指将砍倒的竹去其枝、梢或者叶的竹类植物，以及锯成一定长度的竹段。c. 天然树脂，是指木科植物的分泌物，包括生漆、树脂和树胶，如松脂、桃胶、樱胶、阿拉伯胶、古巴胶、天然橡胶（包括乳胶和干胶）等。d. 其他林业产品，是指除上述列举林业产品以外的其他各种林业产品，如竹笋、笋干、棕竹、棕榈衣、树枝、树叶、树皮、藤条等；盐水竹笋，也属于本货物的征税范围；竹笋罐头，不属于本货物的征税范围。

其他植物，是指除上述列举植物以外的其他各种人工种植和野生的植物，如树苗、花卉、植物种子、植物叶子、草、麦秸、豆类、薯类、藻类植物等；干花、干草、薯干、干制的藻类植物、农业产品的下脚料等，也属于本货物的征税范围。

（2）水产品　是指人工放养和人工捕捞的鱼、虾、蟹、贝类，棘皮类、软体类、腔肠类、海兽类动物。本货物的征税范围包括鱼、虾、蟹、鳖、贝类、棘皮类、软体类、腔肠类、海兽类、鱼苗（卵）、虾苗、蟹苗、贝苗（秧），以及经冷冻、冷藏、盐渍等防腐处理和包装的水产品；干制的鱼、虾、蟹、贝类、棘皮类、软体类、腔肠类，如干鱼、干虾、干虾仁、干贝等，以及未加工成工艺品的贝壳和珍珠，也属于本货物的征税范围；熟制的水产品和各类水产品的罐头，不属于本货物的征税范围。

（3）畜牧产品　是指人工饲养、繁殖取得和捕获的各种畜禽。本货物的征税范围如下。

① 兽类、禽类和爬行类动物　如牛、马、猪、羊、鸡、鸭等。

② 兽类、禽类和爬行类动物的肉产品　包括整块或者分割的鲜肉、冷藏或者冷冻肉、盐渍肉，兽类、禽类和爬行类动物的内脏、头、尾、蹄等组织；各种兽类、禽类和爬行类动物的肉类生制品，如腊肉、腌肉、熏肉等，也属于本货物的征税范围；各种肉类罐头和肉类熟制品，不属于本货物的征税范围。

③ 蛋类产品　是指各种禽类动物和爬行类动物的卵，包括鲜蛋和冷藏蛋；经加工的咸蛋、松花蛋、腌制的蛋等，也属于本货物的征税范围；各种蛋类的罐头，不属于本货物的征税范围。

④ 鲜奶　是指各种哺乳类动物的乳汁和经净化、杀菌等加工工序生产的乳汁；用鲜奶加工的各种奶制品，如酸奶、奶酪、奶油等，不属于本货物的征税范围。

⑤ 动物皮张　是指从各种动物（兽类、禽类和爬行类动物）身上直接剥取的，未经鞣制的生皮和生皮张；将生皮和生皮张用清水、盐水或者防腐药水浸泡、刮里、脱毛、晒干或者熏干，未经鞣制的，也属于本货物的征税范围。

⑥ 动物毛绒　是指未经洗净的各种动物的毛发、绒发和羽毛；洗净毛、洗净绒等不属于本货物的征税范围。

其他动物组织，是指上述列举以外的兽类、禽类和爬行类动物的其他组织，以及昆虫类动物。包括：①蚕茧，包括鲜茧、干茧和蚕蛹；②天然蜂蜜，是指采集的未经加工的天然蜂蜜、鲜蜂王浆等；③动物树脂，如虫胶等；④其他动物组织，如动物骨、壳、兽角、动物血液、动物分泌物、蚕种等。

4. 农民专业合作社

2008年7月1日起执行的《财政部 国家税务总局关于农民专业合作社有关税收政策的通知》(财税〔2008〕81号)规定相关政策如下。

(1) 对农民专业合作社销售本社成员生产的农业产品,视同农业生产者销售自产农业产品免征增值税。

(2) 一般纳税人从农民专业合作社购进的免税农业产品,可按13%的扣除率计算抵扣增值税进项税额。

(3) 对农民专业合作社向本社成员销售的农膜、种子、种苗、化肥、农药、农机,免征增值税。

5. 农业节水滴灌系统

2007年5月30日,财政部、国家税务总局公布《关于免征滴灌带和滴灌管产品增值税的通知》明确,自2007年7月1日起,纳税人生产销售和批发、零售滴灌带和滴灌管产品(指农业节水滴灌系统专用的滴灌带和滴灌管产品)免征增值税。纳税人单独核算滴灌带和滴灌管产品的销售额。未单独核算销售额的,不得免税。销售免税的滴灌带和滴灌管产品,应一律开具普通发票,不得开具增值税专用发票。

6. 其他项目

(1) 农业生产者销售的自产农业产品,免征增值税。

(2) 销售的自己使用过的物品,免征增值税。

(3) 销售农产品数额未达到财政部规定的增值税起征点的个体户免征增值税。

(4) 销售农产品的增值税一般纳税人(农产品加工企业年销售额达到50万元以上,商业企业年销售额达到80万元以上)按13%的税率征收。

销售农产品的小规模纳税人(农产品加工企业年销售额达到50万元以下,商业企业年销售额达到80万元以下)则执行3%的征收率。

(5) 企业购进农产品,除取得增值税专用发票或者海关进口增值税专用缴款书外，按照农产品收购发票或者销售发票上注明的农产品买价和13%的扣除率计算的进项税额，准予从销项税额中抵扣。

企业将购入的农、林、牧、渔产品，在自有或租用的场地进行育肥、育秧等再种植、养殖，经过一定的生长周期，使其生物形态发生变化，且并非由于本环节对农产品进行加工而明显增加了产品的使用价值的，可视为农产品的种植、养殖项目享受相应的税收优惠。

(6) 资源综合利用税收优惠政策　全部用工业生产过程中产生的余热、余压生产的电力或热力；以餐厨垃圾、畜禽粪便、稻壳、花生壳、玉米芯、油茶壳、棉籽壳、三剩物、次小薪材（包括利用上述资源发酵产生的沼气）等为原料生产的电力、热力、燃料，且生产原料中上述资源的比重不得低于80%，上述涉及的生物质发电项目必须符合国家相关规定；以比重不低于90%的废弃的动物油、植物油为原料生产的、并且达到《饲料级 混合油》（NY/T 913—2004）规定的技术要求饲料级混合油，实行增值税即征即退100%的优惠政策。

对以三剩物、次小薪材和农作物秸秆等3类农林剩余物为原料生产的木（竹、秸秆）纤维板、木（竹、秸秆）刨花板，细木工板、活性炭、栲胶、水解酒精、炭棒；以沙柳为原料生产的箱板纸实行增值税即征即退80%的优惠政策。

对销售以比重不低于70%的蔗渣为原料生产的蔗渣浆、蔗渣刨花板及各类纸制品实行增值税即征即退50%的优惠政策。

四、涉农车船税优惠政策

车船税是对在我国境内依法应当到公安、交通、农业、渔业、军事等管理部门办理登记的车辆、船舶，根据其种类，按照规定的计税单位和年税额标准计算征收的一种财产税。2006年12月27日国务院第162次常务会议通过，自2007年1月1日起施行《中华人民共和国车船税暂行条例》规定，非机动车船（不包括非机动驳船）、拖拉机、捕捞（养殖）渔船免征车船税。财政部、国家税务总局《关于农用三轮车免征车辆购置税的通知》（财税［2004］66号）规定，对农用三轮车免征车辆购置税。

五、涉农印花税优惠政策

印花税是对经济活动和经济交往中书立、使用、领受具有法律效力的凭证的单位和个人征收的一种税。《中华人民共和国印花税暂行条例》(国税地字 [1988] 37 号) 规定,农林作物,牧业畜类保险合同,免征印花税。国家指定的收购部门与村民委员会、农民个人书立的农副产品收购合同,免征印花税。另据《财政部 国家税务总局关于农民专业合作社有关税收政策的通知》(财税 [2008] 81 号) 规定,对农民专业合作社与本社成员签订的农业产品和农业生产资料购销合同,免征印花税。

六、涉农营业税税收优惠政策

1993 年 12 月 13 日中华人民共和国国务院令第 136 号发布,2008 年 11 月 5 日国务院第 34 次常务会议修订,2009 年 1 月 1 日起施行的《中华人民共和国营业税暂行条例》对涉农营业税有明确的规定。

1. 免征营业税

(1) 农业机耕、排灌、病虫害防治、植物保护、农牧保险以及相关技术培训业务,家禽、牲畜、水生动物的配种和疾病防治,免征营业税。

《中华人民共和国营业税暂行条例实施细则》说明:农业机耕,是指在农业、林业、牧业中使用农业机械进行耕作(包括耕耘、种植、收割、脱粒、植物保护等)的业务;排灌,是指对农田进行灌溉或排涝的业务;病虫害防治,是指从事农业、林业、牧业、渔业的病虫害测报和防治的业务;农牧保险,是指为种植业、养殖业、牧业种植和饲养的动植物提供保险的业务;相关技术培训,是指与农业机耕、排灌、病虫害防治、植物保护业务相关以及为使农民获得农牧保险知识的技术培训业务;家禽、牲畜、水生动物的配种和疾病防治业务的免税范围,包括与该项劳务有关的提供药品和医疗用具的业务。

(2)《国家税务总局关于林木销售和管护征收流转税问题的通知》(国税函 [2008]) 212 号指出:纳税人单独提供林木管护劳务

行为的收入中，属于提供农业机耕、排灌、病虫害防治、植保劳务取得的收入，免征营业税。

(3)《国家税务总局关于农业土地出租征税问题的批复》(国税函［1998］)82号指出：农村、农场将土地承包（出租）给个人或公司用于农业生产，收取的固定承包金（租金）。免征营业税。

(4)《财政部 国家税务总局关于对若干项目免征营业税的通知》(财税［1994］)2号指出：将土地使用权转让给农业生产者用于农业生产取得的收入。免征营业税。

(5) 纳税人将土地使用权归还给土地所有者时，只要出具县级（含）以上地方人民政府收回土地使用权的正式文件，无论支付征地补偿费的资金来源是否为政府财政资金，该行为均属于土地使用者将土地使用权归还给土地所有者的行为，按照《国家税务总局关于土地使用者将土地使用权归还给土地所有者行为营业税问题的通知》(国税函［2008］277号)规定，不征收营业税。

(6) 对金融机构农户小额贷款的利息收入，免征营业税。

(7) 对农村非营利性医疗机构按照国家规定的价格取得的医疗服务收入，免征各项税收；营利性医疗机构取得的收入，直接用于改善医疗卫生条件的，自其取得执业登记之日起，三年内免征营业税。

2. 减征营业税

《财政部 国家税务总局关于农村金融有关税收政策的通知》(财税［2010］4号)规定，自2009年1月1日至2011年12月31日，对农村信用社、村镇银行、农村资金互助社、由银行业机构全资发起设立的贷款公司、法人机构所在地在县（含县级市、区、旗）及县以下地区的农村合作银行和农村商业银行的金融保险业收入减按3%的税率征收营业税。财税［2011］101号文件将该政策的执行期延长至2015年12月31日。

七、涉农企业所得税优惠政策

依据《中华人民共和国企业所得税法》第二十七条、《中华人民共和国企业所得税法实施条例》第八十六条、《财政部 国家税务总局关于发布享受企业所得税优惠政策的农产品初加工范围（试行)的通知》(财税[2008]149号)的规定,涉农企业享有所得税优惠政策。

1. 企业从事涉农项目

自2008年1月1日起,从事农、林、牧、渔业项目的所得可以免征、减征企业所得税。

(1) 企业从事下列项目的所得,免征企业所得税

①蔬菜、谷物、薯类、油料、豆类、棉花、麻类、糖料、水果、坚果的种植;②农作物新品种的选育;③中药材的种植;④林木的培育和种植;⑤牲畜、家禽的饲养;⑥林产品的采集;⑦灌溉、农产品初加工、兽医、农技推广、农机作业和维修等农、林、牧、渔服务业项目;⑧远洋捕捞。

(2) 企业从事下列项目的所得,减半征收企业所得税

①花卉、茶以及其他饮料作物和香料作物的种植;②海水养殖、内陆养殖。

2. 企业设立专项农村公益基金会

2010年中共中央、国务院发布的"中央一号文件"《关于加大统筹城乡发展力度进一步夯实农业农村发展基础的若干意见》第一项第四条明确提出,企业通过公益性社会团体、县级以上人民政府及其部门或者设立专项的农村公益基金会,用于建设农村公益事业项目的捐赠支出,不超过年度利润总额12%的部分准予在计算企业所得税前扣除。

3. 农村金融贷款利息和保费

自2009年1月1日至2013年12月31日,对金融机构农户小额贷款的利息收入在计算应纳税所得额时,按90%计入收入总额;对保险公司为种植业、养殖业提供保险业务取得的保费收入,在计算应纳税所得额时,按90%比例减计收入。

4. 保险公司农业巨灾风险准备金

2012年4月25日,财政部网站公布《关于保险公司农业巨灾风险准备金企业所得税税前扣除政策的通知》。通知称,保险公司经营财政给予保费补贴的种植业险种的,按不超过补贴险种当年保费收入25%的比例计提的巨灾风险准备金,准予在企业所得税前

据实扣除。

5. 小型微利企业

小型微利企业所得税优惠政策，对符合相关税收规定的、年应纳税所得额低于 6 万元（含 6 万元）的小型微利企业，其所得减按 50% 计入应纳税所得额，按 20% 的税率缴纳企业所得税，并与法定税率之间换算成 15% 的实际减免税额进行纳税申报。

八、涉农个人所得税优惠政策

1. 有关农业税

个人或个体工商户从事种植业、养殖业、饲养业和捕捞业（简称"四业"）且经营项目属于农业税（包括农林特产税）、牧业税征税范围的，其取得的上述"四业"所得暂不征收个人所得税。（国税发〔2004〕13 号）

2. 有关销售自产农产品的农民

对进入各类市场销售自产农产品的农民取得所得暂不征收个人所得税。对市场内的经营者和其经营的农产品，如税务机关无证据证明销售者不是"农民"的和不是销售"自产农产品"的，一律按照"农民销售自产农产品"执行政策。（国税发〔2004〕13 号）。

3. 有关征地中青苗补偿费

对于在征用土地过程中，征地单位支付给土地承包人的青苗补偿费收入，暂免征收个人所得税。（国税函〔1997〕87 号）

4. 有关返乡农民工初次创业

对返乡农民工初次创业所获得政府部门给予的补贴，不属于税法列举的应税项目，不计征个人所得税。

5. 有关见义勇为奖

对乡、镇（含乡、镇）以上人民政府或县（含县）以上人民政府主管部门批准成立的有机构、有章程的见义勇为基金会或者类似组织，奖励见义勇为者的奖金或奖品，经主管税务机关核准，免征个人所得税。（财税字〔1995〕25 号）

6. 有关个人从单位取得补偿

个人因与用人单位解除劳动关系而取得的一次性补偿收入，其

收入在当地年职工平均工资 3 倍数额以内的部分,免征个人所得税。(财税〔2001〕157 号)

7. 有关军队转业干部及家属

从 2003 年 5 月 1 日起,持有师以上部队颁发的转业证件的军队转业干部,从事个体经营的,经主管税务机关批准,自领取税务登记证之日起,三年内免征个人所得税(财税〔2003〕26 号)。从 2000 年 1 月 1 日起,对从事个体经营的随军家属,自领取税务登记证之日起,三年内免征个人所得税。(财税〔2004〕84 号)

8. 有关个人保险所得税

(1)对于个人自己缴纳有关商业保险费(保费全部返还个人的保险除外)而取得的无赔款优待收入,不征收个人所得税。(国税发〔1999〕58 号)

(2)保险营销员佣金中的展业成本,不征收个人所得税。根据目前保险营销员展业的实际情况,佣金中展业成本的比例暂定为40%。(国税函〔2006〕454 号)

9. 政府奖励的免税政策

10. 对达不到增值税、营业税起征点的个体经营者和个人暂不征收个人所得税

九、涉农消费税优惠政策

1993 年 12 月 13 日国务院发布(国务院令第 135 号),2008 年 11 月 5 日国务院第 34 次常务会议修订通过了《中华人民共和国消费税暂行条例》,自 2009 年 1 月 1 日起施行。

消费税是在对货物普遍征收增值税的基础上,选择少数消费品再征收的一个税种。现行消费税的征收范围主要包括:烟,酒及酒精,鞭炮,焰火,化妆品,成品油,贵重首饰及珠宝玉石,高尔夫球及球具,高档手表,游艇,木制一次性筷子,实木地板,汽车轮胎,摩托车,小汽车等税目,有的税目还进一步划分若干子目。

为了保护和调动农民积极性,扩大惠农范围,国家税务总局发布 2010 年第 16 号《关于农用拖拉机收割机和手扶拖拉机专用轮胎不征收消费税问题的公告》。公告指出,农用拖拉机、收割机和手扶拖拉机专用轮胎不属于《中华人民共和国消费税暂行条例》规定的应征消费税的"汽车轮胎"范围，不征收消费税。本公告自2010年12月1日起施行。

【复习思考题】

1. 早教机构是否可以免缴耕地占用税？
2. 农村烈士家属占用耕地建造房屋，是否缴纳耕地占用税？
3. 纳税人临时占用耕地是否缴纳耕地占用税？
4. 耕地占用税的税率是怎样规定的？
5. 耕地占用税的征税对象是什么？
6. 听说现在企业捐赠农村公益事业也可以获税前扣除优惠政策了，是吗？
7. 我公司是一家从事畜牧业的企业，目前公司采取"公司＋农户"的经营模式从事牲畜、家禽的饲养。请问，这种经营模式能否享受企业所得税减免的优惠？
8. 从事农业机械销售企业是否免征企业所得税？
9. 某农民专业合作社2011年初购入500只猪仔进行饲养，经6个月饲养育肥后出售。请问，这部分收入可否免缴企业所得税？
10. 是不是农业生产者销售的所有农业产品都可以免征增值税呢？
11. 免征增值税的饲料产品范围包括哪些？
12. 宠物饲料产品是否可以享受免征增值税的优惠政策？
13. 农民销售自养种鸡产的鸡蛋免税吗？如果销售鸡雏（自产种蛋通过孵化器孵化）是否免税？

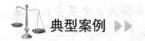
典型案例

之一：某农场承包人未经审批非法占用耕地建房

群众通过民心网反映某农场承包人占用耕地建房问题。经查，承包人李某未经批准非法占地,国土部门已经对其下发了停止违法行为通知书并立案调查。根据《土地管理法》《土地管理条例》和《耕地占用税暂行条例》等规定,责令其退还非法占用的土地1767.345m²,限期拆除地上建筑物和其他设施,恢复土地原状,并处以违法占地罚款53 020.35元。

之二:耕地占用税,将置畜禽养殖业于何地

2008年8月,A省B县财政所先后两次以自己的名义向B县养猪户桑某下发耕地占用税限期缴纳通知书,因桑某拒绝缴纳,B县公安局以桑某涉嫌抗税罪为由将其刑事拘留,后因检察机关不予批捕,桑某被关押1个多月后释放。

2009年6月,A省C县财政所以自己的名义向养鸡户秦某下发耕地占用税催缴通知书,因秦某拒绝缴纳,镇平县公安局以秦某涉嫌偷税罪将其刑事拘留,后被C县检察院以逃税罪批准逮捕,现被关押。

注:2009年6月1日起实施的《A省〈耕地占用税暂行条例〉实施办法》第十六条规定,耕地占用税由财政机关或者地方税务机关负责征收,具体征收机关由省人民政府另行确定。2009年6月1日前,征收的税率就只能适用县级每平方米4元,修改后为县级每平方米22元。

此问题应从两个方面进行分析。

第一,《耕地占用税暂行条例》第十二条明文规定,耕地占用税由地方税务机关负责征收。《税收征收管理法》第二十九条规定,除税务机关、税务人员以及经税务机关依照法律、行政法规委托的单位和人员外,任何单位和个人不得进行税款征收工作。乡财政所非地方税务机关,法律、行政法规没有授予其税款征收的权利,即使乡财政所得到了税务机关的委托授权,税务机关也必须在征税区域内公示公告,而B县和C县两地的税务机关并没有委托乡财政所代收税款的公示公告,由此可见乡财政所无征收税款的主体资格,此其一;即使乡财政所得到了税务机关的委托授权,受委托人(乡财政所)在从事受委托的事项(征收耕地占用税)时必须以委

托人（税务机关）的名义实施，而不能以自己的名义从事委托人的委托事项。而上述两个财政所均以自己的名义从事征税工作，由此可见其征税程序违法，此其二。由于两个财政所无征税主体资格和征税程序违法，其征税行为对相对人无任何法律约束力，相对人拒绝向其缴纳税款是在维护自己的合法权益。

另：2009年6月1日实施的《A省〈耕地占用税暂行条例〉实施办法》第十六条规定，耕地占用税由财政机关或者地方税务机关负责征收，具体征收机关由省人民政府另行确定。

如何看待《A省〈耕地占用税暂行条例〉实施办法》中"具体征收机关由省人民政府另行确定"这一规定呢？这里涉及一个法律位阶问题。《A省〈耕地占用税暂行条例〉实施办法》是经该省人大常委会批准实施的，属地方法规；《税收征收管理法》属全国人大批准实施的法律；《耕地占用税暂行条例》是国务院颁布实施的行政法规。我国《立法法》对此有明文规定，地方法规不得与法律、行政法规相违背。A省政府无权在法律、行政法规确定的征收机关（税务机关）以外另行确定其他机关征收。

第二，耕地占用税征收时应区别对待纳税人的纳税义务。

《耕地占用税暂行条例》第十五条规定，耕地占用税的征收管理，依照《税收征收管理法》和本条例的有关规定执行。

《税收征收管理法》第五十二条规定，因税务机关的责任，致使纳税人、扣缴义务人未缴或者少缴税款的，税务机关在三年内可以要求纳税人、扣缴义务人补缴税款，但不得加收滞纳金。

《耕地占用税暂行条例实施细则》第三十一条规定，经批准占用耕地的，耕地占用税纳税义务发生时间为纳税人收到土地管理部门办理占用农用地手续通知的当天。未经批准占用耕地的，耕地占用税纳税义务发生时间为纳税人实际占用耕地的当天。

根据上述法律、法规的规定，税务机关在征收耕地占用税时，应首先确定纳税人纳税义务的发生时间。如果纳税人占用耕地的时间发生在三年前，且未缴耕地占用税的原因是税务机关没有征收而不是纳税人通过偷税、抗税、骗税等非法手段没有缴纳，税务机关就不能对此类纳税人进行征收（免责时效）；如果纳税人占用耕地的时间发生在三年内且在2009年6月1日（新修改的《A省〈耕地占用税暂行条例〉实施办法》生效时间）前，征收的税率就只能适用县级每平方米4元（修改前《A省〈耕地占用税暂行条例〉实施办法》确定的税率），而不是现在的县级每平方米22元（我国法律适用是：从旧兼从轻）。

具体上述两个案件：B县桑某的养猪场始建于2003年，距2009年已达六年之久；C县秦某的养鸡场始建时省政府新的耕地占用税税率尚未出台，现今适用刚生效的法规所确定的税率对上述二人征收每平方米22元的耕地占用税，与法无据，与情不合，与理不通。

第三节　农业保险

农业保险业务自中国人保成立起就时断时续地开展。由于长期亏损，至20世纪90年代基本"撂荒"。直至2004年，中国保监会开始牵头在一些省份开展政策性农业保险试点工作。2007年国家财政拨出10亿元专项补贴资金，通过地方财政资金的配套，对六省区五大类粮食作物保险予以补贴，积极为农业安全生产提供保障。2008年，国家稳步扩大政策性农业保险试点范围，加大了对粮食、油料、生猪、奶牛生产的各项政策扶持。党的十七届五中全会明确提出，"十二五"时期要健全农业保险制度，积极开展关系国计民生的重要粮棉油作物、大宗畜牧品种、天然橡胶、渔业和森林保险业务，努力使农业保险覆盖全国粮油棉产区、畜牧业大省区和林权改革较成功的省份，积极开展蔬菜、烟叶、果木等保险业务。2011年《全国农业和农村经济发展第十二个五年规划》要求加快发展农业保险，完善农业保险保费补贴政策。鼓励地方特色农业保险发展，探索推进涉农保险发展。探索完善财政支持下的农业大灾风险分散机制。2012年5月4日《农业保险条例》（征求意见稿）发布，定位为有国家补贴商业保险，对完善我国农业保险制度具有重要意义。

一、农业保险的涵义

农业保险有广义和狭义之分。从广义上讲,农业保险是包括种植业、养殖业、农村财产在内的一种保险,也可以说是"三农"保险。从狭义上讲,农业保险是农业生产者以支付小额保险费为代价,把农业生产过程中由于灾害事故造成的农业财产损失转嫁给保险人的一种制度安排。简单地讲,农业保险就是以农作物和饲养动物为对象的一类保险。我们通常所说的农业保险就是指狭义上的农业保险。即:农业保险,是指专为农业生产者在从事种植业和养殖业生产过程中,对遭受自然灾害和意外事故所造成的经济损失提供保障的一种保险。

农业保险与农村保险是两个不同的概念。农村保险是以地域命名,指在农村范围内举办的各种保险的总称,除含农业保险外,还包括乡镇企业、农业生产者的其他各种财产、人身保险。

二、农业保险的种类

农业保险按农业种类不同分为种植业保险、养殖业保险;按危险性质分为自然灾害损失保险、病虫害损失保险、疾病死亡保险、意外事故损失保险;按保险责任范围不同,可分为基本责任险、综合责任险和一切险;按赔付办法可分为种植业损失险和收获险。

农业保险的保险标的包括农作物栽培(农业)、营造森林(林业)、畜禽饲养(畜牧业)、水产养殖、捕捞(渔业)以农村中附属于农业生产活动的副业。

我国开办的农业保险主要险种有:农产品保险,生猪保险,牲畜保险,奶牛保险,耕牛保险,山羊保险,养鱼保险,养鹿、养鸭、养鸡等保险,对虾、蚌珍珠等保险,家禽综合保险,水稻、油菜、蔬菜保险,稻麦场、森林火灾保险,烤烟种植、西瓜雹灾、香梨收获、小麦冻害、棉花种植、棉田地膜覆盖雹灾等保险,苹果、鸭梨、烤烟保险等。

三、政策性农业保险

1. 政策性农业保险涵义

我国农业保险属于政策性农业保险。政策性农业保险是指保险公司开展的由政府提供保费补贴的特定农作物、特定养殖品种的保险。政策性农业保险以财政补贴为主要推动手段,利用保险这一"形式",注入政府支持和保护农业的政策内容,有效地增强了农民应对灾害事故的能力。

2. 投保政策性农业保险流程

各保险公司对农业保险有自己的规定,但一般的流程如下。

(1) 广大农户可自愿参加政策性农业保险,各险种以乡镇为单位统一投保。

(2) 种植业由乡镇和村指定一人向农户解释保险条款、登记分户清单、收取保费,并由保险公司支付工作经费;养殖业则由村防疫员向农户解释保险条款、登记分户清单和收取保费。

(3) 参保农户要在分户清单上将自己的姓名、身份证号码等信息填写完整,并签字确认。种植户要明确填写种植地点、投保亩数;养殖户则要写清养殖品种、投保数量、耳标号或防疫码,并配合防疫员给投保母猪或奶牛打耳标或防疫码。

(4) 分户清单由各村汇总到乡镇,并在签章处对应加盖乡镇公章。种植业由乡镇政府人员填写投保单,并在签章处加盖乡镇政府公章;养殖业则由乡镇畜牧兽医站人员填写投保单,并在签章处加盖乡镇畜牧站公章。

(5) 农户缴纳的保险费一律以转账方式由各乡镇直接转到种植业、养殖业账户上。

四、种植业保险优惠政策

种植业保险指以植物生产为保险标的,以生产过程中可能遭遇的某些危险为承保责任的一类保险业务的统称。2008年财政部印发了《中央财政种植业保险保费补贴管理办法》(财金[2008]26号),2012年1月20日财政部《关于进一步加大支持力度做好农业保险保费补贴工作的通知》（财金［2012］2号），对种植业保险保费补贴做了明确的规定。

1. 补贴对象

中央财政种植业保险保费补贴，是指财政部对省级政府引导有关农业保险经营机构（以下简称经办机构）开展的特定农作物的种植业保险业务，按照保费的一定比例，为投保的农户、龙头企业、专业合作经济组织提供补贴。

2. 参与原则

农户、龙头企业、专业合作经济组织、经办机构、地方财政部门等有关各方的参与都要坚持自主自愿。在符合国家有关规定的基础上，各省、自治区、直辖市可因地制宜制定相关支持政策。

3. 补贴险种

财金［2008］26号规定，财政部提供保费补贴的种植业险种（以下简称补贴险种）的保险标的为种植面广，对促进"三农"发展有重要意义的大宗农作物，包括：（1）玉米、水稻、小麦、棉花；（2）大豆、花生、油菜等油料作物；（3）根据国务院有关文件精神确定的其他农作物。在上述补贴险种以外，财政部提供保费补贴的地区（以下简称补贴地区）可根据本地财力状况和农业特色，自主选择其他种植业险种予以支持。

随着中央财政补贴力度不断加大，补贴品种又增加了森林、马铃薯、青稞、天然橡胶等。

财金［2012］2号规定，在现有中央财政补贴险种的基础上，将糖料作物纳入中央财政农业保险保费补贴范围。同时，地方可结合实际自行开展特色农业保险。

4. 保险责任

保险责任为因人力无法抗拒的自然灾害，包括暴雨、洪水（政府行蓄洪除外）、内涝、风灾、雹灾、冻灾、旱灾、病虫草鼠害等对投保农作物造成的损失。

根据本地气象特点，补贴地区可从上述选择几种对本地种植业生产影响较大的自然灾害，列入本地补贴险种的保险责任。同时，补贴地区可选择其他灾害作为附加险保险责任予以支持,由此产生的保费,可由地方财政部门提供一定比例的保费补贴。

5. 保险金额确定

按"低保障、广覆盖"来确定保障水平,以保障农户灾后恢复生产为出发点。保险金额原则上为保险标的生长期内所发生的直接物化成本(以国家权威部门公开的数据为标准),包括种子成本、化肥成本、农药成本、灌溉成本、机耕成本和地膜成本。

根据本地农户的支付能力,补贴地区可以适当提高或降低保障水平。有条件的地方,可参照保险标的的平均年产量确定保险金额,对于高于直接物化成本的保障部分,可由地方财政部门提供一定比例的保费补贴。

补贴险种的保险费率应根据保险责任、保险标的多年平均损失情况、地区风险水平等因素确定。

6. 财政补贴标准

2008年,在补贴地区省级财政部门补贴25%的保费后,财政部再补贴35%的保费。2012年开始,中央财政在省级财政至少补贴25%的基础上,对东部地区补贴35%、对中西部地区补贴40%。中央财政对新疆生产建设兵团、中央直属垦区等补贴比例为65%。其余保费由农户承担,或者由农户与龙头企业、地方财政部门等共同承担,具体比例由补贴地区自主确定。投保农户根据应该承担的比例缴纳保费。

未纳入补贴地区的省、自治区、直辖市,可参照以上规定确定本地种植业保险保费补贴险种、保险责任、保险金额及保费补贴比例。

随着农业保险的发展,农业保险承保地区范围增加到全部粮食主产区和中央直属垦区。

五、养殖业保险优惠政策

2008年2月26日,财政部下发了《中央财政养殖业保险保费补贴管理办法》的通知(财金〔2008〕27号)对中央财政养殖业保险保费补贴工作做了规定。

1. 补贴对象

中央财政养殖业保险保费补贴，是指财政部对省级政府引导有关农业保险经营机构（以下简称经办机构）开展的特定品种的养殖业保险业务，按照保费的一定比例，为投保的农户、养殖企业、专业合作经济组织提供补贴。

2. 参与原则

农户、养殖企业、专业合作经济组织、经办机构、地方财政部门等有关各方的参与都要坚持自主自愿。在符合国家有关规定的基础上，各省、自治区、直辖市可因地制宜制定各项支持政策。

3. 补贴险种

财政部提供保费补贴的养殖业险种的保险标的为饲养量大，对保障人民生活、增加农户收入具有重要意义的养殖业品种，包括：能繁母猪、奶牛；根据国务院有关文件精神确定的其他养殖品种。在上述补贴险种以外，财政部提供保费补贴的地区可根据本地财力状况和农业特色，自主选择其他养殖业险种予以支持。

随着中央财政补贴力度不断加大，补贴品种增加了育肥猪、牦牛、藏系羊等。

4. 补贴地区

考虑到地区间财力差异，补贴地区列举如下。

（1）中部地区10省，包括河北、山西、吉林、黑龙江、安徽、江西、河南、湖北、湖南和海南；

（2）西部地区12省（区、市），包括内蒙古、广西、重庆、四川、云南、贵州、西藏、陕西、甘肃、青海、宁夏和新疆；

（3）新疆生产建设兵团以及中央直属垦区；

（4）从2012年开始，东部地区9省（市），包括北京、天津、辽宁、上海、江苏、浙江、福建、山东、广东，也列入中央财政补贴范围。

5. 保险责任

保险责任为重大病害、自然灾害和意外事故所导致的投保个体直接死亡。

（1）重大病害包括

① 能繁母猪 猪丹毒、猪肺疫、猪水泡病、猪链球菌、猪乙型脑炎、附红细胞体病、伪狂犬病、猪细小病毒、猪传染性萎缩性鼻炎、猪支原体肺炎、旋毛虫病、猪囊尾蚴病、猪副伤寒、猪圆环病毒病、猪传染性胃肠炎、猪魏氏梭菌病、口蹄疫、猪瘟、高致病性蓝耳病及其强制免疫副反应。

② 奶牛 口蹄疫、布鲁氏菌病、牛结核病、牛焦虫病、炭疽、伪狂犬病、副结核病、牛传染性鼻气管炎、牛出血性败血病、日本血吸虫病。

（2）自然灾害包括 暴雨、洪水（政府行蓄洪除外）、风灾、雷击、地震、冰雹、冻灾。

（3）意外事故包括 泥石流、山体滑坡、火灾、爆炸、建筑物倒塌、空中运行物体坠落。

根据本地气象特点，补贴地区可从上述选择几种对本地养殖业生产影响较大的重大病害、自然灾害和意外事故，作为本地补贴险种的保险责任。同时，补贴地区可选择其他重大病害、自然灾害和意外事故作为附加险保险责任予以支持，由此产生的保费，可由地方财政部门提供一定比例的保费补贴。当发生高传染性疫病政府实施强制扑杀时，经办机构应对投保农户进行赔偿，并可从赔偿金额中相应扣减政府扑杀专项补贴金额。

6. 保险费率确定

参照投保个体的生理价值（包括购买价格和饲养成本）确定。以此为基础，参照多年发生的平均损失率，测算保险费率。

7. 财政补贴标准

对于补贴险种，在西部和中部补贴地区（新疆生产建设兵团以及中央直属垦区除外）地方财政部门补贴30%的保费后，财政部再补贴一定比例的保费。具体保费补贴标准如下。

能繁母猪保险，财政部补贴50%的保费；奶牛保险，财政部补贴30%的保费。对于新疆生产建设兵团以及中央直属垦区，财政部为能繁母猪保险补贴80%的保费，为奶牛保险补贴60%的保费。其余保费由农户承担，或者由农户与养殖企业、地方财政部门等共同承担，具体比例由补贴地区自主确定。

对于东部地区9省（市），包括北京、天津、辽宁、上海、江苏、浙江、福建、山东、广东，原来是能繁母猪和奶牛保险由地方财政部门提供一定比例的保费补贴，其保险责任、保障水平和保费补贴比例可参考以上规定确定。同时，东部地区可选择其他养殖业险种予以支持。在符合国家有关文件精神的基础上，地方财政部门的保费补贴比例由省级财政部门根据本地实际情况确定。但是，从2012年开始，东部地区的能繁母猪和奶牛保险，在地方财政至少补贴30％的基础上，中央财政补贴40％；育肥猪保险，在地方财政至少补贴10％的基础上，中央财政补贴10％。其他中央财政补贴险种按照现行政策执行。

投保农户根据应该承担的比例缴纳保费。

【复习思考题】

1. 什么叫农业保险？农业保险险种有几种？
2. 什么是政策性保险？
3. 种植业保险的补贴险种有哪些？
4. 养殖业保险补贴地区有哪些？

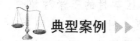

典型案例

之一：某村会计赵某侵占农作物保险费

村民为玉米投了灾害保险，并将保险费交给了村会计赵某，赵却将村民交纳的保险费私吞，致使村民玉米受灾后却未获赔偿。虽然涉案金额只有一千多元，远未达到立案标准，但农民利益无小事，检察院负责人仍给予高度重视。事实查清后，涉农工作队责令村里的会计将投保款如数返还，并针对赔付问题予以法律援助，给了村民一个满意的结果。为避免此类事件发生，该检察院还向其他乡镇发出检察建议，防止该类事件再次发生。

之二：虚构承保案件被处罚

在2008年财政部关于印发《中央财政种植业保险保费补贴管

理办法》的通知中规定，对于补贴险种，在补贴地区省级财政部门补贴25%的保费后，财政部再补贴35%的保费，其余保费由农户承担。

2009年，某保险公司与当地政府相关部门联手，假造保险案件，利用虚假资料骗取农业保险财政补贴资金共计7300多万元。2010年底，对其进行除去免职、警告等行政处罚外，该保险公司原经理周某被开除党籍、免除职务，移送司法机关处理。

之三：编造假赔案，受法律制裁

2008年，某保险公司某支公司采取伪造中央储备粮管理总公司印章、编造批退资料以及删减保险责任条款等手段虚构退保，共骗取理赔金额8000余万元。涉案人员被判处保险诈骗罪，数人获刑。

之四：政策性农业保险该如何定损

2007年以来，国家为保护农民种粮积极性和减少农民因自然灾害造成的农业损失，在农村大力推行一种政府承担80%、农民只承担20%保费的政策性农业保险。A市B区某村的玉米种植户们就在人保财险上了这样的保险。2008年夏，村里遭遇暴风雨，玉米植株大量倒伏。但随之而来的理赔更令农民懊恼：理赔只按保额的25%甚至20%予以赔偿。"难道理赔也和保费一样，按比例进行吗？"带着疑惑，农民一纸诉状将人保财险B区支公司告上法庭，要求全额支付理赔款。据悉，该案是A市首例因农民投保政策性农业保险而产生保险合同纠纷的案件。经过详细调查，法院做出人保财险B区支公司为受灾农民全额支付理赔款的裁决。

第九章　农村社会保障

社会保障是指国家通过立法，积极动员社会各方面资源，保证无收入、低收入以及遭受各种意外灾害的公民能够维持生存，保障劳动者在年老、失业、患病、工伤、生育时的基本生活不受影响，同时根据经济和社会发展状况，逐步增进公共福利水平，提高国民生活质量。目前，以农村最低生活保障、农村社会养老保险、新型农村合作医疗、农村五保供养、自然灾害生活救助等为主要内容的农村社会保障体系已初步形成。

一、农村最低生活保障

2007年7月11日，国务院发出《关于在全国建立农村最低生活保障制度的通知》，要求将符合条件的农村贫困人口全部纳入保障范围，稳定、持久、有效地解决全国农村贫困人口的温饱问题。

1. 农村最低生活保障对象范围和标准

农村最低生活保障对象是家庭年人均纯收入低于当地最低生活保障标准的农村居民，主要是因病残、年老体弱、丧失劳动能力以及生存条件恶劣等原因造成生活常年困难的农村居民。

《关于在全国建立农村最低生活保障制度的通知》规定，农村最低生活保障标准由县级以上地方人民政府按照能够维持当地农村居民全年基本生活所必需的吃饭、穿衣、用水、用电等费用确定，并报上一级地方人民政府备案后公布执行。农村最低生活保障标准要随着当地生活必需品价格变化和人民生活水平提高适时进行调整。

2. 农村最低生活保障管理

（1）申请、审核和审批　申请农村最低生活保障，一般由户主本人向户籍所在地的乡（镇）人民政府提出申请；村民委员会受乡（镇）人民政府委托，也可受理申请。受乡（镇）人民政府委托，在村党组织的领导下，村民委员会对申请人开展家庭经济状况调查、组织村民会议或村民代表会议民主评议后提出初步意见，报乡（镇）人民政府；乡（镇）人民政府审核后，报县级人民政府民政部门审批。乡（镇）人民政府和县级人民政府民政部门要核查申请人的家庭收入，了解其家庭财产、劳动力状况和实际生活水平，并结合村民民主评议，提出审核、审批意见。在核算申请人家庭收入时，申请人家庭按国家规定所获得的优待抚恤金、计划生育奖励与扶助金以及教育、见义勇为等方面的奖励性补助，一般不计入家庭收入，具体核算办法由地方人民政府确定。

（2）民主公示　村民委员会、乡（镇）人民政府以及县级人民政府民政部门要及时向社会公布有关信息，接受群众监督。公示的内容重点为：最低生活保障对象的申请情况和对最低生活保障对象的民主评议意见，审核、审批意见，实际补助水平等情况。

（3）资金发放　最低生活保障金原则上按照申请人家庭年人均纯收入与保障标准的差额发放，也可以在核查申请人家庭收入的基础上，按照其家庭的困难程度和类别，分档发放。要加快推行国库集中支付方式，通过代理金融机构直接、及时地将最低生活保障金支付到最低生活保障对象账户。

（4）动态管理　乡（镇）人民政府和县级人民政府民政部门要采取多种形式，定期或不定期调查了解农村困难群众的生活状况，及时将符合条件的困难群众纳入保障范围；并根据其家庭经济状况的变化，及时按程序办理停发、减发或增发最低生活保障金的手续。保障对象和补助水平变动情况都要及时向社会公示。

二、农村社会养老保险

我国从 20 世纪 90 年代开始农村养老保险试点，后因客观条件制约而停顿。近年来，随着经济和社会发展水平的提高，一些地方开始探索不同形式的农村养老保险制度。根据党的十七大和十七届三中全会精神，国务院决定，从2009年起开展新型农村社会养老保险（以下简称新农保）试点。探索建立个人缴费、集体补助、政府补贴相结合的新农保制度，实行社会统筹与个人账户相结合，与家庭养老、土地保障、社会救助等其他社会保障政策措施相配套，保障农村居民老年基本生活。目标为2009年试点覆盖面为全国10%的县（市、区、旗），以后逐步扩大试点，在全国普遍实施，2020年之前基本实现对农村适龄居民的全覆盖。

1. 基本原则

新农保试点的基本原则是"保基本、广覆盖、有弹性、可持续"。一是从农村实际出发，低水平起步，筹资标准和待遇标准要与经济发展及各方面承受能力相适应；二是个人（家庭）、集体、政府合理分担责任，权利与义务相对应；三是政府主导和农民自愿相结合，引导农村居民普遍参保；四是中央确定基本原则和主要政策，地方制订具体办法，对参保居民实行属地管理。

2. 参保范围

年满16周岁（不含在校学生）、未参加城镇职工基本养老保险的农村居民，可以在户籍地自愿参加新农保。

3. 基金筹集

新农保基金由个人缴费、集体补助、政府补贴构成。

（1）个人缴费　参加新农保的农村居民应当按规定缴纳养老保险费。缴费标准目前设为每年100元、200元、300元、400元、500元5个档次，地方可以根据实际情况增设缴费档次。参保人自主选择档次缴费，多缴多得。国家依据农村居民人均纯收入增长等情况适时调整缴费档次。

（2）集体补助　有条件的村集体应当对参保人缴费给予补助，补助标准由村民委员会召开村民会议民主确定。鼓励其他经济组织、社会公益组织、个人为参保人缴费提供资助。

（3）政府补贴　政府对符合领取条件的参保人全额支付新农保基础养老金，其中中央财政对中西部地区按中央确定的基础养老金标准给予全额补助，对东部地区给予50%的补助。

地方政府应当对参保人缴费给予补贴，补贴标准不低于每人每年30元；对选择较高档次标准缴费的，可给予适当鼓励，具体标准和办法由省（区、市）人民政府确定。对农村重度残疾人等缴费困难群体，地方政府为其代缴部分或全部最低标准的养老保险费。

4. 建立个人账户

国家为每个新农保参保人建立终身记录的养老保险个人账户。个人缴费，集体补助及其他经济组织、社会公益组织、个人对参保人缴费的资助，地方政府对参保人的缴费补贴，全部记入个人账户。个人账户储存额目前每年参考中国人民银行公布的金融机构人民币一年期存款利率计息。

5. 养老金待遇

养老金待遇由基础养老金和个人账户养老金组成，支付终身。中央确定的基础养老金标准为每人每月55元。地方政府可以根据实际情况提高基础养老金标准，对于长期缴费的农村居民，可适当加发基础养老金，提高和加发部分的资金由地方政府支出。

个人账户养老金的月计发标准为个人账户全部储存额除以139（与现行城镇职工基本养老保险个人账户养老金计发系数相同）。参保人死亡，个人账户中的资金余额，除政府补贴外，可以依法继承；政府补贴余额用于继续支付其他参保人的养老金。国家根据经济发展和物价变动等情况，适时调整全国新农保基础养老金的最低标准。

6. 养老金待遇领取条件

年满60周岁、未享受城镇职工基本养老保险待遇的农村有户籍的老年人，可以按月领取养老金。

新农保制度实施时，已年满60周岁、未享受城镇职工基本养老保险待遇的，不用缴费，可以按月领取基础养老金，但其符合参保条件的子女应当参保缴费；距领取年龄不足15年的，应按年缴费，也允许补缴，累计缴费不超过15年；距领取年龄超过15年的，应按年缴费，累计缴费不少于15年。

要引导中青年农民积极参保、长期缴费，长缴多得。具体办法由省（区、市）人民政府规定。

7. 相关制度衔接

原来已开展以个人缴费为主、完全个人账户农村社会养老保险（称老农保）的地区，要在妥善处理老农保基金债权问题的基础上，做好与新农保制度衔接。在新农保试点地区，凡已参加了老农保、年满60周岁且已领取老农保养老金的参保人，可直接享受新农保基础养老金；对已参加老农保、未满60周岁且没有领取养老金的参保人，应将老农保个人账户资金并入新农保个人账户，按新农保的缴费标准继续缴费，待符合规定条件时享受相应待遇。

新农保与城镇职工基本养老保险、被征地农民社会保障、水库移民后期扶持政策、农村计划生育家庭奖励扶助政策、农村五保供养、社会优抚、农村最低生活保障制度等都有配套衔接办法。

三、新型农村合作医疗

2003年国务院出台《关于建立新型农村合作医疗制度的意见》，新型农村合作医疗在试点地区开始施行。2006年卫生部联合七部委下发了《关于加快推进新型农村合作医疗试点工作的通知》（卫农卫发〔2006〕13号），加速推进新型农村合作医疗试点工作。从2003年底开始推行，目前已全面覆盖有农业人口的县（市、区）。

新型农村合作医疗，简称"新农合"，是指由政府组织、引导、支持，农民自愿参加，个人、集体和政府多方筹资，以大病统筹为主的农民医疗互助共济制度。

1. 新型农村合作医疗制度

新型农村合作医疗制度实行个人缴费、集体扶持和政府资助相结合的筹资机制。采取个人缴费、集体扶持和政府资助的方式筹集资金。

2. 新型农村合作医疗缴费标准

农民个人每年的缴费标准不应低于10元，经济条件好的地区可相应提高缴费标准。乡镇企业职工（不含以农民家庭为单位参加新型农村合作医疗的人员）是否参加新型农村合作医疗由县级人民政府确定。

地方财政每年对参加新型农村合作医疗农民的资助不低于人均10元，具体补助标准和分级负担比例由省级人民政府确定。经济较发达的东部地区，地方各级财政可适当增加投入。从2003年起，中央财政每年通过专项转移支付对中西部地区除市区以外的参加新型农村合作医疗的农民按人均10元安排补助资金。从2006年起，中央财政对中西部地区除市区以外的参加新型农村合作医疗的农民由每人每年补助10元提高到20元，地方财政也要相应增加10元。财政确实有困难的省（区、市），可于2006年、2007年分别增加5元，在二年内落实到位。国家逐年在提高补助标准。

《关于做好2012年新型农村合作医疗工作的通知》（卫农卫发[2012] 36号）规定，2012年起，各级财政对新农合的补助标准从每人每年200元提高到每人每年240元。其中，原有200元部分，中央财政继续按照原有补助标准给予补助，新增40元部分，中央财政对西部地区补助80%，对中部地区补助60%，对东部地区按一定比例补助。农民个人缴费原则上提高到每人每年60元，有困难的地区，个人缴费部分可分二年到位。个人筹资水平提高后，各地要加大医疗救助工作力度，资助符合条件的困难群众参合。新生儿出生当年，随父母自动获取参合资格并享受新农合待遇，自第二年起按规定缴纳参合费用。

2012年，要继续巩固推进儿童白血病、先天性心脏病的保障工作，推进终末期肾病、妇女乳腺癌、宫颈癌、重性精神疾病、艾滋病机会性感染和耐多药肺结核等6种（类）大病的保障工作。同时，优先将血友病、慢性粒细胞白血病、唇腭裂、肺癌、食道癌、胃癌、1型糖尿病、甲亢、急性心肌梗塞、脑梗死、结肠癌、直肠癌等12个病种纳入大病保障试点范围。在限定费用的基础上，实行按病种付费。原则上，新农合对试点病种的实际补偿比例应达到本省（区、市）限定费用的70%左右，医疗救助基金对于符合条件的困难群众大病的实际补偿比例要达到20%左右。同时，要根据《关于开展重特大疾病医疗救助试点工作的意见》（民发[2012] 21号）的要求，做好与重特大疾病医疗救助试点工作的衔接。

四、农村五保供养

20世纪50年代，我国开始建立以保吃、保穿、保住、保医、保葬为基本内容的农村五保供养制度，这是新中国第一项农村社会保障制度。改革开放以来，农村五保供养制度不断完善。2006年3月1日起我国开始施行的《农村五保供养工作条例》，使这项制度实现了从农民互助共济向政府财政保障为主的重大转变。《农村五保供养工作条例》规定如下。

1. 农村五保供养对象

农村五保供养对象，是指在吃、穿、住、医、葬方面给予村民的生活照顾和物质帮助。老年、残疾或者未满16周岁的村民，无劳动能力、无生活来源又无法定赡养、抚养、扶养义务人，或者其法定赡养、抚养、扶养义务人无赡养、抚养、扶养能力的，享受农村五保供养待遇。

2. 农村五保供养范围

农村五保供养包括供给粮油、副食品和生活用燃料；供给服装、被褥等生活用品和零用钱；提供符合基本居住条件的住房；提供疾病治疗，对生活不能自理的给予照料；办理丧葬事宜。供养标准不得低于当地村民的平均生活水平，并根据当地平均生活水平的提高适时调整。对未满16周岁或者已满16周岁仍在接受义务教育的供养对象，应当保障他们依法接受义务教育所需费用。五保供养标准由全国各地区按照当地平均生活水平确定，各地区五保供养金发放标准有所不同。

3. 农村五保申请过程

享受农村五保供养待遇，应当由村民本人向村民委员会提出申请；因年幼或者智力残疾无法表达意愿的，由村民小组或者其他村民代为提出申请。经村民委员会民主评议，对符合《农村五保供养工作条例》第六条规定条件的，在本村范围内公告；无重大异议的，由村民委员会将评议意见和有关材料报送乡、民族乡、镇人民政府审核。审核通过的，发给《农村五保供养证书》。

4. 农村五保供养形式

农村五保供养对象可以在当地的农村五保供养服务机构集中供养，也可以在家分散供养。供养对象可以自行选择供养形式。各级人民政府应当把农村五保供养服务机构建设纳入经济社会发展规划，应当为农村五保供养服务机构提供必要的设备、管理资金，并配备必要的工作人员。

五、自然灾害生活救助

《自然灾害救助条例》已经于2010年6月30日国务院第117次常务会议通过，自2010年9月1日起施行。

县级以上地方人民政府及其有关部门应当制定相应的自然灾害救助应急预案。统筹规划设立应急避难场所，并设置明显标志。向社会发布规避自然灾害风险的警告，宣传避险常识和技能，提示公众做好自救互救准备。开放应急避难场所，疏散、转移易受自然灾害危害的人员和财产。

自然灾害发生时应该立即向社会发布政府应对措施和公众防范措施；开展紧急转移安置受灾人员；紧急调拨、运输自然灾害救助应急资金和物资，及时向受灾人员提供食品、饮用水、衣被、取暖、临时住所、医疗防疫等应急救助，保障受灾人员基本生活；抚慰受灾人员，处理遇难人员善后事宜；组织受灾人员开展自救互救等工作。

六、被征地农民就业培训和社会保障工作

依据《国务院办公厅转发劳动保障部关于做好被征地农民就业培训和社会保障工作指导意见的通知》（国〔2006〕29号）规定，地方各级人民政府要积极做好被征地农民就业培训和社会保障工作。

1. 被征地农民就业培训和社会保障的对象

因政府统一征收农村集体土地而导致失去全部或大部分土地，且在征地时享有农村集体土地承包权的在册农业人口。就业培训和社会保障工作要以新被征地农民为重点人群，以劳动年龄段内的被

征地农民为就业培训重点对象，以大龄和老龄人群为社会保障重点对象。

2. 被征地农民社会保障安排

在城市规划区内，当地人民政府应将被征地农民纳入城镇就业体系，并建立社会保障制度。在城市规划区外，应保证在本行政区域内为被征地农民留有必要的耕地或安排相应的工作岗位，并纳入农村社会保障体系；对不具备生产生活条件地区的被征地农民，要异地移民安置，并纳入安置地的社会保障体系。

鼓励引导各类企业、事业单位、社区吸纳被征地农民就业，支持被征地农民自谋职业和自主创业。在城市规划区内，要将被征地农民纳入统一的失业登记制度和城镇就业服务体系。各地要有针对性地制定适合被征地农民特点的职业培训计划，通过订单式培训等多种方式帮助被征地农民实现就业。在城市规划区外，各地要针对被征地农民的特点积极开展职业培训，提高被征地农民的就业竞争能力和创业能力。

七、优抚保障

2004年8月1日中华人民共和国国务院、中华人民共和国中央军事委员会令第413号公布，2011年7月29日国务院、中央军事委员会修订的《军人抚恤优待条例》规定如下。

1. 优抚对象

优抚是指国家和社会对军人及其家属所提供的各种优待、抚恤、养老、就业安置等待遇和服务的保障制度。包括：中国人民解放军现役军人和武警官兵；革命伤残军人；复员退伍军人；革命烈士家属；因公牺牲军人家属；病故军人家属；现役军人家属等。

2. 优抚种类

（1）死亡抚恤　现役军人死亡被批准为烈士、被确认为因公牺牲或者病故的，其遗属享受的抚恤。

① 现役军人死亡被批准为烈士的，依照《烈士褒扬条例》的规定发给烈士遗属烈士褒扬金。

② 现役军人死亡，根据其死亡性质和死亡时的月工资标准，

由县级人民政府民政部门发给其遗属一次性抚恤金,标准是:烈士和因公牺牲的,为上一年度全国城镇居民人均可支配收入的20倍加本人40个月的工资;病故的,为上一年度全国城镇居民人均可支配收入的2倍加本人40个月的工资。月工资或者津贴低于排职少尉军官工资标准的,按照排职少尉军官工资标准计算。

③ 获得荣誉称号或者立功的烈士、因公牺牲军人、病故军人,其遗属在应当享受的一次性抚恤金的基础上,由县级人民政府民政部门按照下列比例增发一次性抚恤金:获得中央军事委员会授予荣誉称号的,增发35%;获得军队军区级单位授予荣誉称号的,增发30%;立一等功的,增发25%;立二等功的,增发15%;立三等功的,增发5%。

④ 多次获得荣誉称号或者立功的烈士、因公牺牲军人、病故军人,其遗属由县级人民政府民政部门按照其中最高等级奖励的增发比例,增发一次性抚恤金。

⑤ 对生前作出特殊贡献的烈士、因公牺牲军人、病故军人,除按照本条例规定发给其遗属一次性抚恤金外,军队可以按照有关规定发给其遗属一次性特别抚恤金。

⑥ 父母(抚养人)、配偶无劳动能力、无生活费来源,或者收入水平低于当地居民平均生活水平的;子女未满18周岁或者已满18周岁但因上学或者残疾无生活费来源的;兄弟姐妹未满18周岁或者已满18周岁但因上学无生活费来源且由该军人生前供养的,由县级人民政府民政部门发给定期抚恤金。

⑦ 享受定期抚恤金的烈士遗属、因公牺牲军人遗属、病故军人遗属死亡的,增发6个月其原享受的定期抚恤金,作为丧葬补助费,同时注销其领取定期抚恤金的证件。

(2)残疾抚恤 现役军人残疾被认定为因战致残、因公致残或者因病致残的,享受残疾抚恤。残疾的等级,由重到轻分为一级至十级。因战、因公致残,残疾等级被评定为一级至十级的,享受抚恤;因病致残,残疾等级被评定为一级至六级的,享受抚恤。

残疾军人的抚恤金标准应当参照全国职工平均工资水平确定。残疾抚恤金的标准以及一级至十级残疾军人享受残疾抚恤金的具体办法，由国务院民政部门会同国务院财政部门规定。

退出现役的一级至四级残疾军人，由国家供养终身；其中，对需要长年医疗或者独身一人不便分散安置的，经省级人民政府民政部门批准，可以集中供养。对分散安置的一级至四级残疾军人发给护理费。残疾军人需要配制假肢、代步三轮车等辅助器械，正在服现役的，由军队军级以上单位负责解决；退出现役的，由省级人民政府民政部门负责解决。

（3）农村义务兵的优待 义务兵服现役期间，其家庭由当地人民政府发给优待金或者给予其他优待，优待标准不低于当地平均生活水平。义务兵和初级士官入伍前的承包地（山、林）等，应当保留；服现役期间，除依照国家有关规定和承包合同的约定缴纳有关税费外，免除其他负担。义务兵从部队发出的平信，免费邮递等。

【复习思考题】

1. 农村最低生活保障标准和对象范围有哪些？
2. 如何申请农村最低生活保障？
3. 新农保的参保范围都有哪些？
4. "新农保"缴费年限是多久？
5. 农民养老金待遇包括哪些内容？

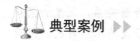

典型案例

之一：新农合医疗报销费用不应抵扣侵权人的赔偿费

2010年1月，许某驾驶货车在路上行驶时撞倒学龄前儿童胡某，造成胡某重伤。经过鉴定，胡某构成5级伤残。在住院治疗期间，胡某的家属无法承担高额的医疗费，于是在新型农村合作医疗基金（简称新农合）报销了6万元的医疗费，以便继续治疗。2011年3月，胡某起诉到法院，要求许某赔偿交强险限额外的医疗费、伤残赔偿金等损失共计15.9万元。

审理过程中，许某提出，胡某在新农合报销的费用应当减除后，余下的部分双方才按责任比例承担。

一审法院经审理认为：许某驾驶机件不符合技术标准的机动车载物超过核定载重量，未在道路中间行使，采取措施不当，未能及时制动车辆，是导致事故发生的主要原因，过错程度较大，应承担70%的民事赔偿责任；胡某为学龄前儿童，未在监护人的带领下横过马路，是导致事故发生的次要原因，过错程度小，应承担30%的民事责任；对许某认为胡某已经在新农合报销了6万元，该部分损失已经不存在，应当扣除的辩解理由，不予支持。

许某不服一审判决上诉后，二审法院认为：新农合制度的建立，既能减轻农民重大疾病医疗费用负担，又能兼顾农民受益面和受益程度，使得有限的资金发挥最大的效益，不断提高农民的保障水平，使农民群众获得基本的、最有效的医疗服务水平，胡某在新农合报销的部分医疗费，属另一法律关系，不是本案的审理范围。二审法院驳回其上诉，维持原判。

之二：非因工患病，应享受医疗保险

王某来自农村。春节期间他来酒店帮厨。说定每日从9点工作到凌晨2点，工作15日，工资2000元。上工当天他从9点忙活到凌晨2点多，下班后，他突然生病，住院期间花去手术等费用2万多元。因没入保险。出院后他要求单位报销被拒绝。

王某与酒店的劳动关系是一种全日制的劳动关系，王某和酒店约定的工作时间大大超过了《劳动合同法》规定的工作时间。酒店应当为他上医疗保险。用人单位不缴保险费，不影响职工医疗保险待遇的享受。

第十章 农民权益保护法律制度

第一节 农民基本权益的法律保护

一、公民权利

1. 公民基本权利

农民作为中华人民共和国公民享有最基本的公民权利。《中华人民共和国宪法》规定，中华人民共和国年满18周岁的公民依法享有人身自由权，平等权，选举权和被选举权，言论权，受教育权，人格权，住宅不受侵犯权等。中华人民共和国公民有言论、出版、集会、结社、游行、示威的自由、宗教信仰自由的权利。禁止用任何方法对公民进行侮辱、诽谤和诬告陷害。禁止非法搜查或者非法侵入公民的住宅。

2. 妇女、儿童权利

《中华人民共和国宪法》规定，中华人民共和国妇女在政治、经济、文化、社会和家庭生活等各方面享有同男子平等的权利。国家保护妇女的权利和利益，实行男女同工同酬，培养和选拔妇女干部。婚姻、家庭、母亲和儿童受国家的保护。

3. 消费者权利

农民消费者在购买、使用商品和接受服务时享有人身、财产安全不受损害的权利，享有自主选择商品或者服务的权利和公平交易的权利。消费者有权根据商品或者服务的不同情况，要求经营者提供商品的价格、产地、生产者、用途、性能、规格、等级、主要成分、生产日期、有效期限、检验合格证明、使用方法说明书、售后服务,或者服务的内容、规格、费用等有关事项。消费者因购买、使用商品或者接受服务受到人身、财产损害的,享有依法获得赔偿的权利。

二、农民的民主权益

农民的民主权益包括两个方面:一是健全农村民主管理制度;二是强化农村社会管理。宪法和法律赋予了人民当家作主的权利,人民是国家权利的主体。

《中共中央 国务院关于推进社会主义新农村建设的若干意见》明确规定,切实维护农民的民主权利。健全村党组织领导的充满活力的村民自治机制,进一步完善村务公开和民主议事制度,让农民群众真正享有知情权、参与权、管理权、监督权,让农民成为新农村建设的主体。

2010年10月28日颁布实施的《中华人民共和国村民委员会组织法》规定,为了保障农村村民实行自治,由村民群众依法办理自己的事情,发展农村基层民主,促进农村社会主义物质文明和精神文明建设;村民委员会是村民自我管理、自我教育、自我服务的基层群众性自治组织,实行民主选举、民主决策、民主管理、民主监督;年满18周岁的村民,不分民族、种族、性别、职业、家庭出身、宗教信仰、教育程度、财产状况、居住期限,都有选举权和被选举权;但是,依照法律被剥夺政治权利的人除外。

《中华人民共和国村民委员会组织法》还规定,村民委员会向村民会议、村民代表会议负责并报告工作。农村集体经济组织和村民委员会对涉及农民利益的重要事项,应当向农民公开,并定期公布财务账目,接受农民的监督。村民会议审议村民委员会的年度工作报告,评议村民委员会成员的工作;有权撤销或者变更村民委员会不适当的决定;有权撤销或者变更村民代表会议不适当的决定。村民会议可以授权村民代表会议审议村民委员会的年度工作报告,评议村民委员会成员的工作,撤销或者变更村民委员会不适当的决定。

三、农民的社会保障权

我国农村公民依法享有农村社会保障制度所规定的最低生活保障、新型合作医疗、农村养老保险、农村救灾、农村社会福利、农村五保供养、农村医疗救助、被征地农民社会保障、农民工社会保障等各项社会保障权利。

四、农民的财产权和继承权

财产权是以财产为内容并体现一定物质利益的权利,是公民的基本权利之一。财产权是人的自然不可动摇的权利。

《宪法》规定,国家依法保护公民的私有财产权和继承权。国家为了公共利益的需要,可以依法对公民的私有财产实行征收或者征用并给予补偿。农民财产权主要是以下两种。

1. 农村土地承包经营权

目前,农村土地承包经营权是农民财产权利中最为核心和重要的组成内容。

我国《农村土地承包法》规定,农民不分年龄、性别、民族、信仰等条件的差异,在农村土地统一组织承包时,都依法平等地享有并可以行使承包土地的权利,任何组织和个人都不能剥夺和限制这个权利。承包方必须是本集体经济组织的农户,其他集体经济组织的农户、集体经济组织以外的单位和个人都不能作为承包方,只能通过依法流转取得土地经营权。

农村土地承包经营权是新型的用益物权。《农村土地承包经营权流转管理办法》中明确规定,农村土地承包经营权流转应当在坚持农户家庭承包经营制度和稳定农村土地承包关系的基础上,遵循平等协商、依法、自愿、有偿的原则。承包方有权依法自主决定承包土地是否流转、流转的对象和方式。任何单位和个人不得强迫或者阻碍承包方依法流转其承包土地。农村土地承包经营权流转收益归承包方所有,任何组织和个人不得侵占、截留、扣缴。土地承包人应得的收益可以依法继承。在承包期内,承包人死亡的,其依法应当获得的承包收益,按照《中华人民共和国继承法》的规定可以继承。这里的承包人应当理解为承包户的家庭成员。林地的承包经营权依法可以继承。

依据现行的《土地管理法》和《农村土地承包法》，家庭承包土地不能抵押。依据《农村土地承包法》通过招标、拍卖、公开协商等方式承包农村土地，经依法登记取得土地承包经营权证或者林权证等证书的，其土地承包经营权可以依法抵押。《关于进一步做好征地管理工作的通知》指出：我国农民征地补偿标准将实施动态调整、逐步提高并及时足额直接支付给农民个人。

2. 宅基地权

宅基地使用权没有期限，由农民永久使用。农民可在宅基地上建造房屋、厕所等建筑物，并享有所有权；在房前屋后种植花草、树木，发展庭院经济，并对其收益享有所有权。

宅基地权随房屋产权转移。宅基地的使用权依房屋的合法存在而存在，并随房屋所有权的转移而转移。房屋因继承、赠与、买卖等方式转让时，其使用范围内的宅基地使用权也随之转移。在买卖房屋时，宅基地使用权须经过申请批准后才能随房屋转移。

依法取得的宅基地使用权受国家法律保护，任何单位和个人不得侵犯。否则，宅基地使用权人可以请求侵害人停止侵害、排除妨碍、返还占用、赔偿损失。实施房屋拆迁补偿安置应当遵循统一拆迁、统一补偿标准、合理安置的原则，确保被拆迁房屋的所有权人得到合理补偿和安置。

五、农民享有公共产品的权益

公共产品的权益是指在加快推进"城乡一体化新格局"的进程中，"必须扩大公共财政覆盖农村范围"，"使广大农民学有所教、劳有所得、病有所医、老有所养、住有所居"。农民享有"公共产品权益"包括与农村基础设施建设相关的公共产品。还包括便捷的道路、清洁的饮水、畅通的广播电视与通讯、基本的文化服务，以及农村的稳定与安全等。

六、农民纳税权益

农民和农业生产经营组织依照法律、行政法规的规定承担纳税义务。税务机关及代扣、代收税款的单位应当依法征税，不得违法摊派税款及以其他违法方法征税。

七、农民维护自身利益的权利

农民或者农业生产经营组织为维护自身的合法权益，有向各级人民政府及其有关部门反映情况和提出合法要求的权利，人民政府及其有关部门对农民或者农业生产经营组织提出的合理要求，应当按照国家规定及时给予答复。

违反法律规定，侵犯农民权益的，农民或者农业生产经营组织可以依法申请行政复议或者向人民法院提起诉讼，有关人民政府及其有关部门或者人民法院应当依法受理。

【复习思考题】
1. 妇女有哪些权利？
2. 农民消费者有哪些权利？
3. 农民有哪些民主权利？

典型案例

冒用"家电下乡"名义侵害农民权益案件

2009年3月25日，个别商家看到"家电下乡"这个金字招牌，打起了歪主意。

工商执法人员在例行巡查时发现，一家太阳能热水器经销点门头上悬挂"为响应家电下乡号召让农民兄弟预先体验太阳能13%补贴"的横幅，在太阳能热水器上张贴着名为"太阳能下乡预先体验"的所谓通知。执法人员仔细对照了"家电下乡"中标产品名录，发现该类产品并不属于"家电下乡"产品范畴，执法人员随即责令该经销点停止虚假宣传和误导农民的行为,并对涉案太阳能热水器进行了暂扣。据执法人员介绍,该太阳能热水器经销点宣称"厂家补贴13%",其实只是经销商提价后的陷阱,侵害了农民消费者的权益。

第二节 农民工权益的法律保护

农民工是指在本地乡镇企业或者进入城镇务工的农业户口人员,农民工是我国特有的城乡二元体制的产物,是我国在特殊的历史时期出现的一个特殊的社会群体。农民工有广义和狭义之分:广义的农民工包括两部分人,一部分是在本地乡镇企业就业的离土不离乡的农村劳动力,另一部分是外出进入城镇从事二、三产业的离土又离乡的农村劳动力。狭义的农民工主要是指后一部分人。

党和国家非常重视农民工权益问题,《国务院关于解决农民工问题的若干意见》指出,要尊重和维护农民工的合法权益,消除对农民进城务工的歧视性规定和体制性障碍,使他们和城市职工享有同等的权利和义务。农民工权益问题主要体现在劳动合同、工资、工伤保险、女工权益问题等。

一、劳动合同

为了完善劳动合同制度,明确劳动合同双方当事人的权利和义务,保护劳动者的合法权益,构建和发展和谐稳定的劳动关系,中华人民共和国第十届全国人民代表大会常务委员会第二十八次会议于2007年6月29日通过并公布了《中华人民共和国劳动合同法》,该法自2008年1月1日起正式施行。

1. 建立劳动关系

用人单位自用工之日起即与劳动者建立劳动关系。用人单位招用劳动者时,应当如实告知劳动者工作内容、工作条件、工作地点、职业危害、安全生产状况、劳动报酬,以及劳动者要求了解的其他情况;用人单位招用劳动者,不得扣押劳动者的居民身份证和其他证件,不得要求劳动者提供担保或者以其他名义向劳动者收取财物。

2. 订立书面劳动合同

建立劳动关系，应当订立书面劳动合同。已建立劳动关系，未同时订立书面劳动合同的，应当自用工之日起1个月内订立书面劳动合同。用人单位与劳动者在用工前订立劳动合同的，劳动关系自用工之日起建立。用人单位未在用工的同时订立书面劳动合同，与劳动者约定的劳动报酬不明确的，新招用的劳动者的劳动报酬按照集体合同规定的标准执行；没有集体合同或者集体合同未规定的，实行同工同酬。

3. 劳动合同的内容

（1）用人单位的名称、住所和法定代表人或者主要负责人；（2）劳动者的姓名、住址和居民身份证或者其他有效身份证件号码；（3）劳动合同期限；（4）工作内容和工作地点；（5）工作时间和休息休假；（6）劳动报酬；（7）社会保险；（8）劳动保护、劳动条件和职业危害防护；（9）法律、法规规定应当纳入劳动合同的其他事项。

除以上规定外，用人单位与劳动者还可以约定试用期、培训、保守秘密、补充保险和福利待遇等其他事项。

4. 试用期的规定

（1）劳动合同期限三个月以上不满一年的，试用期不得超过三个月；劳动合同期限一年以上不满三年的，试用期不得超过两个月；三年以上固定期限和无固定期限的劳动合同，试用期不得超过六个月。

（2）同一用人单位与同一劳动者只能约定一次试用期。以完成一定工作任务为期限的劳动合同或者劳动合同期限不满三个月的，不得约定试用期。试用期包含在劳动合同期限内。劳动合同仅约定试用期的，试用期不成立，该期限为劳动合同期限。

（3）劳动者在试用期的工资不得低于本单位相同岗位最低档工资或者劳动合同约定工资的80%，并不得低于用人单位所在地的最低工资标准。

5. 劳动合同无效或者部分无效

（1）以欺诈、胁迫的手段或者乘人之危，使对方在违背真实意

思的情况下订立或者变更劳动合同的;

(2) 用人单位免除自己的法定责任、排除劳动者权利的;

(3) 违反法律、行政法规强制性规定的。对劳动合同的无效或者部分无效有争议的,由劳动争议仲裁机构或者人民法院确认。

劳动合同被确认无效,劳动者已付出劳动的,用人单位应当向劳动者支付劳动报酬。劳动报酬的数额,参照本单位相同或者相近岗位劳动者的劳动报酬确定。

6. 合同的履行和变更

(1) 履行合同 用人单位应当按照劳动合同约定和国家规定,向劳动者及时足额支付劳动报酬。用人单位拖欠或者未足额支付劳动报酬的,劳动者可以依法向当地人民法院申请支付令,人民法院应当依法发出支付令。用人单位应当严格执行劳动定额标准,不得强迫或者变相强迫劳动者加班。用人单位安排加班的,应当按照国家有关规定向劳动者支付加班费。劳动者拒绝用人单位管理人员违章指挥、强令冒险作业的,不视为违反劳动合同。

(2) 合同变更 用人单位变更名称、法定代表人、主要负责人或者投资人等事项,不影响劳动合同的履行。用人单位发生合并或者分立等情况,原劳动合同继续有效,劳动合同由承继其权利和义务的用人单位继续履行。用人单位与劳动者协商一致,可以变更劳动合同约定的内容。变更劳动合同,应当采用书面形式。变更后的劳动合同文本由用人单位和劳动者各执一份。

7. 劳动合同的解除和终止条款

用人单位与劳动者协商一致,可以解除劳动合同。劳动者提前三十日以书面形式通知用人单位,可以解除劳动合同。劳动者在试用期内提前三日通知用人单位,可以解除劳动合同。

(1) 劳动者单方解除劳动合同情况 用人单位有下列情形之一的,劳动者可以解除劳动合同。

① 未按照劳动合同约定提供劳动保护或者劳动条件的;② 未及时足额支付劳动报酬的;③ 未依法为劳动者缴纳社会保险费的;④ 用人单位的规章制度违反法律、法规的规定,损害劳动者权益的;⑤ 因双方签订劳动合同无效的;⑥ 法律、行政法规规定劳动者

可以解除劳动合同的其他情形。

用人单位以暴力、威胁或者非法限制人身自由的手段强迫劳动者劳动的，或者用人单位违章指挥、强令冒险作业危及劳动者人身安全的，劳动者可以立即解除劳动合同，不需事先告知用人单位。

(2) 用人单位单方解除劳动合同情况　劳动者有下列情形之一的，用人单位可以解除劳动合同。

① 在试用期间被证明不符合录用条件的；② 严重违反用人单位的规章制度的；③ 严重失职，营私舞弊，给用人单位造成重大损害的；④ 劳动者同时与其他用人单位建立劳动关系，对完成本单位的工作任务造成严重影响，或者经用人单位提出，拒不改正的；⑤ 因双方签订劳动合同无效的；⑥ 被依法追究刑事责任的。

(3) 解除劳动合同特殊情况　有下列情形之一的，用人单位提前三十日以书面形式通知劳动者本人或者额外支付劳动者1个月工资后，可以解除劳动合同。

① 劳动者患病或者非因工负伤，在规定的医疗期满后不能从事原工作，也不能从事由用人单位另行安排的工作的；② 劳动者不能胜任工作，经过培训或者调整工作岗位，仍不能胜任工作的；③ 劳动合同订立时所依据的客观情况发生重大变化，致使劳动合同无法履行，经用人单位与劳动者协商，未能就变更劳动合同内容达成协议的。

(4) 用人单位裁减人员规定　劳动行政部门批准用人单位裁减人员方案后，用人单位可以裁减人员，裁减人员时，应当优先留用下列人员。

① 与本单位订立较长期限的固定期限劳动合同的；② 与本单位订立无固定期限劳动合同的；③ 家庭无其他就业人员，有需要扶养的老人或者未成年人的。

(5) 用人单位不得单方解除劳动合同情况

① 从事接触职业病危害作业的劳动者未进行离岗前职业健康检查，或者疑似职业病病人在诊断或者医学观察期间的；② 在本单位患职业病或者因工负伤并被确认丧失或者部分丧失劳动能力的；③ 患病或者非因工负伤，在规定的医疗期内的；④ 女职工在孕期、产期、哺乳期的；⑤ 在本单位连续工作满十五年，且距法定退休年

龄不足五年的;⑥法律、行政法规规定的其他情形。

(6) 劳动合同终止情况

① 劳动合同期满的;②劳动者开始依法享受基本养老保险待遇的;③劳动者死亡,或者被人民法院宣告死亡或者宣告失踪的;④用人单位被依法宣告破产的;⑤用人单位被吊销营业执照、责令关闭、撤销或者用人单位决定提前解散的;⑥法律、行政法规规定的其他情形。

(7) 用人单位应当向劳动者支付经济补偿情况

① 劳动者依照本法规定解除劳动合同的;②用人单位依照本法规定向劳动者提出解除劳动合同并与劳动者协商一致解除劳动合同的;③用人单位依照本法规定解除劳动合同的;④除用人单位维持或者提高劳动合同约定条件续订劳动合同,劳动者不同意续订的情形外,依照本法规定终止固定期限劳动合同的;⑤依照本法规定终止劳动合同的;⑥法律、行政法规规定的其他情形。

(8) 经济补偿标准 经济补偿按劳动者在本单位工作的年限,每满一年支付一个月工资的标准向劳动者支付。六个月以上不满一年的,按一年计算;不满六个月的,向劳动者支付半个月工资的经济补偿。劳动者月工资高于用人单位所在直辖市、设区的市级人民政府公布的本地区上年度职工月平均工资三倍的,向其支付经济补偿的标准按职工月平均工资三倍的数额支付,向其支付经济补偿的年限最高不超过十二年。本条所称月工资是指劳动者在劳动合同解除或者终止前十二个月的平均工资。

8. 非全日制用工条款

(1) 非全日制用工,是指以小时计酬为主,劳动者在同一用人单位一般平均每日工作时间不超过四小时,每周工作时间累计不超过二十四小时的用工形式。

(2) 非全日制用工双方当事人可以订立口头协议。

(3) 从事非全日制用工的劳动者可以与一个或者一个以上用人单位订立劳动合同;但是,后订立的劳动合同不得影响先订立的劳动合同的履行。

(4) 非全日制用工双方当事人不得约定试用期。

(5) 非全日制用工双方当事人任何一方都可以随时通知对方终止用工。终止用工，用人单位不向劳动者支付经济补偿。

(6) 非全日制用工小时计酬标准不得低于用人单位所在地人民政府规定的最低小时工资标准。非全日制用工劳动报酬结算支付周期最长不得超过十五日。

二、农民工工资

1. 农民工最低工资保障

为了维护劳动者取得劳动报酬的合法权益，保障劳动者个人及其家庭成员的基本生活，中华人民共和国劳动和社会保障部制定并于 2004 年 3 月 1 日起施行《最低工资规定》。最低工资标准，是指劳动者在法定工作时间或依法签订的劳动合同约定的工作时间内提供了正常劳动的前提下，用人单位依法应支付的最低劳动报酬。本规定所称正常劳动，是指劳动者按依法签订的劳动合同约定，在法定工作时间或劳动合同约定的工作时间内从事的劳动。

《最低工资规定》适用于在中华人民共和国境内的企业、民办非企业单位、有雇工的个体工商户和与之形成劳动关系的劳动者。国家机关、事业单位、社会团体和与之建立劳动合同关系的劳动者，依照本规定执行。

《最低工资规定》要求各地要严格执行最低工资制度，合理确定并适时调整最低工资标准，制定和推行小时最低工资标准。制定相关岗位劳动定额的行业参考标准。用人单位不得以实行计件工资为由拒绝执行最低工资制度，不得利用提高劳动定额变相降低工资水平。严格执行国家关于职工休息休假的规定，延长工时和休息日、法定假日工作的，要依法支付加班工资。农民工和其他职工要实行同工同酬。

劳动者依法享受带薪年休假、探亲假、婚丧假、生育（产）假、节育手术假等国家规定的假期间，以及法定工作时间内依法参加社会活动期间，视为提供了正常劳动。

2. 农民工工资拖欠

2004 年 9 月 10 日劳动和社会保障部、建设部发布《建设领域农民工工资支付管理暂行办法》，其规定如下。

（1）建立农民工工资支付保障制度　严格规范用人单位工资支付行为，确保农民工工资按时足额发放给本人，做到工资发放月清月结或按劳动合同约定执行。

建立工资支付监控制度和工资保证金制度，从根本上解决拖欠、克扣农民工工资问题。劳动保障部门要重点监控农民工集中的用人单位工资发放情况。对发生过拖欠工资的用人单位，强制在开户银行按期预存工资保证金，实行专户管理。加大对拖欠农民工工资用人单位的处罚力度，对恶意拖欠、情节严重的，可依法责令停业整顿、降低或取消资质，直至吊销营业执照，并对有关人员依法予以制裁。农民工有权举报企业。

发现企业有下列情形之一的：未按照约定支付工资的；支付工资低于当地最低工资标准的；拖欠或克扣工资的；不支付加班工资的；侵害工资报酬权益的其他行为。农民工有权向劳动和社会保障行政部门举报。

（2）加班工资的法律规定　1995年1月1日施行的《工资支付暂行规定》对加班工资有明确规定。

① 用人单位依法安排劳动者在日法定标准工作时间以外延长工作时间的，按照不低于劳动合同规定的劳动者本人小时工资标准的150%支付劳动者工资。

② 用人单位依法安排劳动者在休息日工作，而又不能安排补休的，按照不低于劳动合同规定的劳动者本人日或小时工资标准的200%支付劳动者工资。

③ 用人单位依法安排劳动者在法定休假节日工作的，应另外支付劳动者按照不低于劳动合同规定的劳动者本人日或小时工资标准的300%的工资。

④ 实行计件工资的劳动者，在完成计件定额任务后，由用人单位安排延长工作时间的，应根据上述规定的原则，分别按照不低于其本人法定工作时间计件单价的150%、200%、300%支付其工资。实行不定时工时制度的劳动者除外。

（3）法律责任　用人单位有下列侵害劳动者合法权益行为的，

由劳动行政部门责令其支付劳动者工资和经济补偿,并可责令其支付赔偿金:①克扣或者无故拖欠劳动者工资的;②拒不支付劳动者延长工作时间工资的;③低于当地最低工资标准支付劳动者工资的。

经济补偿和赔偿金的标准,按国家有关规定执行。

劳动者与用人单位因工资支付发生劳动争议的,当事人可依法向劳动争议仲裁机关申请仲裁。对仲裁裁决不服的,可以向人民法院提起诉讼。

三、农民工工伤保险

为了保障因工作遭受事故伤害或者患职业病的职工获得医疗救治和经济补偿,促进工伤预防和职业康复,分散用人单位的工伤风险,国务院制定了《工伤保险条例》,并于 2010 年 12 月 8 日修订,2011 年 1 月 1 日起施行。

《工伤保险条例》规定,中华人民共和国境内的企业、事业单位、社会团体、民办非企业单位、基金会、律师事务所、会计师事务所等组织和有雇工的个体工商户(以下称用人单位)应当依照本条例规定参加工伤保险,并按时足额缴纳工伤保险费。未参加工伤保险的农民工发生工伤,由用人单位按照工伤保险规定的标准支付费用。建筑施工企业同时应为从事特定高风险作业的职工办理意外伤害保险。

1. 工伤认定

(1) 职工有下列情形之一的可认定为工伤 ①在工作时间和工作场所内,因工作原因受到事故伤害的;②工作时间前后在工作场所内,从事与工作有关的预备性或者收尾性工作受到事故伤害的;③在工作时间和工作场所内,因履行工作职责受到暴力等意外伤害的;④患职业病的;⑤因工外出期间,由于工作原因受到伤害或者发生事故下落不明的;⑥在上下班途中,受到非本人主要责任的交通事故或者城市轨道交通、客运轮渡、火车事故伤害的;⑦法律、行政法规规定应当认定为工伤的其他情形。

(2) 视同工伤情况 ①在工作时间和工作岗位,突发疾病死亡或者在48小时之内经抢救无效死亡的；②在抢险救灾等维护国家利益、公共利益活动中受到伤害的；③职工原在军队服役，因战、因公负伤致残，已取得革命伤残军人证，到用人单位后旧伤复发的。

（3）不得认定为工伤或者视同工伤情况　①故意犯罪的；②醉酒或者吸毒的；③自残或者自杀的。

（4）工伤认定申请材料　①工伤认定申请表；②与用人单位存在劳动关系（包括事实劳动关系）的证明材料；③医疗诊断证明或者职业病诊断证明书（或者职业病诊断鉴定书）。

2. 劳动能力鉴定

劳动能力鉴定是指劳动功能障碍程度和生活自理障碍程度的等级鉴定。

（1）劳动功能障碍　共分十个伤残等级，最重的为一级，最轻的为十级。

一级是指器官缺失或功能完全丧失，其他器官不能代偿，存在特殊医疗依赖，生活完全或大部分不能自理。

二级是指器官严重缺损或畸形，有严重功能障碍或并发症，存在特殊医疗依赖，或生活大部分不能自理。

三级是指器官严重缺损或畸形，有严重功能障碍或并发症，存在特殊医疗依赖，或生活部分不能自理。

四级是指器官严重缺损或畸形，有严重功能障碍或并发症，存在特殊医疗依赖，生活可以自理。

五级是指器官大部分缺损或明显畸形，有较重功能障碍或并发症，存在一般医疗依赖，生活能自理。

六级是指器官大部分缺损或明显畸形，有中等功能障碍或并发症，存在一般医疗依赖，生活能自理。

七级是指器官大部分缺损或明显畸形，有轻度功能障碍或并发症，存在一般医疗依赖，生活能自理。

八级是指器官部分缺损，形态异常，轻度功能障碍，有医疗依赖，生活能自理。

九级是指器官部分缺损，形态异常，轻度功能障碍，无医疗依赖,生活能自理。

十级是指器官部分缺损,形态异常,无功能障碍,无医疗依赖,生活能自理。

(2) 生活自理障碍　分为三个等级。

① 生活完全不能自理,是指生活不能自理,进食、翻身、大小便、穿衣洗漱、自我移动共 5 项均不能自理的情形。

② 生活大部分不能自理,是指进食、翻身、大小便、穿衣洗漱、自我移动共 5 项中有 3 项不能自理的情形。

③ 生活部分不能自理,是指进食、翻身、大小便、穿衣洗漱、自我移动共 5 项中有 1 项不能自理的情形。

3. 工伤保险待遇

(1) 治疗费用规定

① 职工因工作遭受事故伤害或者患职业病进行治疗,享受工伤医疗待遇。

② 治疗工伤所需费用符合工伤保险诊疗项目目录、工伤保险药品目录、工伤保险住院服务标准的,从工伤保险基金支付。

③ 职工住院治疗工伤的伙食补助费,以及经医疗机构出具证明,报经办机构同意,工伤职工到统筹地区以外就医所需的交通、食宿费用从工伤保险基金支付。

④ 工伤职工到签订服务协议的医疗机构进行工伤康复的费用,符合规定的,从工伤保险基金支付。

⑤ 工伤职工因日常生活或者就业需要,经劳动能力鉴定委员会确认,可以安装假肢、矫形器、假眼、假牙和配置轮椅等辅助器具,所需费用按照国家规定的标准从工伤保险基金支付。

(2) 停工留薪待遇

① 职工因工作遭受事故伤害或者患职业病需要暂停工作接受工伤医疗的,在停工留薪期内,原工资福利待遇不变,由所在单位按月支付。

② 停工留薪期一般不超过 12 个月。伤情严重或者情况特殊,经设区的市级劳动能力鉴定委员会确认,可以适当延长,但延长不得超过 12 个月。工伤职工评定伤残等级后,停发原待遇,按照本

章的有关规定享受伤残待遇。工伤职工在停工留薪期满后仍需治疗的,继续享受工伤医疗待遇。

③ 生活不能自理的工伤职工在停工留薪期需要护理的,由所在单位负责。

(3) 生活护理规定

① 工伤职工已经评定伤残等级并经劳动能力鉴定委员会确认需要生活护理的,从工伤保险基金按月支付生活护理费。

② 生活护理费按照生活完全不能自理、生活大部分不能自理或者生活部分不能自理三个不同等级支付,其标准分别为统筹地区上年度职工月平均工资的50%、40%或者30%。

(4) 职工因工致残待遇

① 职工因工致残被鉴定为一级至四级伤残的,保留劳动关系,退出工作岗位,享受以下待遇。

a. 从工伤保险基金按伤残等级支付一次性伤残补助金,标准为:一级伤残为27个月的本人工资,二级伤残为25个月的本人工资,三级伤残为23个月的本人工资,四级伤残为21个月的本人工资。

b. 从工伤保险基金按月支付伤残津贴,标准为:一级伤残为本人工资的90%,二级伤残为本人工资的85%,三级伤残为本人工资的80%,四级伤残为本人工资的75%。伤残津贴实际金额低于当地最低工资标准的,由工伤保险基金补足差额。

c. 工伤职工达到退休年龄并办理退休手续后,停发伤残津贴,按照国家有关规定享受基本养老保险待遇。基本养老保险待遇低于伤残津贴的,由工伤保险基金补足差额。

职工因工致残被鉴定为一~四级伤残的,由用人单位和职工个人以伤残津贴为基数,缴纳基本医疗保险费。

② 职工因工致残被鉴定为五级、六级伤残的,享受以下待遇。

a. 从工伤保险基金按伤残等级支付一次性伤残补助金,标准为:五级伤残为18个月的本人工资,六级伤残为16个月的本人工资。

b. 保留与用人单位的劳动关系,由用人单位安排适当工作。

难以安排工作的,由用人单位按月发给伤残津贴,标准为:五级伤残为本人工资的70%,六级伤残为本人工资的60%,并由用人单位按照规定为其缴纳应缴纳的各项社会保险费。伤残津贴实际金额低于当地最低工资标准的,由用人单位补足差额。

经工伤职工本人提出,该职工可以与用人单位解除或者终止劳动关系,由工伤保险基金支付一次性工伤医疗补助金,由用人单位支付一次性伤残就业补助金。一次性工伤医疗补助金和一次性伤残就业补助金的具体标准由省、自治区、直辖市人民政府规定。

③ 职工因工致残被鉴定为七~十级伤残的,享受以下待遇。

a. 从工伤保险基金按伤残等级支付一次性伤残补助金,标准为:七级伤残为13个月的本人工资,八级伤残为11个月的本人工资,九级伤残为9个月的本人工资,十级伤残为7个月的本人工资。

b. 劳动、聘用合同期满终止,或者职工本人提出解除劳动、聘用合同的,由工伤保险基金支付一次性工伤医疗补助金,由用人单位支付一次性伤残就业补助金。一次性工伤医疗补助金和一次性伤残就业补助金的具体标准由省、自治区、直辖市人民政府规定。

④ 职工因工死亡,其近亲属按照下列规定从工伤保险基金领取丧葬补助金、供养亲属抚恤金和一次性工亡补助金。

a. 丧葬补助金为6个月的统筹地区上年度职工月平均工资。

b. 供养亲属抚恤金按照职工本人工资的一定比例发给由因工死亡职工生前提供主要生活来源、无劳动能力的亲属。标准为:配偶每月40%,其他亲属每人每月30%,孤寡老人或者孤儿每人每月在上述标准的基础上增加10%。核定的各供养亲属的抚恤金之和不应高于因工死亡职工生前的工资。供养亲属的具体范围由国务院社会保险行政部门规定。

c. 一次性工亡补助金标准为上一年度全国城镇居民人均可支配收入的20倍。

d. 职工因工外出期间发生事故或者在抢险救灾中下落不明的,从事故发生当月起3个月内照发工资,从第4个月起停发工资,由工伤保险基金向其供养亲属按月支付供养亲属抚恤金。生活有困难的,可以预支一次性工亡补助金的50%。职工被人民法院宣告死亡的,按照本条例职工因工死亡的规定处理。

⑤ 工伤职工有下列情形之一的,停止享受工伤保险待遇。

a. 丧失享受待遇条件的;b. 拒不接受劳动能力鉴定的;c. 拒绝治疗的。

⑥ 用人单位分立、合并、转让的,承继单位应当承担原用人单位的工伤保险责任;原用人单位已经参加工伤保险的,承继单位应当到当地经办机构办理工伤保险变更登记。

用人单位实行承包经营的,工伤保险责任由职工劳动关系所在单位承担。

职工被借调期间受到工伤事故伤害的,由原用人单位承担工伤保险责任,但原用人单位与借调单位可以约定补偿办法。

企业破产的,在破产清算时依法拨付应当由单位支付的工伤保险待遇费用。

职工被派遣出境工作,依据前往国家或者地区的法律应当参加当地工伤保险的,参加当地工伤保险,其国内工伤保险关系中止;不能参加当地工伤保险的,其国内工伤保险关系不中止。

职工再次发生工伤,根据规定应当享受伤残津贴的,按照新认定的伤残等级享受伤残津贴待遇。

四、农民女工权益

为了减少和解决女职工在劳动中因生理特点造成的特殊困难,保护女职工健康,《女职工劳动保护特别规定》(国务院令第619号)已于2012年4月18日国务院第200次常务会议通过,现已公布。中华人民共和国境内的国家机关、企业、事业单位、社会团体、个体经济组织以及其他社会组织等用人单位及其女职工,适用本规定。农民女工同样适用本规定。

1. 女职工怀孕、生育、哺乳期间规定

(1) 用人单位不得因女职工怀孕、生育、哺乳降低其工资、予以辞退、与其解除劳动或者聘用合同。

(2) 女职工在孕期不能适应原劳动的,用人单位应当根据医疗机构的证明，予以减轻劳动量或者安排其他能够适应的劳动。怀孕女职工在劳动时间内进行产前检查，所需时间计入劳动时间。

（3）对怀孕 7 个月以上的女职工，用人单位不得延长劳动时间或者安排夜班劳动，并应当在劳动时间内安排一定的休息时间。

（4）女职工生育享受 98 天产假，其中产前可以休假 15 天；难产的，增加产假 15 天；生育多胞胎的，每多生育 1 个婴儿，增加产假 15 天。女职工怀孕未满 4 个月流产的，享受 15 天产假；怀孕满 4 个月流产的，享受 42 天产假。

（5）对哺乳未满 1 周岁婴儿的女职工，用人单位不得延长劳动时间或者安排夜班劳动。

（6）用人单位应当在每天的劳动时间内为哺乳期女职工安排 1 小时哺乳时间；女职工生育多胞胎的，每多哺乳 1 个婴儿每天增加 1 小时哺乳时间。女职工比较多的用人单位应当根据女职工的需要，建立女职工卫生室、孕妇休息室、哺乳室等设施，妥善解决女职工在生理卫生、哺乳方面的困难。

（7）女职工产假期间的生育津贴，对已经参加生育保险的，按照用人单位上年度职工月平均工资的标准由生育保险基金支付；对未参加生育保险的，按照女职工产假前工资的标准由用人单位支付。

女职工生育或者流产的医疗费用，按照生育保险规定的项目和标准，对已经参加生育保险的，由生育保险基金支付；对未参加生育保险的，由用人单位支付。

（8）在劳动场所，用人单位应当预防和制止对女职工的性骚扰。

2. 女职工禁忌从事的劳动范围

（1）女职工禁忌从事的劳动范围　①矿山井下作业；②体力劳动强度分级标准中规定的第四级体力劳动强度的作业；③每小时负重 6 次以上、每次负重超过 20 公斤的作业，或者间断负重、每次负重超过 25 公斤的作业。

（2）女职工在经期禁忌从事的劳动范围　①冷水作业分级标准中规定的第二级、第三级、第四级冷水作业；②低温作业分级标准中规定的第二级、第三级、第四级低温作业;③体力劳动强度分级标准中规定的第三级、第四级体力劳动强度的作业;④高处作业分级标准中规定的第三级、第四级高处作业。

(3) 女职工在孕期禁忌从事的劳动范围　①作业场所空气中铅及其化合物、汞及其化合物、苯、镉、铍、砷、氰化物、氮氧化物、一氧化碳、二硫化碳、氯、己内酰胺、氯丁二烯、氯乙烯、环氧乙烷、苯胺、甲醛等有毒物质浓度超过国家职业卫生标准的作业;②从事抗癌药物、己烯雌酚生产,接触麻醉剂气体等的作业;③非密封源放射性物质的操作,核事故与放射事故的应急处置;④高处作业分级标准中规定的高处作业;⑤冷水作业分级标准中规定的冷水作业;⑥低温作业分级标准中规定的低温作业;⑦高温作业分级标准中规定的第三级、第四级的作业;⑧噪声作业分级标准中规定的第三级、第四级的作业;⑨体力劳动强度分级标准中规定的第三级、第四级体力劳动强度的作业;⑩在密闭空间、高压室作业或者潜水作业,伴有强烈振动的作业,或者需要频繁弯腰、攀高、下蹲的作业。

(4) 女职工在哺乳期禁忌从事的劳动范围　①孕期禁忌从事的劳动范围的第一项、第三项、第九项;②作业场所空气中锰、氟、溴、甲醇、有机磷化合物、有机氯化合物等有毒物质浓度超过国家职业卫生标准的作业。

3. 纠纷处理

用人单位违反规定,侵害女职工合法权益的,女职工可以依法投诉、举报、申诉,依法向劳动人事争议调解仲裁机构申请调解仲裁,对仲裁裁决不服的,依法向人民法院提起诉讼。用人单位违反本规定,侵害女职工合法权益,造成女职工损害的,依法给予赔偿;用人单位及其直接负责的主管人员和其他直接责任人员构成犯罪的,依法追究刑事责任。

(1) 用人单位违反前文"女职工怀孕、生育、哺乳期间规定"中第(3)、(4)、(5)条规定的,由县级以上人民政府人力资源社会保障行政部门责令限期改正,按照受侵害女职工每人1000元以上5000元以下的标准计算,处以罚款。

(2) 用人单位违反女职工和女职工经期禁忌从事的劳动范围规定的,由县级以上人民政府安全生产监督管理部门责令限期改正,按照受侵害女职工每人 1000 元以上 5000 元以下的标准计算,处以罚款。

(3) 用人单位违反女职工在孕期和哺乳期禁忌从事的劳动范围规定的,由县级以上人民政府安全生产监督管理部门责令限期治理,处 5 万元以上 30 万元以下的罚款;情节严重的,责令停止有关作业,或者提请有关人民政府按照国务院规定的权限责令关闭。

【复习思考题】

1. 如何解决农民工工资拖欠问题?
2. 农民工劳动权益有哪些保障?
3. 工伤认定情况有哪些?
4. 劳动合同应具备哪些内容?
5. 《劳动合同法》对劳动合同期限有什么规定?
6. 什么情况下农民工有权举报企业?
7. 女职工禁忌从事的劳动范围包括哪些?

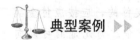

典型案例

之一:用人单位应当缴纳社会保险

节前经人介绍,老齐、老吴来城里某公司仓库当保安。二人倒班,一班 12 个小时,每班工资 100 元。初一到十五,用工 15 天,工资 1500 元。老板以短期工没有保险为由拒绝为其交纳保险。他们后来找到老板,老板又说保险在工资里。

《社会保险法》规定,职工应当参加社会保险,由用人单位和职工共同缴纳基社会保险费。老齐、老吴为企业全日制用工,企业应当给他们上养老、工伤等各种社会保险。"短期工"无社会保险、"社会保险在工资里"的说法做法都是违法的。

之二：工作中受伤，应认定为工伤

节前快递工作繁忙。刘某经人介绍来某快递公司帮忙。说定每天工资100元，工作时间半个月。大年初一分送快件期间，不幸所骑电动三轮车因雪大、路滑，翻入路边深沟，刘某身受重伤。公司没给刘某上工伤保险，并以刘某"短期工"为由，不但不给他申请工伤认定，还拒绝承担其医疗费。

《工伤保险条例》规定，劳动者在劳动中所受到的伤害就应认定为工伤，这和劳动者上岗时间长短没有关系。享受工伤、劳保待遇，是法律赋予劳动者的权利，这和单位给没给他上保险也没有直接的关系。

之三：工资被拖欠，单位应依法赔偿

纪家四姐妹，进城当饭店服务员。与店方商定工作10日，工资2000元，到日当天结算付款。她们洗菜、择菜……被店家当机器人使用10日。到期工钱却不得结算。原因是"会计放假支出无人审批"。

《劳动法》及《工资支付暂行规定》规定，不得克扣或无故拖欠劳动者的工资，工资必须在用人单位与劳动者约定的日期支付。此外，根据《劳动合同法》用人单位逾期不支付的，应按应付金额50%以上100%以下的标准向劳动者加付赔偿金。为此她们可以向当地劳动行政部门举报，请求处理。

之四：女儿也有继承权

这是一起很简单的继承纠纷案件，提起诉讼的是三个女儿，被告是母亲及儿子。三个女儿诉称：父母有两处商品房及五间店面房，父亲去世后，房产被母亲和兄弟居住和出租收益，我们要求对房产依法进行分割，并要求分割母亲所得的租金。母亲辩称：丈夫生病期间，女儿没有尽到责任。房产是我和丈夫多年奋斗的共有财产，子女没有份额。儿子辩称：我同意母亲的意见，我确实居住了其中一套住房，但房子不是我的。

法院经审理查明：三原告的父母共生有三女一男，现均已成年，独立生活，1991年三原告的父亲经有关部门批准在镇上建了五间店面房，1995年因旧城改造，政府将位于县城内的两套商品房安置给原告父母。后原告父亲生病住院，母亲与女儿为家庭琐事产生矛盾。2004年7月原告的父亲去世后，原告的母亲及弟弟各居住于其中的一套商品房内，五间店面房由原告母亲以其名义出租，租金亦由其母亲收取。2004年底，女儿提出要求分割房产，母亲不同意。大女儿、二女儿遂向法院起诉，三女儿既不申请参加诉讼，又不放弃权利，法院遂追加三女儿为共同原告。

法院经审理后认为，《中华人民共和国继承法》第九条规定"继承权男女平等"，第十条规定"遗产按照下列顺序继承：第一顺序：配偶、子女、父母"，妇女享有与男子平等的继承权，本案中三个女儿均有权继承其父亲的遗产，且其父亲生前未立下遗嘱对财产进行处理，被告未能举证证明其完全享有上述财产，故应按法定继承进行处理。

后经承办法官召集双方多次调解，最终达成了调解意见：①五间店面房中的三间归母亲所有，三个女儿和儿子各分得其余两间中的半间，由双方各自到房产、土地管理部门办理房产证及土地使用权证。②母亲和儿子各分得一套住房，儿子一次性补贴三个女儿每人8000元。③母亲返还给四个子女每人2500元的租金。

第十一章 农业行政执法

农业行政执法是农业综合行政执法的简称，它是伴随着提高行政效率、改善行政作风、实现农村法制建设的重要价值目标而提出的重要制订改革，是政府部门行使行政权力的一种具体形式。县级以上人民政府农业行政主管部门应当成立执法机构，统一执法人员，统一执法证件，执法文件、执法标志等，严格依据《中华人民共和国行政处罚法》《农业行政处罚程序规定》等法律规定，统一执法程序，以强化和完善执法行为的制度性和规范性。县级以上地方人民政府农业行政主管部门应当在其职责范围内健全行政执法队伍，实行综合执法，提高执法效率和水平。

农业行政执法内容有种子执法、农药执法、肥料执法、植物检疫执法、动物防疫执法、种畜禽管理执法、兽药执法、饲料执法、渔业执法、草原执法、农机品监理执法、农产品质量安全执法等。

一、农业行政处罚

（一）行政处罚的涵义、种类

1. 行政处罚涵义

行政处罚是指行政机关或者其他行政主体依法对违反行政法但尚未构成犯罪的行政相对人实施的制裁。

2. 行政处罚的种类

①警告；②罚款；③没收违法所得、没收非法财物；④责令停产停业；⑤暂扣或者吊销许可证、暂扣或者吊销执照；⑥行政拘留；⑦法律、行政法规规定的其他行政处罚。

（二）农业行政处罚执法机构

农业行政主管部门依法设立的农业行政综合执法机构具体承担农业行政处罚工作。未设立农业行政综合执法机构的，农业行政主管部门根据法律、法规或规章的规定，可以委托符合《行政处罚法》第十九条规定的农业管理机构实施行政处罚。

农业行政主管部门，是指种植业、畜牧（草原）、兽医、渔业、农垦、乡镇企业、饲料工业和农业机械化等行政主管机关。农业行政处罚机关，是指依法行使行政处罚权的县级以上人民政府的农业行政主管部门和法律、法规授权的农业管理机构。执法人员调查处理农业行政处罚案件时，应当向当事人或者有关人员出示执法证件。有统一执法服装或执法标志的应当着装或佩戴执法标志。

（三）农业行政处罚程序

农业行政处罚程序分为简易程序和一般程序。

1. 简易程序

（1）当场处罚金额　违法事实确凿并有法定依据，对公民处以50元以下、对法人或者其他组织处以1千元以下罚款或者警告的行政处罚的，可以当场作出农业行政处罚决定。

（2）当场处罚程序　当场作出行政处罚决定时应当遵守下列程序：

①向当事人表明身份，出示执法证件；②当场查清违法事实，收集和保存必要的证据；③告知当事人违法事实、处罚理由和依据，并听取当事人陈述和申辩；④填写《当场处罚决定书》，当场交付当事人，并应当告知当事人，如不服行政处罚决定，可以依法申请行政复议或者提起行政诉讼。⑤执法人员应当在作出当场处罚决定之日起、渔业执法人员应当自抵岸之日起2日内将《当场处罚决定书》报所属农业行政处罚机关备案。

2. 一般程序

实施农业行政处罚，除适用简易程序的外，应当适用一般程序。农业行政处罚一般程序可分为立案、调查、处罚、听证、送达和执行五个阶段。

（1）立案　除依法可以当场决定行政处罚的外，执法人员经初步调查，发现公民、法人或者其他组织涉嫌有违法行为依法应当给予行政处罚的，应当填写《行政处罚立案审批表》，报本行政处罚机关负责人批准立案。

（2）调查取证

① 农业行政处罚机关应当对案件情况进行调查，收集证据；必要时，可以进行检查。执法人员调查收集证据时不得少于2人。证据包括书证、物证、视听资料、证人证言、当事人陈述、鉴定结论、勘验笔录和现场笔录。

② 农业行政处罚机关在调查案件时，对需要鉴定的专门性问题，交由法定鉴定部门进行鉴定；没有法定鉴定部门的，可以提交有资质的专业机构进行鉴定。

③ 农业行政处罚机关可以依据有关法律、法规的规定，对涉案场所、设施或者财物采取查封、扣押等强制措施。农业行政处罚机关抽样送检的，应当将检测结果及时告知当事人。

（3）处罚程序

① 在作出行政处罚决定之前，农业行政处罚机关应当制作《行政处罚事先告知书》，送达当事人，告知拟给予的行政处罚内容及其事实、理由和依据，并告知当事人可以在收到告知书之日起3日内，进行陈述、申辩。符合听证条件的，告知当事人可以要求听证。当事人无正当理由逾期未提出陈述、申辩或者要求听证的，视为放弃上述权利。

② 农业行政处罚机关应当及时对当事人的陈述、申辩或者听证情况进行审查，认为违法事实清楚，证据确凿，决定给予行政处罚的，应当制作《行政处罚决定书》。

③ 农业行政处罚案件自立案之日起，应当在3个月内作出处理决定，特殊情况下3个月内不能作出处理的，报经上一级农业行政处罚机关批准可以延长至一年。对专门性问题需要鉴定的，所需时间不计算在办案期限内。

（4）听证

① 农业行政处罚机关做出责令停产停业、吊销许可证或者执照、较大数额罚款的行政处罚决定前，应当告知当事人有要求举行听证的权利。当事人要求听证的，农业行政处罚机关应当组织听证。对公民罚款超过3千元、对法人或其他组织罚款超过3万元属较大数额罚款。

② 当事人提出听证的，应当按要求、按期参加听证。经听证机关批准可以延期一次；当事人未按期参加听证并且未事先说明理由的，视为放弃听证权利。

③ 听证结束后，听证主持人应当依据听证情况，制作《行政处罚听证会报告书》，连同听证笔录，报请农业行政处罚机关负责人审查。听证机关组织听证，不得向当事人收取费用。

(5) 送达和执行

①《行政处罚决定书》应当在宣告后当场交付当事人；当事人不在场的，应当在7日内送达当事人。当事人不在的，可以交给其成年家属或者所在单位代收；直接送达农业行政处罚文书有困难的，也可委托其他农业行政处罚机关代为送达，也可以邮寄、公告送达。邮寄送达的，挂号回执上注明的收件日期为送达日期；公告送达的，自发出公告之日起经过60天，即视为送达。

② 农业行政处罚机关或执法人员应当书面告知当事人向指定的银行缴纳罚款。依法给予20元以下的罚款的、不当场收缴事后难以执行的和边远、水上、交通不便地区的，农业行政处罚机关及其执法人员可当场收缴罚款。当场收缴罚款时，应当向当事人出具省级财政部门统一制发的罚款收据，不出具财政部门统一制发的罚款收据的，当事人有权拒绝缴纳罚款。

执法人员当场收缴的罚款，应当自收缴罚款之日起2日内，交至行政机关；在水上当场收缴的罚款，应当自抵岸之日起2日内交至行政机关；行政机关应当在2日内将罚款缴付指定的银行。

③ 农业行政处罚决定依法做出后，当事人对行政处罚决定不服申请行政复议或者提起行政诉讼的，除法律另有规定外，行政处罚决定不停止执行。对生效的农业行政处罚决定，当事人拒不履行的，做出农业行政处罚决定的农业行政处罚机关依法可以采取下列

措施:
    a. 到期不缴纳罚款的,每日按罚款数额的3%加处罚款;
    b. 根据法律规定,将查封、扣押的财物拍卖抵缴罚款;
    c. 申请人民法院强制执行。

当事人确有经济困难,需要延期或者分期缴纳罚款的,经当事人申请和行政机关批准,可以暂缓或者分期缴纳。

(四)行政许可责任追究

为规范行政许可行为,加强对行政许可的监督,《农业部实施行政许可责任追究规定》(中华人民共和国农业部令第36号)已于2004年6月25日经农业部常务会议通过施行。该规定明确,负责实施行政许可的机关及其工作人员在实施行政许可过程中或者对行政许可相对人进行监管过程中,违反国家法律、法规和有关规定,给公民、法人或者其他组织造成财产损失或者不良社会影响应当承担行政责任。

(1)负责实施行政许可的机关及行政许可责任对象,有下列行为之一的,责令改正;情节严重的,给予行政许可责任对象行政处分。

① 不在办公场所公示依法应当公示的材料的。
② 对符合法定条件的行政许可申请不予受理的。
③ 在受理、审查、决定行政许可过程中,未向申请人、利害关系人履行法定告知义务的。
④ 不按规定一次性书面告知申请人补正内容的。
⑤ 未依法说明不受理行政许可申请或者不予行政许可理由的。
⑥ 依法应当举行听证而不举行听证的。

(2)负责实施行政许可的机关及行政许可责任对象,有下列行为之一的,除责令予以纠正外,对行政许可责任对象视情节给予行政处分。

① 擅自设定行政许可或者仍继续实施已经取消的行政许可的。
② 超越职权或者违反规定程序实施行政许可的。
③ 索要或者接受行政许可申请人或者其他利害关系人贿赂的。

④ 未在规定时限内作出行政许可决定的。

⑤ 不履行法定的行政许可职责，严重侵害行政许可申请人或者其他利害关系人合法权益的。

⑥ 对涉及国家利益、公共利益、人身安全等重大事项的行政许可，玩忽职守，徇私舞弊，失职、渎职或者严重不负责任作出许可决定的。

⑦ 对群众投诉、举报、反映实施行政许可过程中的问题置之不理的。

二、行政诉讼、行政复议与行政赔偿

1. 行政诉讼

行政诉讼是指对具体行政行为不服而诉诸法律的行为。《农业法》规定，违反法律规定，侵犯农民权益的，农民或者农业生产经营组织可以依法向人民法院提起诉讼，有关人民政府及其有关部门或者人民法院应当依法受理。

依据《中华人民共和国行政诉讼法》，行政诉讼的主体：各级人民法院。人民法院依法对行政案件独立行使审判权，不受行政机关、社会团体和个人的干涉。行政诉讼的客体：认为被行政机关侵犯权益的法人或者组织。就是俗语说的："民告官"。

（1）受案范围　行政处罚、行政强制措施、行政征收、行政许可、行政给付等8类侵犯相对人人身权和财产权的具体行政行为属于行政诉讼的受案范围。受理事项列举如下。

① 对拘留、罚款、吊销许可证和执照、责令停产停业、没收财产等行政处罚不服的。

② 对限制人身自由或者对财产的查封、扣押、冻结等行政强制措施不服的。

③ 认为法律机关侵犯法律规定的经营自主权的。

④ 认为符合法定条件申请行政机关颁发许可证和执照，行政机关拒绝颁发或者不予答复的。

⑤ 申请行政机关保护人身权、财产权的法定职责，行政机关拒绝履行或者不予答复的。

⑥ 认为行政机关没有依法发给抚恤金的。

⑦ 认为行政机关违法要求履行义务的。

⑧ 认为行政机关侵犯其他人身权、财产权的。除上述规定外，人民法院受理法律、法规规定可以提起诉讼的其他行政案件。

除以上规定外，人民法院受理法律、法规规定可以提起诉讼的其他行政案件。而侵犯相对人人身权、财产权之外的权益的具体行政行为则不属于行政诉讼的受案范围，除非法律、法规作出了特别规定。

（2）证据种类

①书证；②物证；③视听资料；④证人证言；⑤当事人的陈述；⑥鉴定结论；⑦勘验笔录、现场笔录。以上证据经法庭审查属实，才能作为定案的根据。

（3）执行 当事人必须履行人民法院发生法律效力的判决、裁定。公民、法人或者其他组织拒绝履行判决、裁定的，行政机关可以向第一审人民法院申请强制执行，或者依法强制执行。

① 对应当归还的罚款或者应当给付的赔偿金，通知银行从该行政机关的账户内划拨。

② 在规定期限内不执行的，从期满之日起，对该行政机关按日处 50~100 元的罚款。

③ 向该行政机关的上一级行政机关或者监察、人事机关提出司法建议。接受司法建议的机关，根据有关规定进行处理，并将处理情况告知人民法院。

④ 拒不执行判决、裁定，情节严重构成犯罪的，依法追究主管人员和直接责任人员的刑事责任。

2. 行政复议

行政复议是对行政机构作为或不作为的行为，向该行政机构的上级部门提出申请要求改变或撤销该行为的要求。它是行政机关内部监督和纠错机制，是行政机关对下级或者政府对所属的行政机关作出的违法或者不当的具体行政行为实施的一种监督和纠错行为。

《农业法》规定，农民或者农业生产经营组织为维护自身的合法权益，有向各级人民政府及其有关部门反映情况和提出合法要求的权利，农民或者农业生产经营组织可以依法申请行政复议，人民政府及其有关部门对农民或者农业生产经营组织提出的合理要求，应当按照国家规定及时给予答复。

依据自1999年10月1日起实施《中华人民共和国行政复议法》（中华人民共和国主席令第16号）规定，行政复议的主体是作出行政行为的上一级行政单位。行政复议的客体是认为被侵犯其合法权益的法人和其他组织。被申请人是作出行政行为的行政单位。

(1) 行政复议申请时间　申请人应自知道行政机关的具体行政行为侵犯其合法权益之日起60日内申请行政复议。因不可抗力或其他正当理由耽误法定申请期限的，申请期限自障碍消除之日起继续计算。复议申请人如对行政复议机关作出的复议决定不服，可以自受到《行政复议决定书》之日起15日内向人民法院提起诉讼。

(2) 行政复议申请范围　有下列情形之一的，公民、法人或者其他组织可以依照本法申请行政复议。

① 对行政机关作出的警告、罚款、没收违法所得、没收非法财物、责令停产停业、暂扣或者吊销许可证、暂扣或者吊销执照、行政拘留等行政处罚决定不服的。

② 对行政机关作出的限制人身自由或者查封、扣押、冻结财产等行政强制措施决定不服的。

③ 对行政机关作出的有关许可证、执照、资质证、资格证等证书变更、中止、撤销的决定不服的。

④ 对行政机关作出的关于确认土地、矿藏、水流、森林、山岭、草原、荒地、滩涂、海域等自然资源的所有权或者使用权的决定不服的。

⑤ 认为行政机关侵犯合法的经营自主权的。

⑥ 认为行政机关变更或者废止农业承包合同，侵犯其合法权益的。

⑦ 认为行政机关违法集资、征收财物、摊派费用或者违法要求履行其他义务的。

⑧ 认为符合法定条件，申请行政机关颁发许可证、执照、资质证、资格证等证书，或者申请行政机关审批、登记有关事项，行

政机关没有依法办理的。

⑨ 申请行政机关履行保护人身权利、财产权利、受教育权利的法定职责,行政机关没有依法履行的。

⑩ 申请行政机关依法发放抚恤金、社会保险金或者最低生活保障费,行政机关没有依法发放的。

⑪ 认为行政机关的其他具体行政行为侵犯其合法权益的。

公民、法人或者其他组织认为行政机关的具体行政行为所依据的下列规定不合法,在对具体行政行为申请行政复议时,可以一并向行政复议机关提出对该规定的审查申请:①国务院部门的规定;②县级以上地方各级人民政府及其工作部门的规定;③乡、镇人民政府的规定。

所列规定不含国务院部、委员会规章和地方人民政府规章。规章的审查依照法律、行政法规办理。

3. 行政赔偿

行政赔偿是国家赔偿的一种,指国家机关或国家机关工作人员因过错行使职务行为给其他人造成人身或财产损失的赔偿行为;《行政诉讼法》第六十七条规定,公民、法人或者其他组织的合法权益受到行政机关或者行政机关工作人员作出的具体行政行为侵犯造成损害的,有权请求赔偿。

公民、法人或者其他组织单独就损害赔偿提出请求,应当先由行政机关解决。对行政机关的处理不服,可以向人民法院提起诉讼。具体赔偿规定如下。

(1) 国家赔偿以支付赔偿金为主要方式。

(2) 能够返还财产或者恢复原状的,予以返还财产或者恢复原状。

(3) 侵犯公民人身自由的,每日的赔偿金按照国家上年度职工日平均工资计算。

(4) 侵犯公民生命健康权的,赔偿金按照下列规定计算。

①造成身体伤害的,应当支付医疗费,以及赔偿因误工减少的收入。减少的收入每日的赔偿金按照国家上年度职工日平均工资计算,最高额为国家上年度职工年平均工资的五倍。

② 造成部分或者全部丧失劳动能力的，应当支付医疗费，以及残疾赔偿金，残疾赔偿金根据丧失劳动能力的程度确定，部分丧失劳动能力的最高额为国家上年度职工年平均工资的十倍，全部丧失劳动能力的为国家上年度职工年平均工资的二十倍。造成全部丧失劳动能力的，对其扶养的无劳动能力的人，还应当支付生活费。

③ 造成死亡的，应当支付死亡赔偿金、丧葬费，总额为国家上年度职工年平均工资的20倍。对死者生前扶养的无劳动能力的人，还应当支付生活费。

前款第②、③项规定的生活费的发放标准参照当地民政部门有关生活救济的规定办理。被扶养的人是未成年人的，生活费给付至十八周岁止；其他无劳动能力的人，生活费给付至死亡时止。

(5) 侵犯公民、法人和其他组织的财产权造成损害的，按照下列规定处理。

① 处罚款、罚金、追缴、没收财产或者违反国家规定征收财物、摊派费用的，返还财产。

② 查封、扣押、冻结财产的，解除对财产的查封、扣押、冻结，造成财产损坏或者灭失的，依照本条第③、④项的规定赔偿。

③ 应当返还的财产损坏的，能够恢复原状的恢复原状，不能恢复原状的，按照损害程度给付相应的赔偿金。

④ 应当返还的财产灭失的，给付相应的赔偿金。

⑤ 财产已经拍卖的，给付拍卖所得的价款。

⑥ 吊销许可证和执照、责令停产停业的，赔偿停产停业期间必要的经常性费用开支。

⑦ 对财产权造成其他损害的，按照直接损失给予赔偿。

以下情形之一：对没有犯罪事实或者没有事实证明有犯罪重大嫌疑的人错误拘留的；对没有犯罪事实的人错误逮捕的；依照审判监督程序再审改判无罪，原判刑罚已经执行的，并造成受害人名誉权、荣誉权损害的，应当在侵权行为影响的范围内，为受害人消除影响，恢复名誉，赔礼道歉。

《中华人民共和国国家赔偿法》规定，赔偿义务机关应当自收到申请之日起二个月内依照本法规定给予赔偿；逾期不予赔偿或者赔偿请求人对赔偿数额有异议的,赔偿请求人可以自期间届满之日起三个月内向人民法院提起诉讼。

【复习思考题】

1. 农业执法内容有哪些?
2. 拘留属于行政处罚吗?
3. 针对哪些处罚,当事人有要求举行听证的权利?
4. 行政处罚程序是什么?

之一:某公司生产、经营未审定水稻种子案

2010年5月20日,某市农业局执法人员在某镇进行春季种子市场检查时发现,某农资店正在销售由某种业有限公司提供的水稻种子,其中,前四个水稻种子未经任何农业部门审定通过,第五个水稻种子,未经省农业厅同意擅自引种,执法人员立即电话请示局领导,对剩余种子进行了证据登记保存,并在7天内依照《种子法》第六十四条规定依法处理。

6月11日批准立案,按一般程序办理。经过多次调查核实,该四个品种系委托农民制种由公司回收、销往该县5个乡镇。另一个水稻种子从外地购买,种子数量1080公斤,已销售810公斤。经销商赊账提货,案发时公司并未实际收到货款,执法人员对公司负责人做了详细询问、收集了以下证据:①询问笔录两份;②种子标签照片6张;③证据保存清单三张;④种子标签五张;⑤欠条、种子信誉卡各2份。

市农业局委托县农业局执法人员进行了送达执法文书。市农业局认为当事人经营、推广未经审定通过水稻种子和擅自引种行为事实清楚,证据确凿。其行为违反了《中华人民共和国种子法》第十五条、十六条、十七条规定,依据《中华人民共和国种子法》第六十四条规定,责令停止经营、推广五个品种水稻种子;没收违法所得 20 160 元；没收剩余种子 270 公斤；罚款人民币 40 000 元整。

之二：张某经营擅自修改标签内容的农药产品案

某县农业局执法人员在全县农药执法检查活动中，于 2010 年 5 月 18 日对某农资门市经营的农药产品进行日常检查，发现其经营的标称由某化工有限公司生产的辛硫磷、三唑磷 20% 乳油农药标签不规范，使用了商品名称"××"，该农药产品农药登记证号为 LS200710××，标注生产日期为 2010 年 3 月 1 日。

行政执法机关按立案程序进行立案，并指定三名执法人员对该案开展调查取证。在案件调查过程中，执法人员按法定程序对当事人进行询问，制作了《询问笔录》，并对现场检查情况制作了《现场检查（勘验）笔录》，对该农药产品标签进行了现场取证。据调查核实，当事人经营该农药产品 2 件，确属擅自修改标签内容，货值 600 元，尚未销售，无违法所得。2010 年 5 月 20 日对当事人下达了《行政处罚事先告知书》，在规定期限内当事人自动放弃了陈述和申辩的权利。2010 年 5 月 25 日，对当事人下达了《行政处罚决定书》。依据《中华人民共和国农药管理条例》第四十条第三项的规定，作出了警告和罚款 1 千元的处罚决定。2010 年 5 月 26 日当事人履行了行政处罚决定，如数缴纳罚款。

之三：周某等 1770 个农户诉某镇人民政府行政赔偿案

原告：某镇周某等 1770 个农户（简称农户）。

被告：某镇人民政府（简称镇政府）。

1994 年 11 月下旬，镇政府为周某等农户购买杂交稻种。要求各村向农户收集购买种子预交款。1994 年 11 月 30 日，镇政府购回无"三证"（即质量合格证、检疫证、准运证）的早稻杂交种 6720 公斤卖给农户，1995 年 1 月 4 日，镇政府再次购回无"三证"的晚稻种 6580 公斤卖给农户。经检验，两次购回种子均为假种子。假种子导致原告水稻大面积减产，直接经济损失共计 519 005.52 元。农户多次请求被告赔偿，但被告在期限内未予答复。农户向法院提起行政赔偿诉讼。

原告诉称：被告作为基层人民政府，强迫下属村民统一购买其非法采购回来的假种子，是超越法定职权的具体行政行为。其所造成的经济损失，与被告的行政行为有直接因果关系，被告依法应予行政赔偿。

被告辩称：购买稻种，是买卖关系，属民法调整范畴。原告提起行政赔偿诉讼，于法无据，请求驳回原告诉讼请求。

法院审判法院经审理认为：经营种子必须依法进行。被告及其委托购种单位没有取得《种子经营许可证》和《营业执照》，且又行使行政职权支配种子经营活动，并卖给农户假种子，其行为违法。因此给农户造成的直接经济损失，被告依法为赔偿义务机关，应当承担行政赔偿责任。依照《中华人民共和国国家赔偿法》第四条（四）项之规定，该院于1997年8月25日作出判决：

由被告镇人民政府赔偿原告1770个农户共计人民币519 005.52元。案件受理费35 440元，由被告镇人民政府承担。

附 与农业相关的法律法规列表

法律类型	法律名称	颁布部门	实施时间
国家根本大法	《中华人民共和国宪法》	全国人民代表大会	1982年12月04日
农业基本法规	《中华人民共和国农业法》	全国人民代表大会	2003年03月01日
土地所有权和使用权	《确定土地所有权和使用权的若干规定》	国家土地管理局	1995年05月01日
农业生产经营	《中华人民共和国农村土地承包法》	全国人民代表大会	2003年03月01日
	《中华人民共和国农民专业合作社法》	全国人民代表大会	2007年07月01日
	《中华人民共和国乡镇企业法》	全国人民代表大会	1997年01月01日
	《中华人民共和国乡村集体所有制企业条例》	国务院	1990年07月01日
	《中华人民共和国种子法》	全国人民代表大会	2004年08月28日
	《中华人民共和国种子管理条例》	农业部	1991年06月24日
	《全国农作物品种审定办法》	农业部	1997年10月10日
农业生产资料	《主要农作物范围规定》	农业部	2001年02月26日
	《中央财政农作物良种补贴资金管理办法》	财政部 农业部	2010年01月01日
	《农作物种子质量标准》	国家技术监督局	1997年06月01日
	《肥料登记管理办法》	农业部	2000年06月23日

续表

法律类型	法律名称	颁布部门	实施时间
农业生产资料	《农药管理条例》	国务院	2001年11月29日
	《种畜禽管理条例》	国务院	1994年07月01日
	《兽药管理条例》	国务院	2004年11月01日
	《兽药管理条例实施细则》	农业部	1938年06月30日
	《饲料和饲料添加剂管理条例》	国务院	2012年05月01日
	《中华人民共和国农业机械化促进法》	全国人民代表大会	2004年11月01日
	《农业机械购置补贴专项资金使用管理暂行办法》	财政部	2005年02月25日
	《关于进一步规范农机购置补贴产品经营行为的通知》	农业部	2012年03月26日
	《中华人民共和国农民专业合作社组织法》	全国人民代表大会	2010年10月28日
	《中共中央国务院关于推进社会主义新农村建设的若干意见》	国务院	2005年12月31日
	《农村土地承包经营权流转管理办法》	农业部	2005年03月01日
	《关于加强农村宅基地管理的意见》	国土资源部	2004年11月02日
	《国务院关于解决农民工问题的若干意见》	国务院	2006年03月27日
	《中华人民共和国劳动合同法》	全国人民代表大会	2008年01月01日
农民合法权益	《最低工资规定》	劳动和社会保障部	2004年03月01日
	《工伤保险条例》	国务院	2011年01月01日
	《女职工劳动保护特别规定》	国务院	2012年04月28日
	《中国共产党农村基层组织工作条例》	组织部	1999年02月13日
	《共青团中央关于在村级组织建设中加强农村团支部建设的意见》	共青团中央	1991年02月21日
	《妇女联合会农村基层组织工作条例》	中华全国妇女联合会	2010年01月25日
	《民兵工作条例》	国务院 中央军委	1990年12月24日

续表

法律类型	法律名称	颁布部门	实施时间
农业资源和环境保护	《中华人民共和国土地管理法》	国土资源部	2004年08月28日
	《中华人民共和国土地管理法实施条例》	国务院	1999年01月01日
	《基本农田保护条例》	国务院	1999年01月01日
	《中华人民共和国气象法》	全国人民代表大会	2000年01月01日
	《中华人民共和国防洪法》	全国人民代表大会	1998年01月01日
	《水库大坝安全管理条例》	国务院	1991年03月22日
	《中华人民共和国防汛条例》	国务院	2005年07月15日
	《中华人民共和国森林法》	全国人民代表大会	1998年04月29日
	《中华人民共和国森林法实施条例》	国务院	2000年01月29日
	《森林防火条例》	国务院	2009年01月01日
	《森林采伐更新管理办法》	林业部	1987年09月10日
	《森林病虫害防治条例》	国务院	1989年12月18日
	《退耕还林条例》	国务院	2003年01月20日
	《蓄滞洪区运用补偿暂行办法》	国务院	2000年05月27日
	《中华人民共和国草原法》	全国人民代表大会	2003年03月01日
	《草原防火条例》	国务院	2009年01月01日
	《草畜平衡管理办法》	农业部	2005年03月05日
	《中华人民共和国渔业法》	全国人民代表大会	2004年08月28日
	《中华人民共和国渔业法实施细则》	农牧渔业部	1987年10月20日
	《中华人民共和国水产资源繁殖保护条例》	国务院	1979年02月10日
	《渔业资源增殖保护费征收使用办法》	农业部 财政部 国家物价局	2011年01月08日
	《水生野生动物保护实施条例》	农业部	1993年09月17日
	《水域滩涂养殖发证登记办法》	农业部	2010年07月01日
	《中华人民共和国防沙治沙法》	全国人民代表大会	2002年01月01日
	《中华人民共和国环境保护法》	全国人民代表大会	1989年12月26日

续表

法律类型	法律名称	颁布部门	实施时间
农业资源和环境保护	《国务院关于落实科学发展观加强环境保护的决定》	国务院	2005年12月03日
	《国务院关于加强环境保护重点工作的意见》	国务院	2011年10月17日
	《中华人民共和国水土保持法》	全国人民代表大会	2011年03月01日
	《中华人民共和国野生动物保护法》	全国人民代表大会	2004年08月28日
	《中华人民共和国陆生野生动物保护实施条例》	林业部	1952年03月01日
	《中华人民共和国野生植物保护条例》	国务院	1997年01月01日
	《野生药材资源保护管理条例》	国务院	1987年12月01日
农业科研成果和实用技术转化	《中华人民共和国农业技术推广法》	全国人民代表大会	1993年07月02日
	《植物新品种保护条例》	国务院	1997年10月01日
	《农产品地理标志管理办法》	农业部	2008年02月01日
	《中华人民共和国促进科技成果转化法》	全国人民代表大会	1996年10月01日
	《中华人民共和国商标法》	全国人民代表大会	2001年12月01日
农业教育	《中华人民共和国义务教育法》	全国人民代表大会	1995年09月01日
	《国务院办公厅关于完善农村义务教育管理体制的通知》	国务院	2006年09月01日
	《对农村义务教育阶段家庭经济困难学生免费提供教科书工作暂行管理办法》	财政部 教育部	2002年04月14日
	《国务院关于建立健全普通本科高校高等职业学校和中等职业学校家庭经济困难学生资助政策体系的意见》	国务院	2004年02月16日
	《关于中等职业学校农村家庭经济困难学生和涉农专业学生免学费工作的意见》	财政部 教育部	2007年05月13日
	《关于实施绿色证书工程的意见》	农业部	2009年12月14日
	《新型农民科技培训工程项目管理办法》	农业部 财政部	1993年11月16日
			2006年08月27日

续表

法律类型	法律名称	颁布部门	实施时间
学生安全	《校车安全管理条例》	国务院	2012年04月10日
	《关于打击违法制售限用禁用高毒农药规范农药使用行为的通知》	农业部等十部委	2010年04月15日
农业生产安全	《农业转基因生物安全管理条例》	国务院	2001年05月23日
	《中华人民共和国动物防疫法》	全国人民代表大会	2008年01月01日
	《中华人民共和国进出境动植物检疫法》	全国人民代表大会	1992年04月01日
	《农业转基因生物进口安全管理办法》	农业部	2002年03月20日
	《农业转基因生物标识管理办法》	农业部	2002年03月20日
	《中华人民共和国银行业监督管理法》	全国人民代表大会	2007年01月01日
	《中华人民共和国商业银行法》	全国人民代表大会	2004年02月01日
	《中华人民共和国公司法》	全国人民代表大会	2006年01月01日
	《贷款公司管理规定》	中国银行业监督管理委员会	2009年08月11日
农业金融	《农村资金互助社管理暂行规定》	中国银行业监督管理委员会	2007年01月20日
	《农村中小金融机构行政许可事项实施办法》	中国银行业监督管理委员会	2008年06月27日
	《中国农业发展银行业务发展的通知》	国务院	1994年04月19日
	《关于组建中国农村青年创业小额贷款的指导意见》	共青团中央 中国银监会	2008年12月25日
	《关于实施农村青年创业就业土地使用税贷款工作的指导意见》	共青团中央 中国农业银行	2010年04月19日
	《关于全面推进农村城镇土地使用税暂行条例》的决定》	国务院	2007年01月01日
	《中华人民共和国耕地占用税暂行条例》	国务院	2008年01月01日
农业税收	《中华人民共和国消费税暂行条例》	国务院	2009年01月01日
	《中华人民共和国税收征收管理法》	国务院	2001年05月01日
	《中华人民共和国增值税暂行条例》	国务院	2009年01月01日
	《中华人民共和国增值税暂行条例实施细则》	财政部 国家税务总局	2009年01月01日
	《关于若干农业生产资料征免增值税政策的通知》	财政部 国家税务总局	2001年01月01日

续表

法律类型	法律名称	颁布部门	实施时间
农业税收	《关于粮食企业增值税征免问题的通知》	财政部 国家税务总局	1999年08月01日
	《关于退耕还林还草补助粮有关增值税问题的通知》	国家税务总局	2001年11月26日
	《关于农民专业合作社有关税收政策的通知》	财政部 国家税务总局	2008年07月01日
	《关于免征农业灌溉管和滴灌带产品增值税的通知》	财政部 国家税务总局	2007年07月01日
	《中华人民共和国车船税暂行条例》	国务院	2007年01月01日
	《中华人民共和国印花税暂行条例》		1988年10月01日
	《中华人民共和国营业税暂行条例》	国务院	2009年01月01日
农业保险	《中央财政种植业保险保费补贴管理办法》	财政部	2008年03月01日
	《中央财政养殖业保险保费补贴管理办法》	财政部	2008年03月01日
农村社会保障	《关于在全国建立农村最低生活保障制度的通知》	国务院	2007年07月11日
	《关于建立新型农村合作医疗制度的意见》	卫生部 农业部 财政部	2003年01月10日
	《关于加快推进新型农村合作医疗试点工作的通知》	卫生部 农业部 七部委	2006年01月10日
	《农村五保供养工作条例》	国务院	2006年03月01日
	《自然灾害救助条例》	国务院	2010年09月01日
	《军人抚恤优待条例》	国务院 中央军事委员会	2011年08月01日
农产品流通和市场交易	《农作物种子生产经营许可管理办法》	农业部	2011年09月25日
	《农作物种子加工包装规定》	农业部	2001年02月26日
	《农作物商品种子经营管理暂行办法》	农业部 国家工商局	1996年04月16日
	《主要作物种子生产范围规定》	农业部	2001年02月26日
	《农业生产资料市场监督管理办法》	国家工商局	2009年11月01日
	《棉花质量监督管理条例》	国务院	1998年06月06日
	《粮食收购质量管理办法》	国务院	2006年07月04日
	《粮食购销违法行为处罚办法》	国务院	1998年08月05日

续表

法律类型	法律名称	颁布部门	实施时间
农业行政执法	《中华人民共和国行政处罚法》	全国人民代表大会	1996年10月01日
	《农业行政处罚程序规定》	农业部	2006年07月01日
	《农业部实施行政许可责任追究规定》	农业部	2004年06月28日
	《中华人民共和国行政诉讼法》	全国人民代表大会	1990年10月01日
	《中华人民共和国行政复议法》	国务院	1999年10月01日

参 考 文 献

[1] 赵慧峰,王春平.农村政策与法规.北京:金盾出版社,1996.
[2] 农业部农民科技教育培训中心,中央农业广播电视学校.法律基础与农村政策法规.北京:中国农业出版社,2004.
[3] 周建华.农村政策与法规.北京:金盾出版社,1996.
[4] 任大鹏.农村政策与法规.北京:中央广播电视大学出版社,2004.
[5] 李新举.实用土地管理学.北京:中国农业科学技术出版社,1999.
[6] 李元.中国土地资源.北京:中国大地出版社,1999.
[7] 刘书楷.土地经济学.北京:中国农业出版社,1996.
[8] 刘毅.农村基层组织建设.成都:西南交通大学出版社,2005.
[9] 陈锡文.乡村基层组织建设知识读本.沈阳:沈阳出版社,2010.
[10] 中央农业广播电视学校组编.乡村基层组织建设与社会管理.北京:中国农业大学出版社,2001.
[11] 朱启臻.农业社会学.北京:社会科学文献出版社,2009.
[12] 孔有利,王荣.农村集体经济组织产权结构分析.财经问题研究,2004(4).
[13] 马汉学.村民委员会的法律地位研究.宁夏大学学报(人文社科版),2002(5).
[14] 张文方,卞新民.农业政策与法规;北京:中国农业出版社,2006.
[15] 易法海.农业政策法规概要.武汉:武汉大学出版社,2002.
[16] 高志强.农业生态与环境保护.北京:中国农业出版社,2001.
[17] 卞耀武.中华人民共和国草原法释义.北京:法律出版社,2004.
[18] 邹福肇.中华人民共和国森林法释义.北京:法律出版社,1998.
[19] 赵小道.农业行政执法手册.北京:中国农业科学技术出版社,1994.
[20] 周晖.现代农业政法规.北京:中国农业科学技术出版社,2011.
[21] 国家税务总局教材编写组编.农业税收政策与法规.北京:中国财政经济出版社,2004.
[22] 王曙光,乔郁.农村金融机构管理.北京:中国金融出版社,2009.
[23] 王敏杰,应丽艳.影响农业贷款量的实证分析.农业机械化与电气化,2007(2).
[24] 翟继光.《中华人民共和国增值税、营业税、消费税暂行条例》释义与实用指南及案例分析.上海:立信会计出版社,2008.
[25] 许文兴.农村社会保障.北京:中国农业出版社.2006.
[26] 胡勇.新农村社会保障体系建设.北京:金盾出版社,2010.
[27] 吴金良.农业行政执法.北京:中国农业出版社,2003.
[28] 耿显连,彭开华.农业行政执法指南.北京:中国农业出版社,2004.
[29] 张强.农业物种资源评价管理利用标准与质量检验鉴定技术规程实施手册.北京:北京电子出版物出版中心,2003.

[30] 中国法制出版社编写组. 饲料和饲料添加剂管理条例. 北京：中国法制出版社，2011.
[31] 朱朝枝. 农村基层组织建设. 北京：中国农业出版社，2007.
[32] 宋英杰. 农业产业化经营概述. 北京：中国社会出版社，2006.
[33] 陈建华，商秋红. 新型农业社会化服务体系的探讨. 北京：中国农学通报，2010 (23).
[34] 吉林政报杂志编辑部. 中华人民共和国植物新品种保护条例. 长春：吉林政报，2006 (52).
[35] 赵凤鸣. 中国农产品地理标志保护研究. 潍坊：山东纺织经济，2009 (2).
[36] 中国法制出版社编写组. 农业转基因生物安全管理条例. 北京：中国法制出版社，2001.
[37] 张杰. 中国农村金融制度. 北京：中国人民大学出版社，2003.
[38] 田永强. 农业政策性银行信贷风险管理研究参数. 北京：中国财政经济出版社，2006.
[39] 孙红梅，刘学之. 税收优惠政策指南. 北京：清华大学出版社，2009.
[40] 翟继光. 中华人民共和国增值税营业税消费税暂行条例释义与实用指南及案例精解. 上海：立信会计出版社，2008.
[41] 民政部优抚安置，国务院法制办公室政法劳动社会保障法制司. 军人抚恤优待条例释义. 北京：中国社会出版社，2005.
[42] 中国法制出版社编写组. 最新女职工劳动保护法律政策实用问答. 北京：中国法制出版社，2012.
[43] 中国民主法制出版社编写组.《工伤保险条例》释疑. 北京：中国民主法制出版社，2004.
[44] 中国法制出版社编写组. 中华人民共和国行政处罚法（实用版）. 北京：中国法制出版社，2012.
[45] 中国法制出版社编写组. 中华人民共和国行政诉讼法. 北京：中国法制出版社，2005.